한경 MOOK

한경MOOK는 빠르게 변화하는 사회 흐름에 발맞춰 시시각각 현상을 분석하고 새로운 대안과 인사이트를 제시하기 위한 무크 형태 단행본을 발행하는 한국경제신문사의 새 브랜드입니다.

한경 MOOK

최고 전문가들이 추천하는
돈 되는 해외 ETF

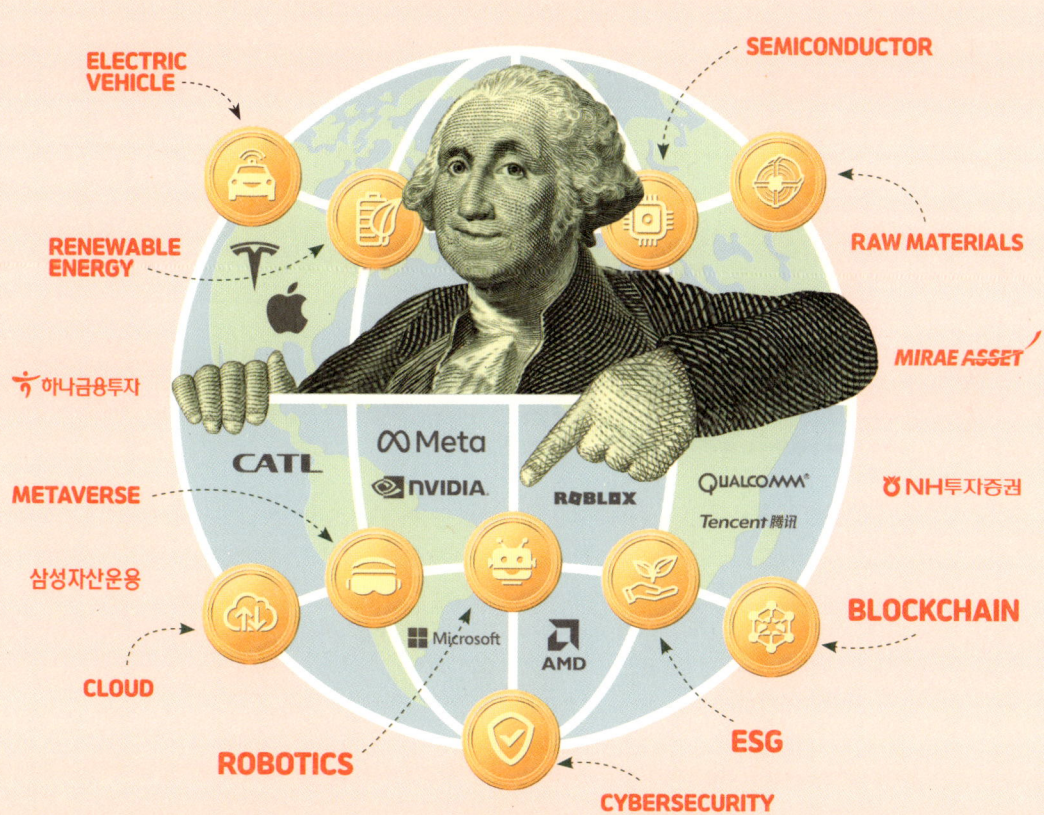

PROLOGUE

해외 ETF,
제대로 뜯어보고 투자합시다

서학개미의 주 타깃이 개별 종목에서 ETF(상장지수펀드)로 빠르게 바뀌고 있습니다. 애플, 테슬라 같은 대형 테크주 위주로 해외 주식을 담았던 개인투자자들은 최근 ETF로 눈길을 돌리고 있습니다. 개별 종목 투자가 서학개미의 ver.1이었다면 해외 ETF는 ver.2인 셈입니다.

블룸버그통신에 따르면 한국 개인투자자들은 2022년 3월 말 기준으로 최근 6개월 사이에 미국과 중국 ETF를 약 6조9000억원어치 사들였습니다. 같은 기간 코스피시장에서의 매수액(약 6조원)을 뛰어넘는 규모입니다. 2019년 이후 처음 일어난 현상이라고 합니다.

사실 한국에서 펀드 열풍이 본격적으로 불었던 2000년대 초·중반만 해도 인덱스펀드나 ETF와 같은 패시브 펀드는 비주류였습니다. 펀드매니저가 직접 종목을 발굴해 투자하는 액티브펀드가 대세였지요. 당시 증권가에는 "패시브 펀드가 주류가 되는 세상이 오면 아마 희망이 없을 것"이란 우스갯소리도 있었습니다. 지수를 따라가도록 설계된 패시브 펀드는 어찌 보면 지루하고 답답해 보이기도 합니다. 반면 액티브펀드는 '이번엔 또 어떤 스타 펀드매니저가 나타나 고수익을 올려주는 펀드를 내놓을까' 하는 달콤한 꿈을 꾸게 만들지요.

하지만 자본시장이 발전을 거듭할수록 한두 명의 스타가 이끌어가는 액티브펀드가 장기간 시장을 이기기는 어려운 상황이 됐습니다. 워런 버핏이나 짐 로저스 같은 투자의 대가들이 자산의 상당 부분을 반드시 ETF와 같은 인덱스 상품으로 채우라고 조언하는 것은 이런 이유에서입니다.

by_ 박해영 한경글로벌뉴스네트워크 편집장

ETF는 여러 장점을 가진 팔방미인입니다. 한 가지 ETF에만 투자해도 추종 지수에 편입된 여러 종목에 분산투자하는 효과를 노릴 수 있습니다. 일반 펀드에 비해 운용 보수가 낮기 때문에 장기투자하기에도 안성맞춤입니다. 증시에 상장돼 있어 손쉽게 사고팔 수 있는 것도 매력입니다.

특히 해외 ETF는 다양한 유형의 상품이 속속 개발되고 있어 투자자들이 입맛에 따라 고르는 재미도 있습니다. 각국의 대표지수를 추종하는 기본 상품부터 암호화폐, ESG, 메타버스 등 최신 산업 트렌드를 반영한 상품이 연이어 선보이고 있습니다. 특정 기업의 정보를 꿰뚫지 못하더라도 글로벌 산업의 큰 흐름만 이해한다면 소액으로 분산투자를 시작할 수 있는 것이 바로 해외 ETF입니다.

국내 주요 증권사와 자산운용사의 해외 ETF 전문가들이 이 책의 필자로 참여했습니다. 미국, 중국 등 해외 증시 전망과 함께 개별 ETF의 특징과 장단점을 일목요연하게 정리했습니다. 특히 기본 개념 설명에 그치는 일반적인 ETF 서적과 달리 해외 ETF의 유형별로 대표 상품을 입체적으로 분석해 차별화를 꾀했습니다. 겉보기엔 비슷한 ETF지만, 실제 편입 종목과 운용 전략이 어떻게 다른지 한눈에 파악할 수 있습니다. 해외 ETF에 투자할 때 유의해야 할 점과 절세법도 담았습니다. 한국거래소(KRX)와 미국 증시에 상장된 주요 해외 ETF 목록도 부록에 담아 참고할 수 있도록 했습니다. 아무쪼록 독자들께서 이 책으로 해외 ETF 투자의 기초를 확실히 쌓아 성공적인 투자를 하시길 기원합니다.

CONTENTS

최고 전문가들이 추천하는
돈 되는 해외 ETF

:Opening

- 008 **Q&A**
  Q&A로 풀어 쓴 ETF 투자 상식
- 010 **INFOGRAPHIC**
  숫자로 보는 ETF
- 012 **OUTLOOK**
  해외 ETF에 투자해야 하는 이유
- 020 **TREND**
  글로벌 리스크에도 불구하고
  증가하는 해외 ETF 투자자
- 024 **ETF TIP**
  모르면 손해 보는 해외 ETF 절세 방법

28 :Section 1

GLOBAL ISSUE

2022년 주요국 경제 및 주식 전망

- 030 **미국**
  기본기 충실한
  하이퀄리티 ETF에 주목해야
- 034 **중국**
  상하이·선전 본토 증시
  중심 비중 확대 추천

40
: Section 2

STOCK MARKET INDICES
지수형 ETF

- **042** 미국 지수형
  인플레이션 공포,
  도피처는 미국 기술주

- **050** 중국 지수형
  시진핑 시대, 중국몽에 투자하기

- **056** 글로벌 지수형
  글로벌 지역별 투자의 손쉬운 접근법

60
: Section 3

VARIOUS ETF
테마형 ETF

- **062** 전기차·2차전지·자율주행
  슈퍼카도 전기차가 대세

- **068** 재생에너지
  재생에너지로 탈탄소·에너지 안보 강화
  두 마리 토끼 잡는다

- **074** 사이버보안
  신기술 발전 따라 가속화되는
  사이버보안 시장 확대

- **078** 반도체
  전방위적 노력 가하는
  중국 반도체 시장 성장 기대

- **082** 블록체인
  금융 혁신 주축으로
  적용 분야 넓혀가는 블록체인

- **086** 메타버스
  비대면 시대가 앞당긴
  메타버스 메가트렌드

- **090** 클라우드
  클라우드 2.0 시대 맞아
  중요성 커지는 SaaS

- **094** 소셜미디어
  소통 넘어 비즈니스 모델까지
  기대되는 소셜미디어의 성장

- **098** ESG
  국내 최초 ESG 채권 ETF 상장

- **102** 로보틱스
  에고된 미래,
  모빌리티와 로보틱스의 결합

- **106** 헬스케어
  미국 정부 정책에 힘입어
  날개 단 액체생검

- **110** 고배당
  주식시장 부진한 시기에
  빛 발하는 고배당 ETF

- **114** 소비재
  불황을 이기는 명품 시장

기타 유형 ETF

- **118** 리츠
  인플레 피난처로 떠오른 '리츠 ETF'

- **120** 원자재
  롤러코스터 유가에 날개 단
  '원자재 ETF'

- **122** 채권형
  안정적 운용 추구하는 '채권형 ETF'

124
: GLOBAL ETF LIST UP

- **126** 한국거래소 상장 해외 ETF 목록
- **132** 미국 증시 상장 ETF 목록
- **156** 스페셜리스트

OPENING. Q&A

Q&A로 풀어 쓴 ETF 투자 상식

투자 좀 한다는 개미들에게도 헷갈리는 ETF 투자 상식. 초보자부터 중급자까지
한 번쯤은 궁금했을 ETF 투자와 관련 정보를 질의응답으로 풀었다.

*by_* 강은영 한국경제매거진 기자

Q1. ETF? ETN 차이점은?

ETF(Exchange Traded Funds)는 시장에서 거래되는 펀드(Fund)를 말하고, ETN(Exchange Traded Note)은 시장에서 거래되는 증권(Note)을 말합니다. 소액 자본으로도 고가의 대형 우량주에 분산투자하는 효과를 얻을 수 있는 두 상품은 약어로는 한 자 차이지만 성격은 꽤 다르니 아래 표를 통해 더 자세한 내용을 살펴보세요.

	ETF	ETN
명칭	Exchange Traded Funds, 상장지수펀드	Exchange Traded Note, 상장지수증권
개념	인덱스펀드를 거래소에 상장시켜 투자자들이 주식처럼 편리하게 거래할 수 있도록 만든 상품	원자재, 환율, 주가지수 등 기초자산의 가격 변동에 따라 수익을 얻을 수 있도록 설계한 채권 형태의 상품(파생결합증권)
발행 주체	자산운용사	증권사
만기	없음	있음(1년 이상 20년 이하)
추적 오차	있음	없음
파산 위험	있음	있음
기초 지수	대부분 시장추종형 지수	특화 지수
수익 구조	운용 실적에 따라 다름	약정된 기초 지수 수익 제공
최소 지수 구성항목	10종목	5종목
공통점	• 지수추종형 상품이다. • 주식처럼 시장에서 거래되며 자유롭게 사고팔 수 있다. • 증권사가 LP 역할을 한다. • 기초 지수를 추종한다.	

Q2. ETF 투자 시 가장 중요한 사항은?

가장 중요한 것은 투자를 고려하고 있는 ETF의 자산 구성 내역입니다. 이를 PDF(Portfolio Deposit File)라고 하는데요, 특정 ETF가 어떤 종목을 얼마만큼 보유하고 있는지 보여주는 표입니다. PDF는 각 운용사 홈페이지나 함께 삽입한 QR코드를 통해 한국거래소에서 확인할 수 있습니다. 이와 더불어 ETF의 뼈대가 되는 기초 지수도 확인해야 합니다. 기초 지수는 곧 ETF의 포트폴리오로, 한국거래소의 지수 산출 방법 페이지를 통해 각각의 ETF가 어떤 종목을 얼마나 담고 있는지 살펴볼 수 있습니다.

이 외에도 미국 투자은행 브라운브러더스해리먼(BBH)이 글로벌 기관투자가를 대상으로 진행한 설문 결과, ETF를 고를 때 운용사·거래량·운용 보수 등에 중점을 두고 투자를 고려하는 것으로 나타났습니다.

ETF 고를 때 가장 중요하게 고려하는 요소

	미국 투자자	유럽 투자자	중화권 투자자
1위	운용사	거래량	거래량
2위	운용보수	운용사	운용사
3위	거래량	세금 효율성	과거 성과

자료 브라운브러더스해리먼(BBH) ※ 2022년 기준

Q3. 같은 지수를 추종하는 ETF 가격이 운용사별로 다른 이유는 무엇인가요?

'엿장수 마음대로'라는 말처럼 ETF 가격을 자산운용사가 정할 수 있기 때문입니다. 보통 ETF 가격은 1만원부터 시작합니다. 가격이 높게 형성된 ETF는 상장 후 시간이 흘러 꾸준히 성장해 가격이 오른 경우이고, 상장한 지 얼마 되지 않아 아직 1만원 선인 경우도 있기 때문이죠. 그러나 상장한 지 얼마 되지 않았는데 높은 금액의 ETF도 존재합니다. 이는 1만원에 시작하지 않았기 때문입니다. 예를 들어 코스피 추종 ETF는 코스피지수×100으로 가격이 형성됩니다. 이처럼 어떤 지수를 추종하느냐에 따라 가격이 다르게 시작할 수 있습니다. ETF가 상장할 때 자산운용사가 주당 가격을 어떻게 정했는지, 거래 기간이 얼마나 되었는지에 따라 달라질 뿐입니다. 따라서 ETF의 주당 가격은 ETF의 수익률이나 가치와는 무관하다고 볼 수 있습니다.

Q4. 안정적으로 수익을 배당받을 수 있는 ETF도 있나요?

최근 글로벌 이슈 등으로 금융시장의 불확실성이 높아지는 가운데 마치 월급처럼 월마다 배당받을 수 있는 ETF는 없는지 궁금해하는 분이 많습니다. 그런 분들에게는 '우선주 ETF'를 제안합니다. 우선주는 배당 가능한 이익이 발생했을 때나 잔여 재산을 분배할 때 보통주에 우선해 소정의 배당이나 분배를 받을 수 있는 주식을 말합니다.
현재 국내에는 'TIGER 우선주'와 'KB STAR 미국고정배당우선증권 ICE TE' 두 종류의 우선주 ETF가 상장돼 있습니다. 다만 우선주 ETF도 주가 변동에 따라 손실 가능성이 전혀 없지 않기 때문에 100% 원금 보장이 되지 않는다는 점을 염두에 두면 좋습니다.

Q5. 내가 원하는 종목만 골라 ETF를 만들 수 없을까요?

개인 맞춤형 기초 지수를 설계해주는 다이렉트 인덱싱(Direct Indexing)이 있습니다. 투자자의 성향이나 가치관 등을 바탕으로 포트폴리오를 커스터마이징(Customizing)

해 ETF처럼 운용하는 것입니다. '비스포크 인덱싱(Bespoke Indexing)'이라고도 부르는 이 서비스는 이미 미국 금융가에서는 뜨거운 화두인데요. 세계 1위 자산운용사 블랙록은 2020년 다이렉트 인덱싱 솔루션업체 아페리오를, 세계 2위 자산운용사 뱅가드는 지난해 저스트인베스트를 인수하는 등 적극적 행보를 보이고 있습니다. 모건스탠리, 골드만삭스, JP모간체이스, 프랭클린템플턴 등도 속속 이 시장에 뛰어들고 있다니 그 인기를 실감할 수 있겠죠? 아직까지 국내에서 이를 선보인 금융사는 없지만, 일부 증권사 등에서 관련 서비스 도입 방안을 검토 중인 것으로 전해지고 있어 조만간 좋은 소식을 기대해도 좋을 것 같습니다.

다이렉트 인덱싱 시장 전망
단위 억 달러

연도	규모
2018	1300
2019	2700
2020	3500
2025	1조5000

자료 올리버와이먼, 모건스탠리

Q6. ETF가 상장폐지되는 경우도 있다던데, 그렇다면 원금을 다 날리게 되나요?

거래량이 줄어들거나 기초 지수와의 연동성이 떨어지는 경우 상장폐지되기도 합니다. 그러나 ETF 상장폐지는 주식 상장폐지와는 양상이 조금 다릅니다. 주식이 상장폐지되면 투자금을 잃을 가능성이 높습니다. 그러나 ETF가 투자한 기초자산은 수탁은행에 그대로 보관되기 때문에 운용사는 ETF의 자산을 매각해 현금화한 다음 상장폐지 시점에 평가한 NAV(Net Asset Value, 순자산가치)대로 계산해 투자자에게 돌려줍니다. 상장폐지 시점의 NAV에 따라 평균 단가가 NAV보다 높으면 손실을 볼 수도 있고, NAV보다 낮으면 이익을 볼 수도 있습니다.

OPENING. Infographic

숫자로 보는 ETF

간편한 매매 방법과 저렴한 수수료 등 다양한 장점이 있는 ETF 시장이 날로 커지고 있다.
ETF 시장 규모 및 수익률 Top 5 종목을 한눈에 볼 수 있도록 정리했다.

by_ 강은영 한국경제매거진 기자

1년 수익률 Top 5

국내 상장 해외 ETF

1. KODEX WTI원유선물(H) 82.69%
2. TIGER 원유선물 Enhanced(H) 82.08%
3. KBSTAR 미국S&P원유생산기업(합성 H) 66.10%
4. KODEX 미국S&P에너지(합성) 64.78%
5. KINDEX 베트남VN30 선물블룸버그레버리지(H) 48.34%

※ 2022년 4월 5일 기준

미국 증시 상장 ETF

1. Proshares Ultra Bloomberg Crude Oil 188.88%
2. Direxion Daily Oil & Gas Exp. & Prod. Bull 2X Shares 138%
3. United States Oil Fund LP 82.73%
4. First Trust Nasdaq Oil & Gas ETF 70.70%
5. SPDR S&P Oil & Gas Exploration & Production ETF 65.61%

※ 2022년 3월 31일 기준
자료 Bloomberg

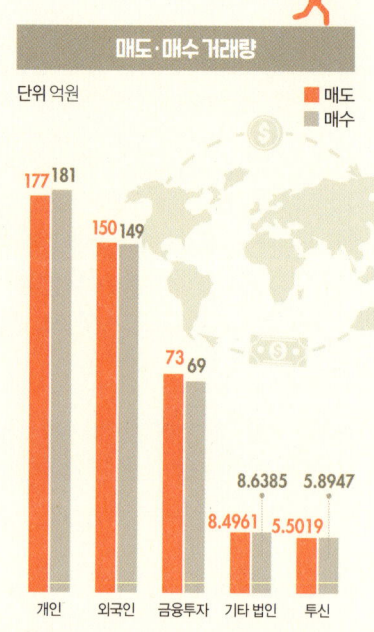

매도·매수 거래량

단위 억원 ■ 매도 ■ 매수

- 개인: 177 / 181
- 외국인: 150 / 149
- 금융투자: 73 / 69
- 기타 법인: 8.4961 / 8.6385
- 투신: 5.5019 / 5.8947

※ 최근 6개월 기준(2021년 10월 1일~2022년 4월 1일)
자료 한국거래소

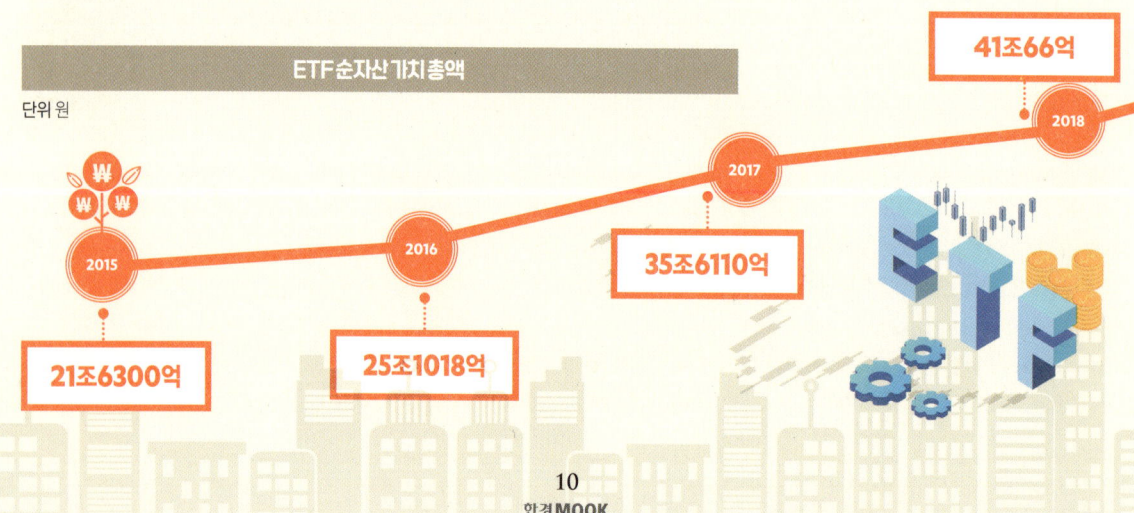

ETF순자산가치 총액

단위 원

- 2015: 21조6300억
- 2016: 25조1018억
- 2017: 35조6110억
- 2018: 41조66억

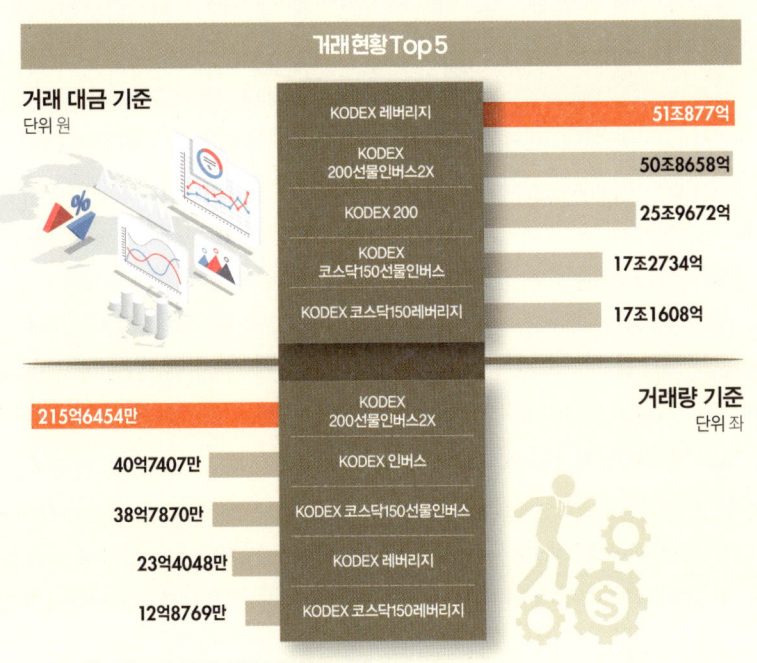

거래현황 Top 5

거래 대금 기준 (단위 원)

- KODEX 레버리지 — 51조877억
- KODEX 200선물인버스2X — 50조8658억
- KODEX 200 — 25조9672억
- KODEX 코스닥150선물인버스 — 17조2734억
- KODEX 코스닥150레버리지 — 17조1608억

거래량 기준 (단위 좌)

- KODEX 200선물인버스2X — 215억6454만
- KODEX 인버스 — 40억7407만
- KODEX 코스닥150선물인버스 — 38억7870만
- KODEX 레버리지 — 23억4048만
- KODEX 코스닥150레버리지 — 12억8769만

※ 최근 6개월 기준(2021년 10월 1일~2022년 4월 1일) 자료 한국거래소

ETF 시장현황

상장 종목 수
- 4개 (2002년)
- 551개 (2022년 3월 말 기준)

거래 대금
- 327억 원 (2002년)
- 2만4060억 원 (2022년 3월 말 기준)

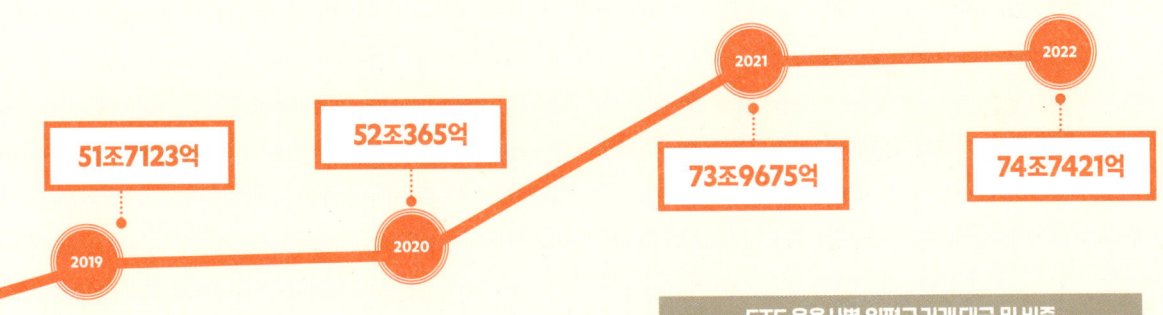

- 2019: 51조7123억
- 2020: 52조365억
- 2021: 73조9675억
- 2022: 74조7421억

ETF 운용사별 일평균 거래대금 및 비중

단위 원 ※2022년 3월 기준

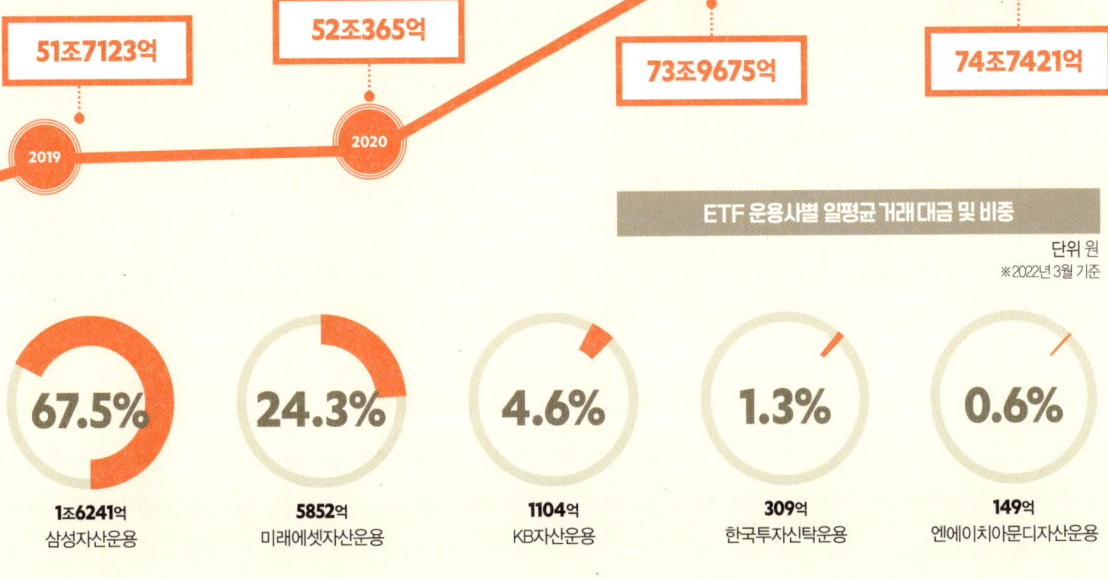

67.5%	1조6241억	삼성자산운용
24.3%	5852억	미래에셋자산운용
4.6%	1104억	KB자산운용
1.3%	309억	한국투자신탁운용
0.6%	149억	엔에이치아문디자산운용

OPENING. Outlook

해외 ETF에 투자해야 하는 이유

해외 주식투자는 이제 하나의 트렌드로 자리 잡았다. 해외 ETF에 투자하는 이도 빠르게 늘고 있는 가운데 해외 ETF의 장점, 계좌 유형별 혜택, 2023년 세제 변화 등을 담았다.

by _ 이승원 미래에셋자산운용 ETF마케팅본부장

PART 1.
국내 개인투자자 매수·매도 상위 종목

2021년 이후 우리나라 개인투자자 순매수 현황을 보면 과거와 확연한 차이가 나는 것을 알 수 있다. 예전에는 국내 대표지수와 레버리지/인버스 2X ETF가 전체 거래량과 개인투자자 순매수의 대부분을 차지했다. 그러나 ETF 시장 성장과 함께 2021년 이후에는 많은 변화가 있었다. 미국, 중국 같은 글로벌 시장과 혁신·성장 테마 위주로 투자되고 있다. 서학개미로 불리는 해외 주식 직접투자자의 관심만큼 국내에 상장된 해외 ETF에 투자하는 동학개미 역시 빠르게 성장하고 있는 것이다.

더 고무적인 부분은 개인투자자 대부분이 연금계좌를 활용하고 있다는 것이다. 전체 매수 금액의 35% 수준이 일반 주식계좌가 아닌 개인연금, 퇴직연금 등 연금계좌를 통해 유입되고 있다. 이는 후반부에 언급할 연금계좌에서의 과세이연 효과 등 ETF의 장점을 충분히 인지하면서 해외투자를 하고 있는 스마트한 투자자가 늘고 있음을 방증하는 것이다. 연초 이후 글로벌 증시의 변동성이 확대되고, 러시아와 우크라이나의 지정학적 이슈 등이 제

35%
전체 매수 금액의 35% 수준이 일반 주식계좌가 아닌 개인연금·퇴직연금 등 연금계좌를 통해 유입되고 있다.

기되면서 레버리지 ETF나 인버스 2X ETF에 대한 투자가 늘고 있는 것은 사실이지만, 확실히 ETF 투자에서 투자 문화가 변화하는 것은 부정할 수 없을 듯하다. 올해뿐 아니라 2021년에는 혁신·성장 테마와 글로벌 투자 트렌드를 더 확연하게 볼 수 있었고, 아마도 이 기조는 앞으로도 ETF 시장의 성장과 함께 지속적으로 확인할 수 있을 것으로 보인다.

2021년 이후 개인투자자 순매수·순매도 Top 10

순매수 상위 Top 10

순위	종목명	증감
1	TIGER 차이나전기차SOLACTIVE	28,844
2	TIGER 미국테크TOP10 INDXX	9,516
3	TIGER 미국필라델피아반도체나스닥	8,852
4	TIGER 미국S&P500	7,995
5	KODEX 레버리지	7,864
6	TIGER 미국나스닥100	7,229
7	TIGER 글로벌리튬&2차전지	6,198
8	KODEX 2차전지산업	3,458
9	TIGER 차이나항셍테크	3,275
10	KODEX K-메타버스액티브	2,897

※ 2021년 1월 1일~2022년 3월 31일 기준
단위 억원

순매도 상위 Top 10

순위	종목명	증감
1	KODEX WTI원유선물(H)	-3,962
2	KODEX 200선물인버스2X	-2,312
3	KODEX 인버스	-2,086
4	TIGER 원유선물Enhanced(H)	-1,295
5	KODEX 코스닥150선물인버스	-673
6	TIGER 차이나CSI300	-670
7	KODEX 은선물(H)	-479
8	KBSTAR 미국S&P원유생산기업	-467
9	KODEX 코스닥150레버리지	-371
10	KINDEX 베트남VN30(합성)	-330

※ 2021년 1월 1일~2022년 3월 31일 기준
단위 억원

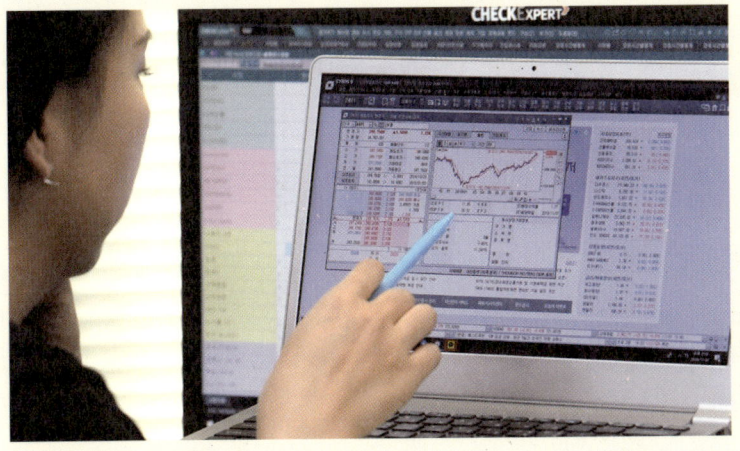

분기별 해외 주식 보관 현황
단위 십억달러

자료 SEIBro ※ 2022년 3월 말 기준

해 6배 이상 증가한 수치이며, 이제는 하나의 투자 트렌드로 자리 잡았다고 할 수 있다. 여기에 채권 및 각종 외환 증권 보유 금액까지 합치면 무려 120조원에 달한다. 코로나19 이후 개인투자자의 투자에 대한 관심이 증가하는 동시에 해외 직접투자에 대한 관심도가 높아졌다는 사실을 증명하는 수치라 볼 수 있다.

다만 투자에 대한 관심이 높아졌다는 이유 하나만으로 이렇게 많은 자금이 빠른 속도로 해외 자산으로 이동했다고 보기는 힘들다. 해외투자에 대한 투자자가 누릴 수 있는 장점이나 해외투자가 매력적이라고 느끼는 이유가 명확하게 있기 때문에 투자자들이 선택했을 것으로 생각한다. 이러한 수요에 맞춰 자산운용사들의 다양한 해외투자 상품 출시와 증권사들이 편리하게 해외투자를 할 수 있는 채널을 만든 점도 해외투자 규모가 성장하는 데 기여한 것으로 보인다.

PART 2.
국내 투자자의 해외 직접투자 현황

이러한 해외투자가 증가하는 것은 비단 국내 ETF만이 아니다. 서학개미라고 표현되는 국내 투자자의 해외투자 현황부터 살펴보면, 2022년 1분기를 기점으로 720억달러가 넘는 규모의 해외 주식을 보유하고 있다. 이를 원화로 환산하면 약 88조원에 해당하며, 작년 4분기에는 무려 94조원(780억달러)에 달하는 주식과 ETF를 보유하기도 했다. 이는 코로나19 이전인 2019년에 비

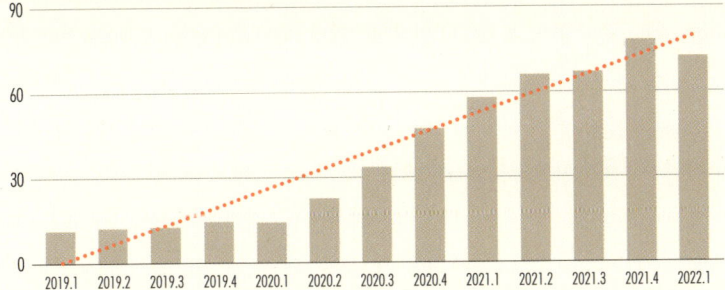

해외 주식 거래 사이트에 접속 중인 투자자.

PART 3.
해외투자를 해야만 하는 이유

국내 투자자가 해외투자에서 얻을 수 있는 장점은 여러 가지가 있을 것이다. 그중 가장 확실한 장점은 바로 해외 기업 또는 ETF를 통해 해외 대표지수에 직접투자할 수 있다는 것이다. 이는 개인적으로 나만의 투자 포트폴리오를 다양화할 수 있고, 그에 따른 분산투자 효과도 누릴 수 있다. 물론 국내에도 우량 기업이 충분히 많다고 볼 수 있지만, 한국 주식시장은 글로벌 시장 전체의 1.8%(2021년 1월 기준)에 불과하다. 투자자는 투자 선택지를 글로벌 시장까

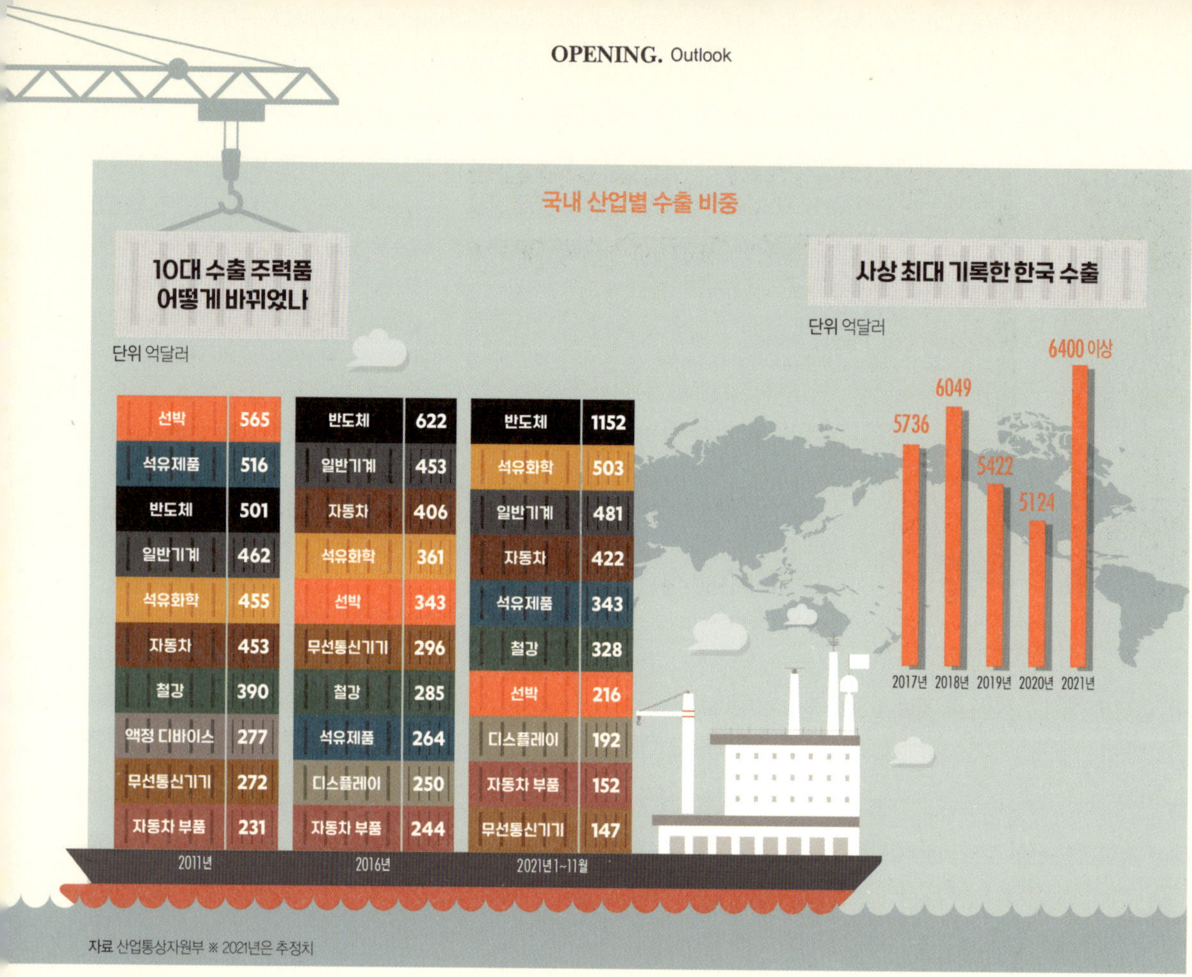

OPENING. Outlook

국내 산업별 수출 비중

10대 수출 주력품 어떻게 바뀌었나
단위 억달러

2011년
순위	품목	금액
1	선박	565
2	석유제품	516
3	반도체	501
4	일반기계	462
5	석유화학	455
6	자동차	453
7	철강	390
8	액정 디바이스	277
9	무선통신기기	272
10	자동차 부품	231

2016년
순위	품목	금액
1	반도체	622
2	일반기계	453
3	자동차	406
4	석유화학	361
5	선박	343
6	무선통신기기	296
7	철강	285
8	석유제품	264
9	디스플레이	250
10	자동차 부품	244

2021년 1~11월
순위	품목	금액
1	반도체	1152
2	석유화학	503
3	일반기계	481
4	자동차	422
5	석유제품	343
6	철강	328
7	선박	216
8	디스플레이	192
9	자동차 부품	152
10	무선통신기기	147

사상 최대 기록한 한국 수출
단위 억달러

2017년	5736
2018년	6049
2019년	5422
2020년	5124
2021년	6400 이상

자료 산업통상자원부 ※ 2021년은 추정치

지 더 넓힘으로써 이전에는 미처 고려하지 못한 98.2%의 또 다른 유망한 투자처를 발굴할 수 있다.

예를 들어 반도체산업 전체를 유망하다고 생각하는 개인투자자가 있다고 가정해보자. 우리나라가 강세를 보이는 반도체 분야는 삼성전자·하이닉스 등 메모리 반도체인 반면, 반도체 설계나 반도체 장비와 같은 비메모리 반도체 분야는 미국을 중심으로 글로벌 기업이 강세를 보이고 있다. 따라서 반도체산업을 긍정적으로 생각하는 투자자가 필라델피아 반도체 ETF와 같은 해외투자를 병행한다면 반도체산업 밸류체인의 모든 분야에 걸쳐 투자할 수

국가별 주식 시장 점유율
단위 %

국가	비율
미국	55.9%
일본	7.4%
중국	5.4%
영국	4.1%
프랑스	2.9%
스위스	2.6%
독일	2.6%
캐나다	2.4%
오스트리아	2.1%
한국	1.8%
대만	1.7%

자료 Statista ※ 2021년 1월 기준

있게 된다.

또한 해외투자를 하면 국내에서 투자하기 어려운 섹터나 혁신·성장 산업에도 투자할 수 있다. 우리나라는 반도체, 자동차, AI 등 미래산업으로 지목되는 혁신·성장 분야에 대한 투자가 정부와 민간 모두에서 활발하게 이뤄지고 있다. 2020년부터 시행한 K뉴딜 정책이 그 일환이라고 볼 수 있다. 다만 우리나라의 시가총액에서 반도체(19.7%), 석유화학(8.6%) 같은 특정 산업의 비중이 높은 편이기 때문에 해외투자를 하는 것은 포트폴리오의 다양성 측면에서 투자자들에게 충분한 도움을 줄 수 있다고 생각한다.

일례로 클라우드서비스 시장은 전 세계적으로 마이크로소프트, 아마존, 구글이 과점하고 있는 상황이다. SNS 산업 역시 페이스북과 인스타그램을 가지고 있는 메타나 트위터 같은 기업이 선두 주자로 자리 잡고 있다. 최근 각광받고 있는 혁신·성장 테마인 2차전지·전기차·메타버스·사이버보안 등도 모두 글로벌 기업이 이끌어나가고 있는 모양새다. 최근 투자 트렌드가 '내가 투자하고 싶은 혁신 산업에 투자하는 것'이라면 당연히 해외투자로 눈을 돌릴 수밖에 없는 투자 환경이 된 것이다.

성공적 투자에서 손에 꼽는 중요한 사항이 바로 '리스크 관리'다. 투자자는 포트폴리오 다각화, 즉 분산투자를 통해 투자에서 발생하는 리스크를 낮출 수 있다. 해외투자를 통해 투자 대상을 늘리고 ETF와 같이 이미 일정 부분 분산된 자산에 투자하면 개별 기업 리스크를 줄일 수 있다. 또한 통화 리스크 관리 측면에서도 분산 효과를 기대할 수 있다. 원화로만 구성된 국내 자산에만 투자하는 것이 아니라, 외화 자산으로 구성된 외국 기업으로까지 투자의 폭을 넓힌다면 자연스럽게 통화와 관련한 리스크 분산 효과를 누릴 수 있게 된다.

실제로 2017년 이후 약 5년간의 데이터를 분석해보면 S&P500과 KOSPI200은 약 0.75, 달러와 KOSPI200은 약 -0.25의 상관관계를 보였다. 이는 S&P500이 1만큼 상승하면 KOSPI200은 0.75만큼 오르는 반면, 달러가 1만큼 상승하면 KOSPI200은 오히려 0.25만큼 하락한다는 의미다. 상관관계라는 것이 절대적일 수는 없지만, 과거 S&P500과 KOSPI200은 양의 상관관계, 달러와 KOSPI200은 음의 상관관계를 통상적으로 보였던 것이다. 이처럼 해외투자는 포트폴리오 분산과 함께 통화 측면의 리스크 분산까지 가능케 하는 순기능도 있다고 할 수 있다.

S&P500, KOSPI200, 달러의 상관관계

- S&P500 1▲ → KOSPI 200 0.75▲
- 달러($) 1▲ → KOSPI 200 0.25▼

PART 4.
해외투자가 어렵다고? ETF가 있다!

이처럼 해외투자는 투자할 수 있는 선택의 폭을 넓혀주며, 리스크 관리 측면에서도 유리하다. 따라서 해외투자를 할 수 있다면 투자자로서 이 기회를 그냥 놓치는 것은 아쉬운 선택이 아닐 수 없다. 실제로 국내 자산운용사의 해외 ETF 상장, 해외투자를 할 수 있는 증권사 채널의 다양화 등을 통해 해외투자 진입장벽은 낮아지고 있다.

하지만 투자자로서 바쁜 일상을 보내는 직장인의 경우 직접 유망한 섹터와 기업을 탐색하고 해외 개장 시간에 맞춰 매수·매도하는 일련의 과정은 분명 쉬운 일이 아니다. 최근에는 낮 시간에 매매를 할 수 있는 시스템도 증권사에서 개발하고 있지만, 본업을 뒤로하고 오전 11시 30분까지 미국 개장 시장을 기다리는 일은 분명 본업과 투자 간에 주객이 전도되는 상황을 낳을 수 있다. 심지어 이렇게 노력하고도 외국과의 시차로 인한 장중 변동성에 대응한다는 것은 전업 투자자가 아니라면 사실상 불가능하다. 물론 이러한 불편을 해소하기 위해 금융권에서도 발 빠르게 대응하고 있는 것은 사실이다. 증권사는 매매 시스템을 개선하고 있고, 자산운용사는 다양한 해외 ETF 상품을 론칭해 국내 투자자들이 편리하게 해외투자를 진행할 수 있도록 지원하고 있다.

ETF(Exchange Traded Fund)는 거래소에 상장된 펀드로, 주식처럼 거래할 수 있어 편의성과 유동성이 뛰어난 21세기 혁신 금융상품으로 불린다. 또한 상장된 상품도 다양해지고 거래 규모도 증가함에 따라 ETF는 보다 편리하고 효과적으로 해외투자를 할 수 있는 수단이 된 것이 사실이다. 아울러 최근 자산운용업계의 ETF 트렌드는 이러한 해외투자와 혁신·성장 테마에 대한 수요 증가를 바탕으로 ETF를 적극적으로 출시하고 있는 것도 매우 고무적인 투자 환경을 만드는 것으로 보인다.

투자자는 같은 지수, 예를 들어 S&P500에 투자하기로 결정한 이후에도 국내에 상장된 S&P500 ETF와 미국에 상장된 ETF(SPY)의 장단점을 비교해보고 본인의 포트폴리오 상황에 어떤 것이 더 적합한지를 판단해야 한다. 분명히 두 상품은 저마다 장단점이 있다. 먼저 환전 문제를 생각해보면, SPY 같은 해외 상장 역외 ETF에 투자하기 위해서는 1.75%의 환전수수료를 지불해야 한다(2022년 2월 KB국민은행 기준). 하지만 수수료 할인 정책을 통해 수수료를 90% 할인해주기 때문에 실질적인 환전수수료는 0.175%라고 할 수 있다. 원화에서 달러로 바꿀 때 해당 수수료를 지불하고, 투자 이후 달러에서 다시 원화로 환전한다면 다시 한번 해당 수수료를 지불해야 한다. 원화로 재환전할 것을 고려하면 0.35%의 환전수수료가 투자수익률을 감소시킨다는 의미다. 추가로 SPY는 운용 보수가 연 0.09%이기 때문에 해당 환전 과정을 거쳐 SPY에 직접투자함으로써 얻을 수 있는 수익률은 SPY의 투자수익률에서 환전수수료 0.35%와 운용 보수 0.09%를 차감한 수치일 것이다.

SPY를 국내에 상장된 동일한 지수 추종 ETF인 'TIGER 미국S&P500 ETF'로 대체해보자. 우선 환전수수료에 대한 부담이 사라진다. 실제 펀드나 ETF에서 환전수수료는 0.01~0.02%밖에 되지 않기 때문에 개인투자자가 직접 환전하는 것에 비해 훨씬 저렴하다. 운용 보수 또한 연 0.07%로 SPY보다 저렴하고, 해당 상품은 환헤지를 실시하지 않기 때문에 달러 가치 변동에 따른 수익률 변화도 똑같이 반영한다. 따라

환전 측면에서는 국내에 상장된 ETF가 유리한 것이 사실이다. 하지만 환전만 고려해서 상품을 선택하기는 어렵다. 투자자는 투자 소득에서 발생할 수 있는 세금을 반드시 고려해야 한다.

서 최대 0.44% 정도의 환전수수료와 운용 보수를 지불해야 하는 SPY에 비해 'TIGER 미국S&P500 ETF'는 운용 보수 0.07%와 ETF 내 환전 비용만 부담하면 된다. 환전 측면에서만 보면 해외 상장 ETF를 국내 상장 해외 ETF로 전환함으로써 0.35% 수준의 투자수익률 개선 효과를 누릴 수 있는 것이다.

환전 측면에서는 국내에 상장된 ETF가 유리한 것이 사실이다. 하지만 환전만 고려해서 상품을 선택하기는 어렵다. 투자자는 투자 소득에서 발생할 수 있는 세금을 반드시 고려해야 한다. 국내 상장 해외 ETF는 이익에 대해 배당소득세 15.4%, 해외 상장 해외 ETF는 양도소득세 22%의 세율이 적용된다. 세율만 봤을 때는 국내 상장 ETF가 유리해 보이지만, 2000만원 이상의 금융소득이 발생하면 금융소득종합과세 때문에 소득에 따라 세금을 추가로 낼 수도 있다. 반대로 개인연금·퇴직연금과 같은 연금계좌나 중개형 ISA 계좌를 이용하면 해외투자에서 세제 혜택을 누릴 수 있는 방법도 있다. 지금부터 계좌별 해외 ETF 거래 시 발생할 수 있는 세금과 혜택 등을 하나하나 살펴보도록 하겠다.

ETF 세금 체계

	국내 주식형 ETF	국내 상장 해외 ETF	해외 ETF(직접투자)
증권거래세	없음		
매매차익에 대한 세금	없음	15.4%(이자·배당소득세)	22%(250만원 공제)
분배금	15.4%(이자·배당소득세)	15.4%(이자·배당소득세)	15.4%(이자·배당소득세)
손익 통산 과세	해당 없음		손익 과세 적용
금융소득종합과세	포함 안 됨	포함	포함 안 됨

자료: 미래에셋자산운용

PART 5.
주식계좌에서 ETF를 거래할 경우

먼저 일반 주식계좌에서 ETF를 거래할 경우 국내 상장 ETF는 매매차익에 대해 15.4%(소득세 14%, 지방소득세 1.4%)의 세금을 과세하는 것이 기본이지만, 국내 주식형 ETF의 경우는 비과세다. 물론 국내 주식형이라 하더라도 발생하는 분배금은 배당소득세 15.4%를 과세한다. 결론적으로 국내 주식형 매매차익을 제외한 모든 ETF의 매매차익은 15.4%가 과세되는 것이다.

반면 해외 상장 ETF에 직접투자하는 경우에는 차익에 대해 22%(양도소득세 20%, 지방소득세 2%)의 세금이 부과된다. 절대적으로는 배당소득세보다 높은 세율이지만, 250만원까지는 비과세로 공제해준다.

또한 손해와 이익을 합산해 과세하는 '손익 통산 과세'로서의 장점도 있다. 예를 들어 투자자가 '1번 ETF'에서 300만원 이익이 발생하고 '2번 ETF'에서 100만원 손해를 입은 경우 매도 후 손익 통산 금액은 총 200만원으로 전부 비과세 처리가 가능하다.

국내 상장 ETF는 손익 통산이 아니기 때문에 같은 상황이라면 벌어들인 300만원에 대한 세금 15.4%(46만2000원)를 과세한다.

또한 우리나라는 개인별 연간 금융소득 합계액에서 비과세·분리과세 금융소득을 제외한 금액이 2000만원을 초과하는 경우 소득에 따라 세금을 다시 부과하는 금융소득종합과세 제도가 있다. 즉 주식배당이나 은행 이자 그리고 국내 상장 해외 ETF를 통해 실현한 수익 등을 합쳐 2000만원이 넘으면 세금을 누진적으로 더 지불해야 하는 상황에 놓일 수 있다. 여기서 해외 상장 ETF는 금융소득종합과세 대상이 아니기 때문에 2000만원 이상의 수익이 발생할 때는 국내 상장 ETF보다 세금 측면에서 유리한 점이 있다고 할 수 있겠다. 물론 글 후반부에 소개하겠지만, 2023년부터는 금융소득세법이 변경되어 두 ETF 모두 과세하는 방법이 동일해질 예정이다.

지금까지 내용으로 보면 환전 측면에서는 국내 상장 ETF가, 세금 측면에서는 해외 상장 ETF가 다소 유리해 보인다. 하지만 다음부터 소개할 연금계좌와 중개형 ISA를 활용하면 국내 상장 해외 ETF에서도 충분한 세제 혜택을 누릴 수 있다.

PART 6.
연금계좌에서 ETF를 거래할 경우

연금계좌를 활용해 ETF에 투자한다면 세제 혜택을 누릴 수 있다. 개인연금계좌와 퇴직연금계좌 중 DC, IRP 계좌가 여기에 해당한다. 매매차익과 분배금에 부과되는 모든 세금을 연금 수령 시기로 이연해주기 때문이다. 국내 주식형 외 모든 ETF는 이익과 분배금에 대해 15.4%의 배당소득세가 과세되지만, 연금계좌에서는 연금 수령 시 소득에 따라 3.3~5.5%의 세금이 이연된다. 또한 일반 계좌에서 연 2000만원 이상 금융소득이 발생할 경우 적용되는 금융소득종합과세 대상에서도 제외된다.

이러한 세제 혜택 때문에 연금계좌에서 ETF를 활용하는 투자자들이 빠르게 늘고 있다. 2021년 말 기준 개인연금

연금계좌에서 ETF 거래 시 세제 혜택

국내 주식형 ETF
국내 주식에 투자하는 ETF

	일반 계좌에서 거래할 때	연금계좌에서 거래할 때
매매차익	과세 제외	과세이연
분배금	배당소득으로 15.4% 과세	과세이연
인출할 때	—	연금으로 받으면 연금소득세 3.3~5.5% / 연금 외 수령 시 기타소득세 16.5%

기타 ETF
채권형 ETF, 해외 지수 ETF, 파생형 ETF, 상품 ETF

	일반 계좌에서 거래할 때	연금계좌에서 거래할 때
매매차익	과표 기준 가격 차이와 실제 매매차익 중 적은 값에 대해 배당소득으로 15.4% 과세	과세이연
분배금	배당소득으로 15.4% 과세	과세이연
인출할 때	—	연금으로 받으면 연금소득세 3.3~5.5% / 연금 외 수령 시 기타소득세 16.5%

※ 과세 기준 및 과세 방법은 향후 세법 개정에 따라 변경될 수 있음.
자료 미래에셋자산운용

계좌 내 ETF 잔고는 연초 대비 1조2700억 원에서 4조6000억원으로, 퇴직연금의 경우는 9000억원에서 3조5300억원으로 280% 성장했다. 2019년 말 5000억원도 채 되지 않았던 개인·퇴직연금 내 ETF 잔고가 2년 만에 8조원 수준까지 가파르게 성장한 것이다. 노후를 준비하는 연금에 대한 투자 수요와 세제 혜택을 받으면서 다양한 상품에 투자할 수 있다는 장점이 이러한 성장을 이끌었다고 볼 수 있다.

일반 계좌에서 발생할 수 있는 세금 이슈가 연금계좌에서는 사실상 소멸됨에 따라 당연히 효율적 운용이 가능한 해외 ETF에 대한 투자로 이어지고 있다. 실제 연금 내 ETF를 살펴보면 대부분 해외투자 ETF다.

그리고 연금계좌에서는 국내 상장 ETF만 운용이 가능하다. 앞에 언급한 'TIGER 미국S&P500 ETF'는 투자가 가능하지만, SPY 같은 해외 상장 ETF는 불가할 것이다. 그리고 '노후를 대비한 투자'라는 연금 자산의 성격에 맞게 레버리지·인버스와 같은 상품은 투자가 불가능하다.

중개형 ISA 계좌에서 ETF 거래 시 세제 혜택

해외 주식형 및 기타 ETF
해외 주식형 ETF, 채권형 ETF, 파생형 ETF, 상품 ETF

	일반 계좌에서 거래할 때	중개형 ISA에서 거래할 때
매매차익	과표 기준 가격 차이와 실제 매매차익 중 적은 값에 대해 배당소득으로 15.4% 과세	200만원 초과 순소득 (서민형 400만원) 9.9% 세율 적용
분배금	배당소득으로 15.4% 과세	

※과세 기준 및 과세 방법은 향후 세법 개정에 따라 변경될 수 있음.

국내 주식형 ETF
국내 주식에 투자하는 ETF

	일반 계좌에서 거래할 때	중개형 ISA에서 거래할 때
매매차익	비과세	비과세
분배금	배당소득으로 15.4% 과세	200만원 초과 순소득 (서민형 400만원) 9.9% 세율 적용

자료 미래에셋자산운용

PART 7.
중개형 ISA 계좌에서 거래할 경우

또 다른 세제 혜택 계좌로는 2021년부터 시행된 중개형 ISA 계좌가 있다. 중개형 ISA의 경우 연금계좌에서와는 다르게 투자 가능한 ETF에 제한이 없고, 개별 주식투자도 가능하다.

국내 거주자로서 만 19세 이상인 자 또는 만 15세 이상~19세 미만으로 직전 과세기간에 근로소득이 있는 자는 모두 가입이 가능하다. 연간 2000만원까

일반 계좌에서 발생할 수 있는 세금 이슈가 연금계좌에서는 사실상 소멸됨에 따라 당연히 효율적 운용이 가능한 해외 ETF에 대한 투자로 이어지고 있다.

지 투자 한도가 있어 총 5년 동안 1억원 한도로 분리과세 혜택을 누릴 수 있다. ISA는 연금계좌처럼 세액공제 혜택은 별도로 없지만, 발생한 수익 중 200만원까지는(서민형 400만원) 비과세, 그리고 400만원 초과분에 대해서는 9.9%로 분리과세가 적용된다. 또한 5년 만기 후 IRP 등 연금계좌로 이관이 가능하며, 계좌 내 손익 통산 과세까지 적용된다.

연금계좌가 아님에도 분리과세로서의 세제 혜택과 손익 통산이라는 강력한 장점이 있는 것이다. 만약 나의 투자 기간이 3년 정도라고 하면 3년이 지난 후에 혜택을 받고 해지도 가능하기 때문에 개인투자자라면 반드시 중개형 ISA를 활용해야 한다고 생각한다.

PART 8.
2023년 세제 변화와 해외 ETF

2023년에 변화하는 금융 세금 제도의 핵심은 <mark>금융투자소득세</mark> 시행이다. 기존에 이자·배당소득세, 양도소득세, 비과세 등으로 나뉘어 있던 항목들을 금융투자소득세라는 이름 아래 통합해 과세한다. 우리가 주목해야 할 부분은 비과세였던 소액주주의 매매차익이 5000만원까지만 비과세로 바뀐다는

➕ 용어 설명
금융투자소득세

개인이 주식투자 등으로 발생한 소득에 양도소득세를 부과하는 것을 말한다. 주식·채권 등의 양도, 투자계약증권의 양도, 집합투자 기구로부터의 이익, 파생결합증권, 금융파생상품의 거래로 발생하는 소득이 과세 대상이다.

점과 국내 상장 해외 ETF와 해외 상장 ETF의 과세 기준이 금융투자소득세로 같아진다는 점이다. 앞서 설명한 국내 상장 ETF, 해외 상장 ETF의 세금이 무차별해진다는 뜻이다.

국내 주식형 ETF에도 매매차익에 따른 세금이 부과된다. 5000만원까지 비과세이긴 하나, 기존에 없던 세금이 발생한다는 점에서는 차이가 있다. 앞에서 언급한 것처럼 기존에는 국내 상장 해외 ETF의 매매차익에 대한 공제가 없고 손익 통산 과세가 안 되는 대신 15.4%의 배당소득세로 과세하고 있다. 반면 해외 상장 ETF는 250만원까지 공제해주며, 손익 통산으로 22%라는 양도소득세를 과세한다. 하지만 내년부터 적용될 세제에서는 두 ETF 모두 금융투자소득세로 동일하게 과세한다. 이러한 세제 개편은 오히려 국내 상장 해외 ETF의 장점을 부각시킨다고 볼 수 있다. SPY와 'TIGER 미국 S&P500'이 완전히 같은 과세 기준을 가지게 된다면 편의성과 수수료 측면에서 국내 상장 해외 ETF 투자가 유리한 점이 더 많기 때문이다.

또한 국내 상장 ETF의 경우 세제 개편 전 세율인 15.4%보다 높은 22%의 세율이 부과됨에 따라 연금계좌에서의 ETF 투자는 과세이연 혜택이 2023년 이전보다 더 돋보이게 된다. 따라서 연금계좌를 활용해야 할 이유가 더 명확해진 것이다. 세제 개편에 따라 연금계좌와 중개형 ISA 계좌를 통한 해외 ETF 투자는 필수적 수단이라고 감히 말할 수 있다. 다만 2023년부터 시행될 세제 혜택은 아직 세부적으로 미정이거나 변동 가능한 사항이 있으므로 추후 꼼꼼히 체크해볼 필요가 있다.

2023년 금융투자소득세

2023년 금융투자소득세 개편
주식, 채권, 펀드, 파생상품 등 금융투자상품에서 발생하는 소득을 금융투자소득으로 과세
→ 국내 상장 주식 및 공모 주식형 펀드 소득 5000만원까지 기본공제
→ 해외 주식, 비상장 주식, 채권, 파생상품 소득을 하나로 묶어 250만원 공제
→ 1~12월 소득 금액 및 손실 금액 합산
• 3억원 이하 20%(양도소득세 전환)
• 3억원 초과 6000만원+(3억원 초과액×25%)

금융투자소득세 대상	현행
펀드 투자 이익(채권 환매 및 양도)	배당소득세
ETF(국내 주식형 외), ELS, ETN 등 이익	14%(지방세 포함 15.4%)
주식 양도소득세(대주주)	보유 기간 등에 따른 차등 과세 10~30%
주가지수 ELW 이익	
주가지수 선물·옵션 소득	
주식 양도소득(소액주주)	비과세
채권 양도소득	
펀드 투자 이익(펀드 내 국내 상장 주식 양도차익)	
국내 주식형 ETF 양도소득	
ELS, DLS 양도소득	
개별 주가 종목, 금리 통화 파생	
투자계약증권 양도소득	
파생상품 소득	

자료 미래에셋자산운용

OPENING. Trend

글로벌 리스크에도 불구하고 증가하는 해외 ETF 투자자

위기는 곧 기회라고 했던가. 시장 변동성이 커진 글로벌 증시 속에서 해외 상장지수펀드(ETF)가 대안으로 급부상했고, 올해도 이 같은 흐름이 지속될 것이라는 전망이 나온다. 국내 투자자들이 그동안 투자한 해외 ETF 상품과 향후 전망에 대해 살펴보고자 한다.

*by*_ 이미경 한국경제매거진 기자

최근 글로벌 긴축 흐름이 빨라지고 러시아-우크라이나 사태가 장기화되면서 글로벌 주식시장의 변동성은 더욱 커지고 있다. 세계 증시는 코로나19 팬데믹(세계적 대유행)과 인플레이션, 가팔라진 금리인상 등으로 상승 동력을 잃어버린 상태다. 또 종료 시점을 알수 없는 우크라이나 관련 지정학적 리스크도 증시 발목을 잡는 난제다. 이런 상황에서 투자자들은 왜 해외ETF를 주목하고 있을까.

해외 ETF 순자산 총액 1년 새 3배 이상 껑충

해외 ETF는 코로나19 팬데믹을 거치며 폭발적 성장세를 보였다. 한국거래소에 따르면 2017년 8월만 해도 국내에 상장한 해외 상장지수펀드(ETF) 종목 수는 89개, 순자산 총액 규모는 2조1930억원에 그쳤다. 이후 코로나19 팬데믹을 거치며 2020년 말 기준 해외 ETF 종목과 순자산 총액은 각각 131개, 6조1132억원으로 덩치가 커졌다. 올해 1월 초에는 해외 ETF 펀드 수가 176개, 순자산 총액이 19조2885억원 규모로 급성장했다. 순자산 총액 규모로만 보면 1년여 만에 3배 이상 급성장한 셈이다.

전체 해외 ETF 가운데 해외 주식 ETF 펀드 비중이 가장 크다. 해외 주식 액티브·패시브 ETF는 118개, 순자산 규모는 17조2214억원에 이른다. 해외 채권 ETF는 13개, 순자산은 4167억원이고, 해외 혼합 ETF는 7개, 순자산은 2035억원, 해외 기타 ETF는 39개, 순자산은 1조4469억원에 그치고 있다. 상대적으로 해외 주식형 ETF 비중이 높은 것으로 나타났다.

해외 주식 ETF는 2차전지와 전기차, 미국 주식 등에 자금이 집중적으로 유입되면서 운용 규모가 급격하게 늘었다. 해외 주식 ETF 가운데 미래에셋 TIGER 차이나전기차 SOLACTIVE, 미래에셋 TIGER 미국나스닥100, 한국투자글로벌전기차&배터리, 미래에셋 TIGER 미국테크TOP10 INDXX, 미래에셋 TIGER 미국S&P500 등의 순자산이 1조원을 넘는다. 해외 수식펀드 중 순자산 총액 1조원이 넘는 펀드 중에서 ETF만 5개를 차지한다.

지난해 말 기준 해외 ETF 상품의 순자산 총액은 1년 만에 폭발적 성장세를 보였다. 미래에셋 TIGER 차이나전기차 SOLACTIVE의 순자산 총액은 2021년 12월 31일 기준으로 3조1873억원에 달한다. 이는 1년 전(577억4900만원) 대비 3조1295억원이 급증한 것이며, 12개월 종가 기준 수익률은 51.5%로 집계된다. 미래에셋 TIGER 미국나스닥100도 같은 기간 대비 1조3022억원이 증가한 1조8837억원까지 늘어났다. 이 기간 동안 수익률은 39.8%에 달한다. 미래에셋 TIGER 미국S&P500도 전년 동기 대비 1조650억원이 증가한 1조1803억원을 기록했다. 이 기간 동안 수

ETF 종목별 순자산 가치 총액(자산가치총액 상위 10종목)

단위: 억원

종목명	기초 지수	2021년	2021년 12월	2022년 1월
KODEX 200	코스피 200	61,216	61,216	55,140
TIGER 차이나전기차 SOLACTIVE	SOLACTIVE China Electric Vehicle Index	31,873		
KODEX 200선물인버스2X	코스피 200 선물지수	23,739	23,739	20,618
KODEX 레버리지	코스피 200	16,462	16,462	20,441
TIGER 200	코스피 200	24,228	24,228	20,198
KODEX MSCI Korea TR	MSCI Korea TR Index	21,211	21,211	18,996
TIGER 미국나스닥100	NASDAQ 100	18,837	18,837	18,039
TIGER MSCI Korea TR	MSCI Korea TR Index	18,133	18,133	16,523
KODEX 단기채권	KRW Cash 지수(총수익)	15,651	15,651	16,141
KODEX 삼성그룹	삼성그룹	15,011	15,011	15,304

자료: 한국거래소

> 2017년 8월만 해도 국내에 상장한 해외 상장지수펀드(ETF) 종목 수는 89개, 순자산 총액 규모는 2조1930억원에 그쳤다.

익률은 39.9%를 기록했다. KINDEX 미국S&P500은 전년 동기 대비 4811억원이 증가한 5781억원을 기록했다. KODEX 미국FANG플러스도 전년 동기 대비 1997억원이 증가한 5036억원을 기록했다. 이 외에도 KINDEX 미국나스닥100(944억원→3753억원), TIGER 미국S&P500선물(1452억원→3311억원), TIGER 차이나항셍테크(370억원→3192억원), TIGER 글로벌4차산업혁신기술(2072억원→2538억원) 등이 있다. 이처럼 해외 ETF에 대한 관심이 커진 데에는 2020년 초 서학개미의 해외 주식에 대한 직접투자가 본격화되고, 2020년 4분기부터 해외 주식형 펀드로의 투자 확대가 나타난 것이 그 배경이다.

한국펀드평가가 집계한 국내 상장 해외 ETF의 전체 수익률은 올해 1월 3일 기준 현재 9.26%에 달한다. 이 가운데 해외 주식 ETF의 수익률이 10.01%를 기

1. E-GMP 플랫폼을 활용한 기아 최초의 전용 전기차 EV6.

2. 중국 주요 리튬 가공업체인 간펑리튬이 보유하고 있는 호주 마리온 리튬 광산의 개발 현장.

록해 가장 높은 성과를 보였다. 오민석 미래에셋자산운용 글로벌ETF본부장은 "해외 ETF는 꾸준히 투자자의 매수 흐름이 나타나고 있으며, 주식보다 안전하면서 투명성과 분산투자 효과가 있다는 점에서 투자자들에게 효율적인 재테크 수단으로 자리 잡아가고 있다"고 강조했다.

신재생에너지·전기차 등 테마 ETF 유행 주도

지난해 국내에 상장한 해외 ETF 시장은 서학개미의 활약과 함께 다양한 테마들이 유행을 주도했다. 시장을 휩쓸고 간 주요 테마는 신재생에너지, 탄소효율, 전기차, 반도체, ESG, 메타버스 등 미래 성장성이 높은 ETF가 투자자들의 이목을 집중시켰다. 테마형 ETF는 트렌드 변화로부터 수혜를 입은 기업의 주식으로 이뤄진 주가지수를 추종한다.

테마형 ETF 가운데 특히 주목받은 것은 전기차와 2차전지 테마 ETF다. 특히 TIGER 차이나전기차 SOLACTIVE의 순자산 규모는 전체 ETF 상품 중 자산이 급속도로 증가하며 투자자들의 이목을 끌었다. 2020년 12월에 설정된 이후 1년여 만에 3조원 정도가 늘어나는 등 최대 규모의 증가세를 보였다. 작년 말 기준 순자산 규모로는 KODEX 200 ETF(6조1216억원) 다음으로 가장 많다. 전기차 시장 확대와 함께 2차전지 테마 ETF에 대한 관심도 뚜렷해졌다. 2차전지 테마와 함께 관심을 가져야 할 하위 테마는 '리튬'으로, 이와 관련한 ETF도 높은 성과를 보였다. 그러나 중국 전기차 ETF는 중국 정부의 전기차 보조금 정책과 실적 부진이 나타나면서 고점 대비 30% 가량 수익률 축소를 보였지만, 개인투자자를 중심으로 꾸준한 개인 매수세가 나타나고 있다.

해외에 상장한 ETF 시장에서도 전기차 테마와 액티브 ETF는 가장 각광받는 상품이다. 지난해 서학개미는 2차전지와 전기차 그리고 미국 주식과 관련한 해외 주식 ETF를 집중 공략했다. 해외 현지에서 가장 대표적인 액티브 ETF는 ARK 이노베이션(Innovation) ETF인데, 2020년 152.5%의 성과를 냈고 2021년에는 -13.5%의 손실을 기록했다. 그럼에도 ARK 이노베이션

ETF는 투자자들에게 액티브 ETF에 대한 인식을 대중화시켰다는 평가를 받는다. 액티브 ETF는 비교 지수를 70% 추종하고, 30% 범위에서 매니저의 재량으로 추가 수익을 추구하는 방식이다. 또 글로벌 종합주가지수를 추종하는 ETF보다 높은 수익률을 기대할 수 있다는 것도 장점이다.

글로벌 시장 변동성 Up, 혁신 테마·안전자산 ETF에 주목

올해 해외 ETF 트렌드는 우크라이나 사태가 장기화될 조짐을 보이면서 지정학적 리스크 속에서 투자 기회를 찾으려는 움직임이 커지고 있다. 최근 해외 ETF 시장은 러시아의 우크라이나 침공 사태 이후 부진한 주식시장의 영향을 받고 있다. 국제유가 등 에너지 가격 급등이라는 복병도 투자심리 위축을 이끌고 있다.

이런 분위기 속에서 비용 측면에서 매력이 큰 신재생에너지 투자 ETF와 러시아에 대한 제재 강화로 사이버테러 위험을 의식해 사이버보안 테마가 강세를 보이고 있다. 러시아와 우크라이나의 전쟁 이후 실제로 신재생에너지 ETF가 반등에 성공했다.

글로벌 인플레이션이 지속됨에 따라 안전자산 관련 ETF도 시장의 이목을 끌고 있다. 대표적 안전자산인 금과 팔라듐 같은 상품의 수익률 상승세가 돋보인다. 안전자산 관련 ETF로 KINDEX KRX금현물 ETF KINDEX 미국 WideMoat 가치주 ETF가 있다. KINDEX KRX금현물 ETF는 안전자산인 금 현물에 투자하면서 인플레이션 헤지 역할을 할 것으로 전망한다. KINDEX 미국WideMoat 가치주 ETF는 변동성 확대 국면에서 유용한 퀄리

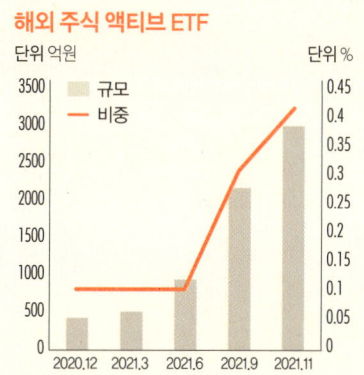

해외 주식 액티브 ETF

자료 KRX, 유안타증권 리서치센터

향후 연금계좌를 통한 해외 ETF 투자 규모가 더욱 커질 것이라는 전망이 나온다. 그동안 연금계좌를 통해 해외 ETF로 자금이 크게 유입됐는데, 앞으로도 자금이 더 유입될 것이라는 전망이다.

티 주식 펀드다. 주가는 적정 가치 대비 저평가돼 있는 종목을 선별해 편입하는 지수를 추종하는 상품이다. 위험관리에 강하고, 장기적으로 안정적인 성과를 기대할 수 있다.

심재환 한국투자신탁운용 최고투자책임자(CIO)는 "대표적 안전자산인 금 현물에 투자하거나 변동성 확대 국면에서 유용한 ETF들이 주목을 받을 것"이라고 말했다.

연금계좌를 통한 ETF 투자 규모 역시 매년 폭발적 성장세를 보이고 있다. 연금계좌의 전체 ETF 잔액 규모는 2019년 4717억원에서 2020년 1조9756억원으로 껑충 뛰었다. 2021년에는 2조9613억원으로 불어났다. 지난해 해외형 ETF도 연금계좌를 통한 자금 유입이 크게 늘었다. 투자자들은 연금계좌를 통한 해외형 ETF에 투자해 세액공제와 과세이연, 손익 통산 등 세제 혜택 효과에 주목하고 있다. 연금계좌를 통한 ETF 투자는 원리금 보장 상품 가입 대비 투자수익 제고가 가능하다는 점 외에 장기투자와 절세 효과를 누릴 수 있다.

향후 연금계좌를 통한 해외 ETF 투자 규모가 더욱 커질 것이라는 전망이 나온다. 그동안 연금계좌를 통해 해외 ETF로 자금이 크게 유입됐는데, 앞으로도 자금이 더 유입될 것이라는 전망이다. 최창규 삼성자산운용 ETF컨설팅본부장은 "올해 시장 환경은 안전자산 선호가 우세하지만, 미국 시장에 자금 쏠림이 강한 것은 여전하다"며 "미국 기준금리 인상이라는 복병이 있지만 여전히 미국 기술주에 대한 선호가 이어지고 있으며, 퇴직연금을 중심으로 저가 매수가 더욱 확대될 것"이라고 전망했다.

ETF TIP. 해외 ETF 투자자들이 유의할 점

모르면 손해 보는 해외 ETF 절세 방법

국내 상장 해외 ETF나 해외 상장 ETF는 국내 주식 ETF와 다른 점이 많아
투자 시 유의해야 한다. 대표적인 것이 세금이다.
국내 상장 해외 ETF와 해외 상장 ETF에 투자할 때 유의할 점을 알아본다.

by_ 나수지 한국경제신문 기자

국내 주식에 투자할 때는 양도소득세를 내지 않지만, 해외 주식에 투자할 때는 양도소득세를 낸다. ETF로 투자할 때도 마찬가지다. 해외 ETF에 투자할 때 세금 부과 방식과 절세 전략까지 챙겨야 하는 이유다. 절세를 위해 연금계좌를 활용하려고 할 때는 국내 상장 해외 ETF가 찰떡궁합이다. 역시 세금 부과 방식이 국내 주식형 ETF에 투자할 때와 다르기 때문이다.

국내 상장 해외 ETF에 투자할 때 내는 세금

국내 상장 해외 ETF를 사고팔 때 내는 세금의 종류는 크게 두 가지다. 분배금에 붙는 것과 ETF를 팔아서 차익이 발생했을 때 붙는 세금이다. 둘 다 배당소득세 14%와 지방소득세 1.4%를 더해 15.4% 세율로 세금이 부과된다. 개별 주식을 사고팔 때는 증권거래세를 내야 하지만, ETF로 투자할 때는 증권거래세가 없다. ETF는 주식처럼 시장에서 거래되지만 분류상 펀드이기 때문에 면제받는다.

주식의 배당과 비슷한 ETF의 분배금에는 배당소득세가 붙는다. 배당소득세를 매기는 기준은 분배금과 과세표준 기준가격 증가분 중 적은 쪽이다. 과세표준 기준가격은 ETF가 담고 있는 자산 가운데 과세 대상인 자산만 추려

서 계산한 가격이다. 예를 들면 선물은 비과세다. 그러니 선물을 담은 ETF의 과세표준 기준가격은 거의 올라가지 않는다. 과세표준 기준가격은 투자자가 계산할 필요 없이 증권사에서 매일 정해 발표한다.

ETF를 팔아서 이익을 본 경우 이에 대한 세금도 있다. 여기서도 과세표준 기준가격을 활용한다. ETF에 투자한 기간 동안 얻은 매매차익과 과세표준 기준가격 증가분 중 적은 쪽에 배당소득세 15.4%를 과세한다. 보통은 과세표준 기준가격이 매매차익보다 적다. 레버리지 ETF처럼 선물을 담은 ETF라면 더욱 그렇다. 레버리지 ETF가 투자하는 주식과 장내 선물은 매매차익이

비과세이기 때문이다. 이 경우라면 매매차익이 크더라도 과세표준 기준가격이 그다지 늘어나지 않아 세금을 거의 내지 않는 사례도 많다.

국내 상장 해외 ETF 절세 방법

연금계좌나 개인종합자산관리계좌(ISA)처럼 다른 절세 방법을 활용하는 경우를 제외하면 국내 상장 ETF에서 절세를 노릴 수 있는 것은 딱 하나다. 분배금에 매기는 배당소득세다. 배당소득세는 따로 신고하거나 납부할 필요 없이 원천징수해 입금된다. 이자소득과 배당소득을 합친 연간 금융소득이 2000만원을 넘는 고액자산가는 금융소득종합과세를 내는데, 이 기준에 분

국내 상장 ETF에 투자할 때 내는 세금

시점	세금	국내 주식형 ETF	기타 ETF
—	—	국내시장 대표 ETF, 섹터 ETF	국내 채권 ETF, 해외 주식 ETF, 해외 채권 ETF, 원자재 ETF, 레버리지 ETF, 인버스 ETF
ETF 분배금을 지급받을 때	배당소득세	분배금×15.4%	MIN(분배금과 과세표준 기준가격 증가분)×15.4%
ETF를 매도할 때	증권거래세	없음	없음
ETF를 매도해 차익이 발생했을 때	배당소득세	없음	MIN(매매차익과 과세표준 기준가격 증가분)×15.4%

자료 전국투자자교육협의회

배금도 포함된다. 그래서 고액자산가를 상대하는 일선 프라이빗뱅킹(PB) 센터에서는 고액자산가에게 분배금 지급 기준일 이틀 전에 ETF를 팔고, 기준일이 지나면 다시 사라고 조언하기도 한다. 아예 분배금을 받지 않는 게 세금을 줄이는 방법이기 때문이다.

분배금 지급 기준일은 보통 4월의 마지막 거래일이다. 분배금을 주는 재원의 대부분이 배당인데, 이 배당금이 입금되는 시기가 보통 4월이기 때문이다. 분배금 지급 기준일이 아니라 이틀 전인 이유는 주식의 결제일을 고려해야 하기 때문이다. 만약 4월 30일이 주말이거나 휴장일이라면 그 전 개장일을 기준으로 2영업일 전에 주식을 팔아야 분배금을 받는 대상에서 제외된다.

절세 목적으로 판 ETF는 분배락이 생긴 다음에 다시 사면 된다. 주식배당 기준일 다음 날에 배당락이 생기는 것처럼 ETF도 분배금 지급 기준일이 지나면 분배락이 생긴다. 분배금이 나간 만큼 ETF 가격을 인위적으로 낮춘다. 이때 ETF를 사면 분배금은 받지 못하지만 그만큼 싼 가격에 ETF를 살 수 있는 셈이다.

해외 상장 ETF에 투자할 때 내는 세금

미국 등 해외 증시에 상장한 ETF에 투자할 때는 국내 상장 ETF와는 다른 방식으로 세금을 매긴다. 해외 상장 ETF에 투자해서 한 해 동안 250만원 이상 수익을 내면 양도차익 과세 대상이 된다. 여기서 수익의 기준은 평가차익이 아니라 주식을 팔아서 수익이든 손실이든 실현한 금액이다.

250만원 이상 수익을 냈는지를 판단하는 기준은 매년 1월 1일부터 12월 31일

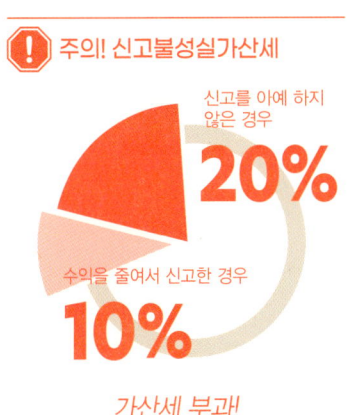

주의! 신고불성실가산세

신고를 아예 하지 않은 경우 **20%**

수익을 줄여서 신고한 경우 **10%**

가산세 부과!

까지 주식을 매도한 금액을 합쳐 계산한다. 예를 들어 올해 A종목으로 500만원을 벌고 B종목으로 300만원을 손해 봤다면 이 둘을 합친 수익은 200만원이다. 올해 수익이 250만원보다 적으니 양도차익 과세 대상이 아니다.

해외 상장 ETF에 부과되는 양도소득세율은 22%다. 250만원은 공제하고 나머지 금액에 대해 세금을 매긴다. 예를 들어 한 해에 수익이 400만원이라면 여기서 250만원까지는 공제하고 나머지 150만원이 과세 대상이다. 여기에 22%의 양도소득세를 내는 것이므로 내야 하는 세금은 33만원이다.

해외 상장 ETF에 투자해 받은 분배금에 대해서는 배당소득세를 내야 한다. 투자한 시장에서 배당에 떼는 세금이 한국의 배당소득세율인 14%보다 낮을 경우 그 차액을 국세청이 원천징수한다. 국내 투자자들이 많이 투자하는 미국 시장 배당소득세는 15%다. 이미 미국에서 많이 떼어갔으니 한국 국세청에서는 따로 배당소득세를 부과하지 않는다.

해외 상장 ETF 절세 방법

해외 상장 ETF에 투자할 때 세금을 줄

이러면 매매차익에 부과되는 양도소득세를 노려야 한다. 보유 중인 ETF 가운데 손실이 나고 있는 상품이 있다면 연말에 ETF를 팔았다가 다시 사는 방법이다. 세 가지 ETF에 투자하고 있는 투자자를 예로 들어보자. 한 해 동안 A종목에서는 500만원의 수익을, B종목에서는 100만원의 손실을 실현한 상태다. 그런데 C 종목은 아직 팔지는 않았지만 200만원의 손실을 보고 있는 상황이다. 이 상태에서 양도차익 과세 대상이 되는 금액은 400만원이다.

이때 C 종목을 팔아서 손실을 실현했다가 다시 사면 C 종목의 손실금도 세금을 내는 대상에 포함된다. C 종목을 팔았다가 다시 사면 전체 양도차익 과세 대상은 400만원이 아니라 200만원이 된다. C 종목을 팔았다가 다시 사기 전에는 400만원에서 250만원을 공제한 150만원에 대해 22%의 세율을 적용해 33만원의 세금을 내야 했는데, C 종목을 팔았다가 다시 사면 전체 손익이 200만원이 돼 과세 대상이 안 된다.

주의할 점은 주식을 팔고 사는 시점이다. 양도세는 매년 1월 1일부터 12월 31일까지 매도가 완료된 주식에 대해 세금을 매긴다. 국내 주식에 투자할 때는 주식을 팔면 현금으로 인출하기까지 이틀이 걸린다. 주식 결제에 영업일 기준 이틀이 걸리기 때문이다. 이 기준이 미국은 3일이다. 만약 절세를 위해 12월 31일에 주식을 팔면 한 해 안에 주식 결제가 끝나지 않은 게 되니 세금에 영향을 미치지 못한다. 연말에 절세를 위해 주식을 팔았다가 다시 살 계획이 있다면 휴장 등을 고려해 일주일 전쯤 넉넉하게 주식매매 계획을 세우는 것이 유리하다.

해외 상장 ETF에 투자할 때 절세하는 법

C종목을 팔았다가 다시 매수하기 전

종목	손익	합계
A	+500	
B	-100	400
C	-200	
세금	400만원−250만원=150만원×22%=33만원	

C종목을 팔았다가 다시 매수한 경우

종목	손익	합계
A	+500	
B	-100	200
C	-200	
	세금 없음!	

단위 만원

연금에서 ETF 투자가 느는 이유

일반 주식형 계좌가 아닌 절세 혜택이 있는 연금계좌에서도 ETF를 거래할 수 있다. 퇴직연금과 개인연금 모두 가능하다. 단, 개별 기업의 주식은 연금계좌에서 거래할 수 없다. 대신 주식 관련 상품으로는 펀드와 ETF에 투자할 수 있다.

펀드와 ETF 중에서 ETF의 장점 중 하나는 수수료가 싸다는 것이다. 단기투자자에게도 수수료가 싸다는 건 좋은 점이지만, 연금 등 장기투자를 하는 이에겐 더 강력한 장점이다. 매매가 실시간으로 이뤄진다는 장점과 더불어 ETF로 주식, 채권, 원자재 등 다양한 자산을 조합해 나만의 포트폴리오를 짤 수 있다는 것도 강점이다.

유의해야 할 것은 모든 퇴직연금·개인연금계좌에서 ETF에 투자할 수 있는 건 아니라는 점이다. 퇴직연금과 개인연금은 크게 세 종류의 금융회사에 맡길 수 있다. 은행, 증권사, 보험사다. 이 가운데 증권사는 대부분 연금계좌에서 ETF에 투자할 수 있다. 은행은 2022년 들어 대형 회사를 중심으로 시스템을 갖춰나가고 있다. 연금계좌에서는 해외 상장 ETF는 거래할 수 없고, 국내에 상장한 해외 ETF만 거래할 수 있다. 국내에 상장한 ETF 중에서도 모든 상품에 투자할 수 있는 건 아니다. 지수 변동 폭의 2배만큼 더 많이 움직이는 레버리지 상품과 지수 수익률과 반대로 움직이는 인버스 상품 같은 파생 ETF는 연금계좌에서 투자할 수 없다.

연금계좌에서는 해외 ETF가 찰떡궁합

연금계좌에서 ETF에 투자할 때는 국내 상장 해외 ETF에 투자하는 게 가장 절세 효과가 크다. 국내 주식형 ETF는 일반 주식계좌에서 거래해도 매매차익에 세금이 붙지 않는다. 하지만 해외 ETF는 다르다. 국내에 상장한 해외 주식형 ETF에 투자할 때는 여기서 발생한 매매차익과 분배금 모두에 15.4%의 배당소득세가 붙는다.

일반 주식계좌에서 해외 ETF 투자로 얻은 이익과 은행 이자, 국내 주식배당금 등 전체 금융소득을 합쳐 연간 2000만원이 넘을 경우 금융소득종합과세 대상이 된다. 그러므로 장기투자자는 오히려 국내 상장 해외 ETF에 투자할 때 세제상 불이익을 얻을 수 있다. 매도시점에 장기투자로 한 번에 큰 수익이 났다면 이에 대한 세금을 내야 하기 때문이다.

연금계좌에서 국내 상장 해외 ETF에 투자하면 이런 세부담을 피할 수 있다.

연금계좌에서는 해외 ETF를 거래해 수익이 나더라도 당장 세금을 내지 않아도 된다. 금융소득종합과세에도 포함되지 않는다. 세금은 매매차익을 인출하는 시점, 즉 퇴직연금을 받는 시점에 내면 된다. 이렇게 세금을 내는 시점을 미루는 것을 '과세이연'이라고 한다. 과세이연의 효과는 생각보다 크다. 원래 세금으로 내야 하는 돈을 국가가 가져가지 않고 본인이 가지고 있으면서 계속 투자를 할 수 있기 때문이다.

연금계좌에서는 ETF에 투자한 결과에 대해 세금을 낼 때 손해와 이익을 합쳐 계산한다. 일반 주식계좌에서 ETF에 투자할 때 손해와 이익을 합쳐 계산하지 않는 것과는 다르다. 특정 종목에서의 수익이 아닌, 전체 포트폴리오에서 수익이 났을 때만 세금을 내면 된다. 연금계좌에 쌓인 돈을 받을 때 한꺼번에 받지 않고 연금으로 수령하면 세율도 낮출 수 있다. 연금계좌에서 얻은 매매차익을 55세 이후에 받을 경우 연 1200만원까지는 3.3~5.5%의 연금소득세를 내면 된다. 연 1200만원 이상부터는 한도 초과 금액에 대해 16.5%의 세금을 내고, 금융소득종합과세 대상에도 포함된다.

만약 연금을 중도에 해지하거나 연금으로 받지 않고 일시금으로 받으면 기타소득세가 부과된다. 이때 세율은 16.5%로, 일반 주식계좌에서 투자했을 때 내야 할 배당소득세(15.4%)보다 조금 높은 수준이다. 하지만 이 경우에도 기타소득은 금융소득과 분리해서 과세하기 때문에 금융소득종합과세를 피할 수 있어 금융소득이 많은 사람이라면 연금계좌를 중도해지하더라도 이익이다.

연금 수령 시 연금소득세율

연금 수령 개시 연령	확정형(수령 기간)		종신형	
	한도 내 금액	한도 초과액	한도 내 금액	한도 초과액
만 70세 미만	5.5%	16.5%	4.4%	16.5%
만 70세 이상~만 80세 미만	4.4%			
만 80세 이상	3.3%		3.3%	

자료 금융감독원 통합연금포털

일반 주식계좌 vs 연금계좌

	일반 주식계좌	연금계좌
손익 통산	한 ETF에서 손해를 봤더라도 다른 ETF에서 수익이 나면 세금을 내야 함	특정 종목에서의 수익이 아닌, 전체 포트폴리오에서 수익이 났을 때만 세금을 냄
금융소득 종합과세 대상	전체 금융소득을 합쳐 연간 2000만원 이상일 경우 대상이 됨	금융소득종합과세에 포함되지 않음
ETF 투자에 대한 세금 계산	손해와 수익을 합쳐 계산하지 않음	손해와 수익을 합쳐 계산함

SECTION 1
주요국 증시 이슈

투자에 앞서 각국의 증시 현황을 파악해야 성공적인 전략을 세울 수 있다. 이번 섹션에서는 2022년 미국과 중국의 경기·정책 방향성과 함께 위기 요인 및 기회 요인을 함께 살펴본다. 내지에 삽입된 체크보드를 통해 각국의 현재 증시 이슈를 파악한 후 그에 맞는 투자전략을 세워볼 것을 추천한다.

GLOBAL ISSUE

▶ UNITED STATES

2022년 경제 환경과 비슷했던 2016년 미국 주식시장 상황은 '플라이 투 퀄리티(Fly to Quality)'로 정의할 수 있다. 2022년과 비슷한 환경을 형성했던 2016년 경제를 살펴볼 필요가 있다.

글로벌 성장 경로

2020년 3분기   4분기   2021년 1분기

핵심 이슈의 향방에 따라 경기 사이클 경로가 좌우될 전망

시나리오	코로나19	미국 통화·재정정책	G2 무역 분쟁
Best	– 올 하반기 내 백신 지재권 면제 – 주요국 경제 정상화	– 올 하반기 4조 달러 인프라 부양책 단행 – 내년 상반기 테이퍼링 가이던스 제시	– 무역 협상 재개를 통한 G2 간 관계 개선 – 쌍방 간 고율 관세 삭감 또는 폐지
Base	– 내년 상반기 내 백신 지재권 면제 – 간헐적 억제 병행으로 차별적 성장	– 내년 상반기 4조 달러 인프라 부양책 단행 – 이번 4/4분기 테이퍼링 가이던스 제시	– 미·중 1차 무역 합의 이행 촉구 – 이러한 과정에서 G2 간 간헐적 마찰 지속
Worst	– 백신 불균형 속 변이 바이러스 양산 – 기존 백신 무용지물화	– 4조 달러 인프라 부양책 합의 지연 및 축소 – 과도한 인플레에 따른 조기 양적완화 축소	– 미국 보호무역주의 강화 – EPN 및 QUAD+ 상설화로 중국과 극한 대립

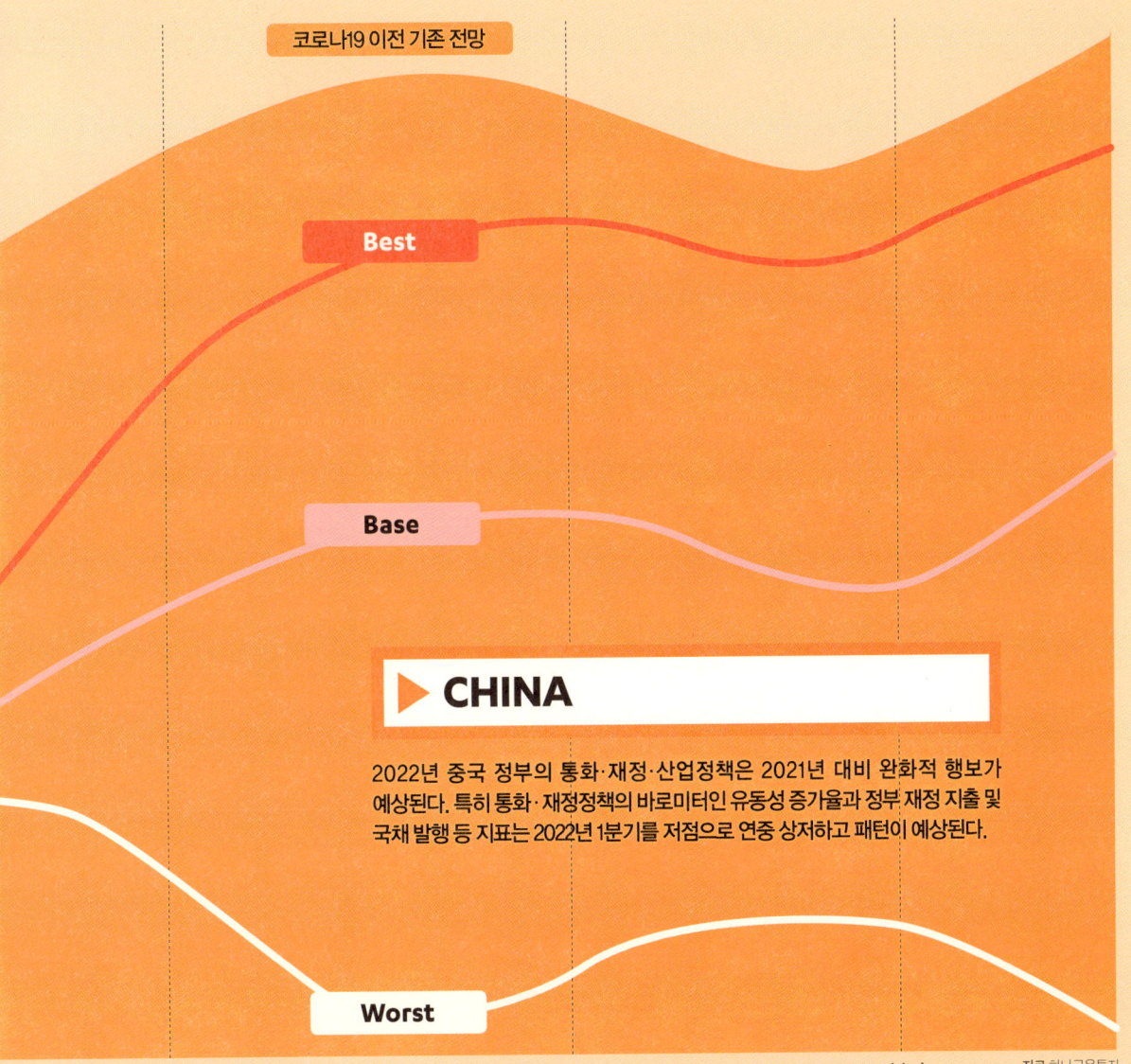

▶ CHINA

2022년 중국 정부의 통화·재정·산업정책은 2021년 대비 완화적 행보가 예상된다. 특히 통화·재정정책의 바로미터인 유동성 증가율과 정부 재정 지출 및 국채 발행 등 지표는 2022년 1분기를 저점으로 연중 상저하고 패턴이 예상된다.

자료 하나금융투자

SECTION 1 | 2022년 주요국 경제 및 주식시장 전망

미국

기본기 충실한 하이퀄리티 ETF에 주목해야

미국 연방준비제도의 지속적 긴축이 우려되고 있는 가운데 투자자들의 마음에도 구름이 잔뜩 끼었다.
미국 증시를 어떻게 바라보고 대응하면 좋을지 2022년 미국 경제 전망과 주식시장 현황을 담았다.

*by*_ 이재만 하나금융투자 글로벌투자분석팀장

2022년 미국 경제와 주식시장 전망

최근 미국 시중금리 상승세가 한풀 꺾이긴 했지만, 우크라이나발 지정학적 리스크로 인해 변동성 확대 국면이 이어지고 있다. 원유 및 원자재와 관련한 지정학적 리스크가 발생하면 글로벌 주식시장에는 부정적 영향이 큰 편이다. 걸프전쟁의 경우 지수 저점 형성과 회복 시기가 118일(S&P500 기준)로 다소 길었다. 그러나 9·11테러사건, 이라크전쟁, 크림반도 병합과 같은 실제 군사행동 발생일 이후의 지

⊕ 용어 설명

VIX지수
(Volatility Index)

시카고선물옵션거래소(CBOE)에서 거래되는 스탠더드앤푸어스(S&P)500지수가 향후 30일간 얼마나 움직일지에 대한 시장의 예상치를 나타내는 지수. 변동성지수라고도 한다.

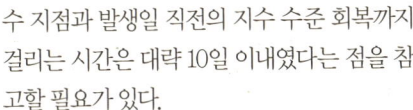

우크라이나 남부 항구도시 마리우폴에서 친러시아 민병대원들이 거리를 순찰하고 있다.

2022년 초 글로벌 투자자산 가격 조정 과정에서 일반적으로 금융시장 위험 발생 시 나타나는 미국 하이일드 스프레드 급등이나 달러 대비 신흥 아시아 통화 약세(ADXY 하락)가 없었다는 점도 특징적이다.

2022년 미국은 코로나바이러스가 진화하는 과정에서 연방준비제도(Federal Reserve System, Fed, 이하 연준)의 통화 긴축정책이 예정되어 있다. 여기에 2021년 기저효과로 50%에 육박했던 기업의 이익 증가율도 기저효과가 소멸하면서 낮아질 것으로 보인다.

상반기 변동성 확대 경계해야

개인투자자들은 2022년 미국 증시를 어떻게 바라보고 대비해야 할까? 우선 연준의 기준금리 인상 가능성은 매우 높아 보인다. 경기회복 정도나 높은 물가수준을 감안할 경우 2022년 기준금리 인상은 피해가기 어려워 보인다.

기준금리 인상 자체는 주식시장에 문제가 되지 않는다. 경기가 좋아져서 중앙은행이 금리를 인상한다는데 나쁠 것은 없다. 그러나 문제는 첫 번째 기준금리 인상의 경우 주식시장이

수 지점과 발생일 직전의 지수 수준 회복까지 걸리는 시간은 대략 10일 이내였다는 점을 참고할 필요가 있다.

2022년 2월 말 기준으로 VIX지수에 대한 투기적 포지션 중 매수 비중은 2주 연속 하락했다. 또한 VIX지수 상승에 베팅하는 레버리지 ETF(ProShares Ultra VIX Short Term ETF: 1.5배의 레버리지를 가진 ETF)로의 자금 유입도 더 이상 늘지 않고 있다. VIX지수 상승세가 둔화하고 하락한다면 주식시장은 악재보다 호재에 보다 민감하게 반응할 것이다.

SECTION 1 **미국** 2022년 주요국 경제 및 주식시장 전망

뚜렷하게 반응한다는 점이다. 가장 근래에 경험한 연준의 첫 번째 기준금리 인상은 2015년 12월이었다.

첫 번째 기준금리 인상 직후였던 2015년 10월에서 2016년 2월까지 S&P500지수는 고점 대비 -14%나 하락했었다. 물론 이후에는 빠른 속도로 지수가 다시 회복하긴 했지만, 첫 번째 기준금리 인상은 주식시장 변동성을 확대시키는 요인이 될 수 있음을 기억할 필요가 있다. 2022년 상반기에도 유사한 고비를 넘겨야 할 가능성이 있다.

한편 코로나19로 인해 미국의 물류대란 우려는 여전하다. 하지만 이 문제는 다소 완화될 가능성이 높다. 최근 미국 배송 시간 지수가 반등했고, 글로벌 공급망 압력 지수도 정점을 형성한 후 2개월 연속 하락했다. 다만 미국 고용시장과 물류대란 정상화 이전까지 임금(기업 비용) 상승 압력도 높은 수준을 유지할 것으로 예상한다.

미국 물가상승률이 기저효과 소멸로 인해 낮아질 수 있는 시기는 2022년 4월 이후가 될 가능성이 있다. 2021년 4월 미국 PCE YoY(전년 동기비) 상승률이 3%대로 진입했다. ISM 제조업 지불 가격 지수는 2021년 12월 하락했다. 동 지표가 PCE YoY 상승률에 3개월 선행성이 있다는 점을 감안하면 미국 물가상승 압력 둔화 시기는 2022년 4~5월이 될 가능성이 크다.

올해 S&P500 기대수익률 8% 내외

그렇다면 2022년 미국 증시의 기대수익률은 어느 정도 될 것인가? 지수나 주가를 추정할 때 기본이 되는 변수는 주당순이익(EPS)과 주가순이익비율(PER)이다. S&P500지수의 경우 소비경기 확장세가 지속되고 있고, 인프라 투자 확대 기대 등을 기반으로 2022년 EPS 추정치가 꾸준히 상향 조정되고 있다. 2021년 대비 2022년 EPS는 +6.2% 증가할 것으로 예상한다.

한편 최근 지수 조정으로 S&P500지수 PER은 19배 수준까지 하락했다. 2022년 연준 유동성 증가가 없다는 점을 감안하면 PER의 상승을 크게 기대하기는 어렵다. 2014~2015년 연준이 테이퍼링을 실행하고, 기준금리를 인상했던 당시 PER은 전년 대비 +2.0% 상승하는 데 그쳤다. 이를 적용하면 2022년 S&P500

➕ 용어 설명

테이퍼링
(Tapering)

연방준비제도(Fed)가 양적완화 정책의 규모를 점진적으로 축소해나가는 것. 출구전략의 일종이다.

연방준비제도(Fed)의 공격적인 긴축 발언에 따라 증시 변동을 주시하고 있는 미국 월 스트리트 뉴욕증권거래소의 트레이더들.

지수 기대수익률은 8% 정도로 예상한다. 이 경우 2022년 S&P500지수 상단은 4650p 내외가 될 수 있다.

2022년 미국 증시의 투자전략은 어떻게 짜야 할까? 우선 2022년과 비슷한 경제 환경을 형성했던 2016년의 경험을 살펴볼 필요가 있다. 2015년 12월 연준은 처음으로 기준금리를 인상했고, 2016년 12월에 한 번 더 인상했다. 2022년 연준의 기준금리 인상 횟수 컨센서스는 현재 6~7회로 형성되어 있다.

2016년 미국 주식시장은 '플라이 투 퀄리티(Fly to Quality)'로 정의할 수 있다. 당시 통화긴축정책을 실행해 단기금리가 빠르게 상승하면서 장단기 금리차가 하락했고, 국제유가가 빠르게 상승하면서 배럴당 70달러를 넘어섰다.

현재도 장단기 금리차는 하락하고 있고, 국제유가도 90달러를 상회하고 있다. 2016년 S&P500 가치주 지수 수익률이 상대적으로 높았던 것은 맞지만, 하이퀄리티지수(High-quality Index: 높은 영업이익률/낮은 부채비율 기업으로 구성)도 상대적으로 낮은 변동성을 유지하면서 양호한 수익률을 기록했다.

성장률 둔화와 비용 상승 우려로 인해 미국 기업의 마진(Margin)이 하락할 가능성이 높은 시기로 진입하고 있다. S&P500 영업이익률 하락 또는 정체 국면에서는 하이퀄리티 ETF로 자금이 유입되는 경향이 있다.

서비스·운송·에너지 등 주목

최근에도 S&P500 영업이익률이 사상 최고치인 15%대에서 정체되면서 2개월 연속 하이퀄리티 ETF로 자금이 유입되고 있다. 미국 증시 내에서 하이퀄리티 ETF나 해당 지수를 구성하고 있는 주요 기업들에 대한 관심이 필요하다.

한편 연준의 유동성 공급이 없는 업종이나 종목을 선별할 때 어떤 것이 가장 중요할까? 바로 '이익'이다. 과거 연준의 유동성 증가가 없던 연도의 공통점은 이익증가율이 높은 업종들의 주가수익률이 가장 높았다는 것이며, 바로 이 점이 그것을 증명한다.

2022년 S&P500 24개 업종 중 EPS 증가율이 가장 높을 것으로 꼽는 업종에도 주목할 필요가 있다. 소비자 서비스, 운송, 에너지, 자동차·부품, 자본재, 유통업종이다.

2022년 미국 증시에서는 성장주냐 가치주냐의 이분법이 아닌, 하이퀄리티 기업과 이익증가율이 높은 기업에 대한 관심을 높여갈 필요가 있다.

EPS 증가율 상승 기대 업종

소비자 서비스

운송
에너지

자동차 부품
유통
자본재

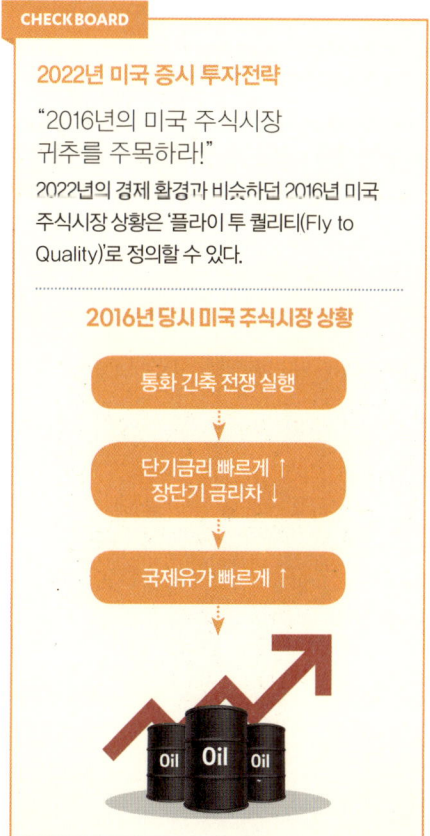

CHECK BOARD

2022년 미국 증시 투자전략

"2016년의 미국 주식시장 귀추를 주목하라!"

2022년의 경제 환경과 비슷하던 2016년 미국 주식시장 상황은 '플라이 투 퀄리티(Fly to Quality)'로 정의할 수 있다.

2016년 당시 미국 주식시장 상황

통화 긴축 전쟁 실행
↓
단기금리 빠르게 ↑
장단기 금리차 ↓
↓
국제유가 빠르게 ↑

SECTION 1 　2022년 경제와 주식시장 전망

중국

상하이·선전 본토 증시 중심 비중 확대 추천

: 팬데믹 상황으로 촉발된 중국발 악재는 중국 증시는 물론 전 세계에 타격을 입혔다. 그러나 2022년 중국 증시는 비중 확대가 필요하다는 의견이 지배적이다. 주목할 만한 중국 증시의 여러 요소를 살펴본다.

by_ 김경환 하나금융투자 중국·신흥국 전략팀장

2022년 경기·정책 방향성이 주가 상승 지지

상당수 증권사들은 2022년 해외 주식투자에서 중국과 홍콩 증시는 꼭 비중 확대가 필요하다는 의견을 내놓고 있다. 2021년 다양한 악재와 홍콩 증시 급락에도 불구하고 2022년 중국 증시의 기회 요인은 상당히 누적되었다고 판단한다. 2022년 주요국과 반대인 경기·통화정책의 방향성, 3연임 시기 안정적인 정책 기조 전환과 공격적인 재정정책, 위안화 환율의 안정과 부동산 리스크 축소, 상대적으로 낮은 인플레이션 압력 등이 신흥국에서 차별화되는 요인이다. 필자가 속한 하나금융투자의 경우 2022년 본토 CSI300지수, 상하이 커촹반(STAR50)지수 및 항셍지수, 항셍테크지수의 비중 확대 의견을 제시한다.

2021년 중국발 악재는 중국 증시는 물론, 국내외 주식시장에도 부정적으로 작용했다. 2021년 중국 정부는 거시 정책 운용 측면에서 2020년의 확장 기조를 2021년 3분기까지 완전히 팬데믹 이전 수준으로 되돌리는, 주요국 대비해 상대적으로 긴축적인 행보를 지속했다. 2021년 타이트한 정책(통화, 재정, 산업 규제)을 시작으로 하반기에는 돌발성 악재(방역, 전력난, 헝다 그룹, PPI 인플레)가 중첩되면서 4분기까지도 경기둔화 압력이 지속됐다. 실제로 2021년 중국 경제는 2분기를 정점으로 본격적 하강이 시작되었고, 3분기 성장률 4.9%(전년대비/2년 평균)를 기록한 이후에도 4분기의 중력은 여전히 강하게 밑으로 작용했다.

주요 성장 엔진은 2년 평균 증가율 기준 산업생산, 제조업 가동률, 고정 투자, 소매 판매 모두 6월이 고점이며 부동산은 5월, 수출은 9월을 고점으로 빠르게 둔화하는 모습을 보였다. 2021년 상반기 정책으로 눌린 중국 경제와 기업 이익 추정치는 9월 이후 돌발성 악재들과 함께 강하게 레벨 다운되면서 중국 증시와 국내에도 계속 부담으로 작용한 것이다. 그러나 2021년 4분기 이후 중력에 저항하는 긍정적 신호들이 포착되고 있으며, 4분기 정책 시그널과 선행지표의 반등, 2022년 1분기 경제와 기업 이익 추정치의 저점 반등을 통해 중국 모멘텀이 2022년 상반기까지 우호적으로 작용할 것으로 전망한다.

본론으로 돌아와서, 2022년 중국 정부의 통화·재정·산업정책은 2021년 대비 완화적 행보가 예상된다. 특히 통화·재정정책의 바로미터인 유동성 증가율과 정부 재정 지출 및 국채 발행 등 지표는 2022년 1분기를 저점으로 연중 상저하고 패턴이 예상된다. 2022년 중국 경제와 증시는 선제적 정상화로 인해 주요국 대비 긴축 부담이 가장 낮다는 점이 역으로 유리하게 작용할 것이다. 2021년 시스템 구축 과정에서 충격을 야기한 전방위 산업 규제(반독점법, 부동산 규제, 공동부유 정책)는 2022년 부작용 수습과 모니터링 단계에 돌입할 가능성이 높다. 특히 시비스업 대상 밀도 높은 규제는 강력한 방역 정책과 함께 고용·소득·소비심리 하락을 유도했다는 점에서 2022년에는 성장률 하한선인 5%대 사수와 고용 안정을 위해 규제 행보는 사실상 '휴지기'에 돌입할 전망

중국 모멘텀의 긍정 신호

❶ 유력한 선행지표 (대출, 통화량, 재정, 인프라 투자)의 반등
❷ 부동산 관련 불확실성 정점 통과 신호
❸ 이미 선반영된 악재들의 점진적 완화 가능성(미·중 관계, 소비심리, 생산자물가, 인플레이션)

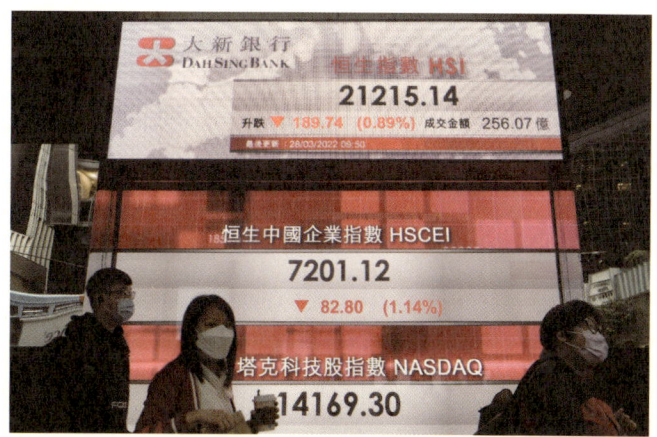

팬데믹과 인플레이션, 러시아·우크라이나 전쟁에 대한 우려로 홍콩 증시가 혼조세를 보이고 있다.

SECTION 1   중국 2022년 경제와 주식시장 전망

이다. 그뿐 아니라 역대 임기 10년 차(11월 20기 지도부 출범) 온건한 정책 운용과 5개년 계획 2년 차에 산업 부양을 해왔던 패턴도 기대 요인이다. 2021년 11월 폐막한 19기 6중 전회에서 이미 3연임 명분을 위한 역사적 결의를 발표하고, 시주석의 정치적 부담이 낮아졌다는 점도 긍정적이다.

2022년 중국발 인플레이션 정점 통과

팬데믹 3년 차 중국 경제는 거시 정책 여력과 내수경기 연착륙에 따라 포스트코로나 뉴노멀 시대에는 5% 중반대 성장세가 예상된다. 2022년 1분기 제조업과 부동산 경기는 바닥 확인에 성공하고, 2022년 분기 성장률과 기업 이익의 고점은 3분기에 형성될 것이다. 팬데믹 이후 글로벌 공급과 인플레이션 수출 선행지표인 중국 생산자물가와 상품 가격은 2021년 10월 정점을 통과해 2022년 상반기까지 하락이 예상된다.

상품 가격(에너지, 소재)은 10월 이후 공급·수요·정책 기대감이 동시에 정점을 통과하면서 본격적 하락세가 시작되었고, 2022년 PPI-CPI 스프레드(전후방 산업의 이익 격차)는 새로운 균형점을 찾을 것으로 판단한다. 2022년 상반기 중국의 인플레이션 수출(선진국 소비자물가 3~6개

> 2022년 중국 소비와 서비스업 경기는 상저하고 패턴 아래 완만한 회복세를 지속해 5% 중반대 성장률을 지지할 전망이다.

세계은행(WB)이 예측한 글로벌 경제 성장률 전망
단위 %

국가 및 지역	2019	2020	2021E	2020~2021 (2년 평균)	2022E
중국	6.0	2.3	8.5	5.4	5.4
미국	2.2	(3.5)	6.8	1.5	4.2
유로존	1.3	(6.6)	4.2	(1.3)	4.4
유럽 및 중앙아시아	2.7	(2.1)	3.9	0.9	3.9
중남미 및 카리브해	0.9	(6.5)	5.2	(0.8)	2.9
중동 및 북아프리카	0.6	(3.9)	2.4	(0.8)	3.5
남아시아	4.4	(5.4)	6.8	0.5	6.8
사하라 이남 아프리카	2.5	(2.4)	2.8	1.2	3.3

자료 Wind, 세계은행, 하나금융투자

월 선행)이 정점을 통과하고, 스태그플레이션 우려도 중국 경기 연착륙에 따라 1분기부터 완화될 것으로 보인다. 2022년 중국 소비와 서비스업 경기는 상저하고 패턴 아래 완만한 회복세를 지속해 5% 중반대 성장률을 지지할 전망이다. 다만 팬데믹 이후 중국 고용의 질과 소득 및 소비심리의 더딘 회복세로 인해 2022년 소매 판매와 서비스업의 V자 반등은 어렵고, 이는 중국 금리 상승을 제한하는 요인으로 작용할 전망이다.

신재생에너지와 테크가 주도주

하나금융투자는 2022년에도 홍콩과 미국 상장 ADR(American Depositary Receipt)보다는 상하이·선전 본토 증시 중심으로 비중 확대 전략을 계속 권고한다. 장기적으로 중국 투자전략은 중국 정부의 정책 방향성이 가격에 우선하고, 2022년에도 정책과 자금 흐름이 우호적인 중국 제조업·친환경·기술주와 B2B 사업 모델 기업의 시가총액 비중이 높은 본토 증시로 계속 이동해야 한다. 본토 증시는 직접금융 육성과 산업정책 지원 및 외국인과 로컬 투자자 수급이 계속 유리하게 작용할 것이다. 홍콩 증시는 본토 수급에 계속 종속되고 있으며, 개별 종목 대응이 유리해 보인다. 2022년 상반기 홍콩 증시가 반등하는 시기를 활용해 기존 홍콩과 ADR에 편중된 빅 테크 및 소비주는 투자 비중을 낮추고, 후발 주자 위주로 종목을 압축할 것을 권고한다.

한편 하나금융투자는 2022년 상하이종합지수의 예상 밴드를 3450~4100p로 제시하며 비중 확대 의견을 유지한다. 2021년 정책 디스카운트 완화가 예상되고, 이익과 유동성 및 위안화 환율의 안정이 주식시장에 유리해 보인다. 2022년 본토 증시 상장기업의 이익은 연간 10~13%대 증가가 예상되며, 상반기 경기와 이익 하강 압력은 정책 대응이 충분히 완충할 수 있을 것으로 전망한다. 2022년 중국 금리와 인플레이션 상승이 제한되면서 연간 성장주와 소비주에 좀 더 유리한 환경이 조성될 것이며, 추천 지수는 본토 대표 성장·기술주 지수인 상해 과창판(STAR50)과 심천 창업판(ChiNext)을 추천한다.

2021년 홍콩 증시와 미국 상장 ADR 부진으로 주가가 급락한 중국 빅 테크와 대형 소비주는 2022년 이익 성장성만큼 회복될 것으로 기대한다. 다만 2021년 공동부유 정책이 최우선순위 목표로 등장하면서 가계 고정 지출과 관련이 있는 의료·교육·주거 관련 테마, 인민과 접점이 많은 B2C 사업 모델 관련 빅 테크와 서비스업은 과거 5년 대비 생태계와 이익구조가 바뀔 수 있어 기존 중국 투자

> **➕ 용어 설명**
>
> **미국예탁증서**
> American Depositary Receipt (ADR)
>
> 외국 회사의 주식 직접 소유에 대한 편리한 대체물로 국내 구매자들에게 미국 은행이 발행한 영수증.

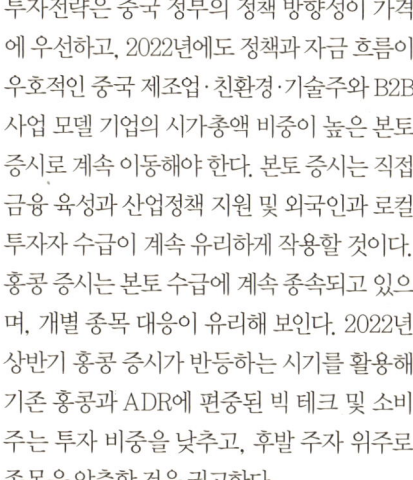

러시아·우크라이나 전쟁을 계기로 유럽이 재생에너지로 전환을 가속화하면서 중국산 태양광 패널 수요가 급증할 것이라는 전망이 나오고 있다.

SECTION 1
중국 2022년 경제와 주식시장 전망

1. 중국 푸젠성 닝더에 위치한 전력 배터리 시스템 공급업체 CATL.
2. CATL의 리튬 인산철(LFP) 배터리.

방식에 변화가 필요하다.

2022년 중국 유망 업종의 선택은 신재생에너지와 테크 분야를 주축으로 이익 턴어라운드 업종인 산업재와 소비재 분야를 주목한다. 하나금융투자가 2022년 추천하는 중국 유망 업종(대표기업)은 다음과 같다.

첫째, 중국의 에너지 구조 전환과 신재생에너지 투자 분야는 당위성으로 접근해야 한다. 하나금융투자는 2022년 고성장이 예상되는 중국의 풍력·태양광·수소 투자와 신형 인프라 투자 관련 ESS(에너지 저장 장치), 특고압(송배전), 발전소 대표기업을 주목한다.

둘째, 2022년 정책 지원과 설비투자가 계속되는 중국 반도체 및 소재·부품·장비(일명 소부장) 대표기업을 주목한다. 중국 테크 분야 투자는 상해 과창판지수 투자로 집약할 수 있다. 셋째, 2022년 생산자물가 하락과 소비자물가 상승이 예상되고, 이는 주로 전방

하나금융투자 추천!
2022년 중국 유망 업종

❶ 중국의 풍력·태양광·수소 투자와 신형 인프라 투자 관련 ESS(에너지 저장 장치), 특고압(송배전), 발전소.

❷ 중국 반도체 및 소재·부품·장비 (일명 소부장).

❸ 전자·가전·기계·신재생에너지·음식료·유통·증권.

산업의 이익 턴어라운드를 촉발할 전망이다. 2022년 이익 턴어라운드가 예상되는 업종은 전자·가전·기계·신재생에너지·음식료·유통·증권업종이며, 각 업종의 대표기업을 주목할 필요가 있다.

2022년 1분기 중국 증시가 흔들리는 이유

2022년 들어 중국 본토 증시는 상하이종합지수와 홍콩 증시의 상승보다 성장주 중심의 심천 및 심천 창업판 급락이 계속 부각되고 있다. 심천 창업판의 간판이자 중국 친환경 성장주의 상징인 닝더스다이(CATL)는 1~2월에만 약 30% 급락하며 성장주 전반 투자심리에 충격을 주었다. 2월 이후에는 CATL 테마주로 분류된 전기차와 배터리는 물론, 태양광과 풍력, 제약·바이오와 반도체 장비 및 군수 등 로컬 기관 선호 대표 성장주도 급락세다.

전문가들은 기존 전망에서 1월 이후 역대급

순매수(일평균 30억 위안, 역대 최고 2019년 1월 28억 상회, 2월에도 동일)를 기록하고 있는 외국인 수급을 근거로 1분기 중국 성장주 조정 원인을 내부 악재 속 로컬 수급의 극단적 쏠림과 와해에서 찾고 있다.

이는 팬데믹 이후 2021년 1월 '마오타이(茅台) 지수'로 불리는 소비 1등주의 쏠림과 와해, 9월 시클리컬(Cyclical, 경기민감주) 업종의 급락과 유사한 본토 로컬 수급의 특정 테마 밀집과 요란한 로테이션 과정이라고 판단한다. 실제로 2021년 4분기 말 기준 로컬 공모펀드의 특정 성장·테마주(신재생에너지·전기차·반도체·바이오테크·군수 등) 초과 편입 비중은 역대 최고 기록이다. 특히 공모펀드의 신재생에너지·전기차(전기설비) 편입 비중이 '마의 20%'를 상회하며 악재에 취약하다. 태양광(6.6%), 반도체(5.8%), CRO(5.1%), 군수(7.6%) 편입 비중은 역대 최고를 경신했다.

중국 성장주 급락세, 2월 중 안정화 예상

1월 이후 성장주 급락에도 불구하고 2월에는 본토와 홍콩 증시 동반 반등 관점을 계속 유지했다. 1분기에는 본토 CSI300과 상해 과창판 선호, 테크·소비재·인프라·턴어라운드 업종

➕ 용어 설명

밸류에이션

애널리스트가 현재 기업의 가치를 판단해 적정 주가를 산정해 내는 기업가치 평가 작업을 말한다. 실적 대비 주가 수준을 가늠하는 것으로 주식 대비 기업의 매출, 이익, 자산이나 현금 흐름 등 다양한 경영지표의 변화를 분석해 종합적으로 산출한다.

중심 비중 확대 전략을 계속 권고한다. 전기차·신재생에너지·제약·바이오 등 성장주는 수급과 투자심리 측면에서 2월 중 급락세가 진정되고, 빠르면 2분기부터 하반기까지 차별화된 회복 국면을 예상했다.

구체적 전망은 다음과 같다. ① 상반기 중국 증시의 선순환 스토리는 유효. 부양 정책의 상반기 전진 배치를 통해 정책(4분기) ▶ 투자심리(1월) ▶ 증시(2월) ▶ 경기(1분기) ▶ 실적(2분기)의 순차적인 턴어라운드 전망은 여전히 유효. 2월에도 1월 통화량·대출·유동성 증가율의 3개월 연속 반등 확인, 재정정책 프록시 지표의 큰 폭 반등(지방 특수채 발행과 한도 소진율), 부동산 가격 바닥 확인과 디벨로퍼 파이낸싱 개선 등 부양 정책이 결과물로 확인되고 있음. ② 국채 금리와 주식배당률의 차가 역대 최저까지 하락하며 주식 매력도가 부각되고, 절대 밸류에이션도 팬데믹 이후 최저로 디스카운트 과도. ③ 1월 중순 이후 신규 펀드 발행과 계좌 수 저점 반등, 2월 이후 성장주외 전체 거래 대금 비중이 팬데믹 이후 최저 레벨 반등 확인. ④ 제조업 이익 증가율과 상장기업 EPS 추정치 하락 폭 축소가 긍정적으로 작용할 것이다.

한편 홍콩 증시는 1분기 이후에도 계속 가격 메리트가 부각되며 주요국과 본토 증시를 상회하는 흐름이 예상된다. 2021년 지수 급락의 두 축인 빅 테크 기업과 부동산(헝다 그룹 등)이 최악을 통과했다는 점을 호재로 볼 수 있다. 빅 테크 기업은 2분기 이후에나 실적 반등이 예상되지만, 1월 플랫폼 경제 규범과 지속발전 의견 등 발표를 계기로 모니터링 구간에 돌입했다. 2021년 극단적 정책 디스카운트(규제 강도와 시점 예측 불가)가 점차 완화되고 있는 것이다. 부동산은 파이낸싱 환경이 개선되며 저가 매수 유입이 계속되고 있다.

CHECK BOARD

2022년 중국 증시 투자전략

"'가격'보다 '정책 방향성'을 우선적으로 고려할 것!"

당의 장악력과 시장 통제 의지가 극대화된 상황 속에서 당과 정책이 점지한 주도주가 확실한 지구력을 통해 고성장과 아웃퍼폼 확률이 높은 중국 특징을 활용할 수 있는 좋은 기회다.

SECTION 2
지수형 ETF

나스닥, S&P500, HSI 등의 글로벌 지수를 한 번쯤은 들어봤을 것이다. 지수 추종 ETF는 원하는 국가에 투자할 수 있고, 다양한 상품이 발달되어 있어 투자자의 입맛대로 고를 수 있는 것이 장점이다. 이번 섹션에서는 미국과 홍콩, 중국의 다양한 지수를 추종하는 ETF 상품을 살펴본다.

STOCK MARKET INDICES

▶ S&P500

신용평가 회사 '스탠더드앤드푸어스(Standard & Poor's)'에서 만든 지수로, 500개의 대표 종목을 뽑아 코스피지수와 같은 방식인 시가총액법으로 산정한다. S&P500에 포함되는 기업은 규모보다는 성장성을 중시하는데, 500개 가운데 20%가량은 첨단산업 관련 기업이다.

▶ NASDAQ

나스닥은 National Association of Securities Dealers Automated Quotations의 머리글자로, 미국 장외시장의 자동 호가 시스템을 일컫는다. 세계 최대 규모인 나스닥 시스템은 뉴욕증권거래소(NYSE)와는 달리 시세 결정 과정이 컴퓨터에 의해 자동으로 처리된다.

▶ DOW

미국의 다우존스(Dow Jones)사가 가장 신용 있고 안정된 주식 30개를 표본으로 시장가격을 평균 산출하는 세계적인 주가지수다. 지수 구성 종목은 25개국 150개 업체로 미국 비중이 42%, 일본이 10%다. 이머징마켓 기업의 비중은 10%가 채 안 된다.

▶ MSCI

모건스탠리캐피털인터내셔널(Morgan Stanley Capital International)사가 작성해 발표하는 세계 주가지수다. MSCI지수는 경제·시장 발전 단계에 따라 국가 그룹을 나눠 이를 지수로 만든 '종합지수'와 '개별 국가 지수'로 나뉜다. 한국은 현재 브라질, 체코, 그리스, 중국, 인도, 대만 등과 함께 신흥국 지수에 속해 있다.

▶ FTSE

영국 〈파이낸셜 타임스(Financial Times)〉와 런던증권거래소(LSE)가 1995년 공동으로 설립한 FTSE인터내셔널에서 발표하는 글로벌 지수를 말한다. 매일 2만 개 이상의 지수를 산출하고 있다. 주로 영국을 비롯한 유럽계 자금이 투자 지침으로 삼는다.

▶ HSI

홍콩증권거래소에 상장된 종목 중 상위 50개를 시가총액 가중평균으로 산출한 주가지수다. 이 50개 회사는 홍콩 증권시장 시가총액의 58%를 차지한다. 홍콩상하이은행(HSBC) 자회사인 항셍은행(恒生銀行) 산하의 항셍지수 서비스(HSI 서비스)가 1964년 7월 31일을 100으로 하여 산출하고 있다.

SECTION 2
지수형 ETF

미국

인플레이션 공포, 도피처는 미국 기술주

미국 주식시장에는 다양한 주가지수가 존재한다. 서학개미가 가장 사랑하는
나스닥100부터 미국의 주가지수를 가장 아름답게 표현한 S&P500까지,
그 깊고 넓은 세계를 소개한다.

미국은 세계 GDP의 24%를 차지하는 경제대국이며, 미국 주식시장은 자본시장이 가장 잘 발달한 시장이다. 우리가 흔히 '다우지수'라고 부르는 다우존스산업평균지수의 탄생지가 미국인 만큼 미국의 인덱스 투자 역사는 매우 길다. 미국은 다양한 지수형 상품이 잘 발달해 있으므로, 대표적 주가지수와 이를 기초로 한 ETF 상품만 이해해도 미국 투자의 기초는 충분하다.

SPY
세계 최초의 ETF, SPDR S&P500 ETF TRUST

미국에 투자하는 ETF를 이야기할 때 첫 번째 주자로 SPDR S&P500 ETF(이하 SPDR)를 빼놓을 수 없다. 1993년에 상장한 세계 최초의 ETF이자, 현재 기준 세계 최대 시가총액을 자랑하는 ETF다. 최초 ETF의 원형이라고 할 수 있는 상품이 캐나다에서 먼저 상장된 적이 있어 SPDR이 최초의 ETF가 아니라고 주장하는 사람도 있는데, 현대 ETF 형태와 가장 유사하다는 점에서 SPDR을 세계 최초의 ETF라고 해도 무방하다.

사실 SPDR은 브랜드 이름이라기보다 Standard & Poor's Depositary Receipts의 줄임말이다. DR은 보통 ADR·GDR과 같이 다른 국가의 주식을 국내 주식처럼 거래할 수 있게 하는 예탁증서로, SPDR은 S&P 주식을 담은 DR 증서임을 의미한다. 이를 통해 최초의 ETF는 기초 주권을 다른 증서에 담아 거래하는 DR(예탁증서) 상장 구조에서 아이디어를 가져왔음을 추측하게 한다. 이제 SPDR은 명실상부한 미국 최고의 ETF 브랜드로 자리 잡았다.

현재 이 ETF의 운용사는 SSGA(State Street Global Adviser)지만, 사실 이 ETF의 개발을 주도한 곳은 뉴욕증권거래소(NYSE)와 합병해 사라진 미국증권거래소(AMEX)다. AMEX의 상품 개발 담당이던 네이선 모스트는 1987년 일어난 주가 대폭락 사건인 '블랙먼데이'의 원인으로 알려져 있는 대규모 프로그램 매매의 문제점을 보완하면서 투자자들이 안전하게 지수에 투자할 수 있는 투자상품이 필요하다고 판단해 최초의 ETF를 구상한 것으로 전해진다. 초기 AMEX의 주도로 ETF가 설립되었고, 바스켓을 운용해줄 운용사로 SSGA와 협력해 이 ETF가 탄생한 것이다.

이 ETF는 요즘 미국의 일반적인 뮤추얼펀드 구조 ETF와 달리 처음에 투자신탁(Unit Investment Trust) 구조로 상장되었는데, 펀드매니저의 재량적 운용이 가능한 뮤추얼펀드와 달리 정해진 운용 전략만을 사용할 수 있기에 S&P500지수의 성과를 추적하기 위해 S&P500의 모든 종목을 100% 지수와 동일하게 투자하는 완전 복제 방식으로 운용된다.

2022년 기준 이 ETF의 시가총액은 약 540조 원 규모로, 단일 ETF로는 최대 규모다. 일반적으로 한국의 코스피시장이 2100조원 규모인데, 이와 비교해보면 SPDR의 규모는 엄청나다. S&P500지수에 대한 투자는 '오마하의 현자'로 불리는 워런 버핏(Warren Buffett)이 가족들에게 "내가 죽은 후 유산을 S&P500에 투자하라"고 했다는 에피소드가 있을 정도로 좋은 투자 방법으로 알려져 있다. 또한 이제는 현대 자산운용 시장의 주류가 된 패시브 전략의 성공을 보여주는 증거이며, 장기적으로 볼 때 S&P500을 지속적으로 아웃퍼폼(Outperform)할 수 있는 액티브 투자자는 존재하지 않는다는 사실을 끊임없이 증명하고 있는 대표적 사례다. 한편 SPDR은 다수의 경쟁 ETF가 존재하며, iShares Core S&P500

"내가 죽으면 전 재산의 90%는 S&P500을 추종하는 인덱스펀드에, 10%는 채권에 투자하라."
– 버크셔해서웨이 최대 주주 워런 버핏

➕ 용어 설명
아웃퍼폼 (Outperform)

특정 주식의 상승률이 시장 평균보다 더 클 것이라고 예측하기 때문에 해당 주식을 매입하라는 의견. '중립(Neutral)'보다는 강하지만 '매수(Buy)'나 '강력 매수(Strong Buy)'보다는 약한 매수 의견으로 보면 된다.

SECTION 2 미국 지수형 ETF

SPDR S&P500 ETF
시가총액

540조원

2100조원
한국의
코스피시장 규모

단일 ETF로는 최대 규모
(2022년 기준)

ETF(IVV)와 Vanguard S&P500 ETF(VOO)가 대표적이다. 운용 전략이나 목표는 크게 다르지 않지만, SPDR의 경우 보수가 0.09%인 반면 경쟁자인 IVV와 VOO는 0.03%로 펀드 보수가 현저히 낮다.

IVV는 2000년에 설정된 제법 오래된 상품이고, VOO는 2010년에 상장된 상품이다. 뱅가드의 창립자 존 보글이 'ETF는 빈번한 매매를 유도하기 때문에 고객에게 좋지 않다'라는 생각을 유지했기 때문에 ETF 시장 진출이 매우 늦어져 VOO의 상장이 상대적으로 늦은 편이다. 그러나 현재 IVV는 3300억 달러, VOO는 2760억 달러 규모로 차이가 크게 나지 않는다. 이러한 배경에는 하나의 사건이 있다. IVV는 초기엔 500종목을 모두 편입하지 않고, 400종목 정도로 복제하는 부분 복제 방식이었다. IVV는 더 적은 종목으로 S&P500을 효율적으로 추적할 수 있다고 해서 상대적으로 높은 보수를 수취한 반면, VOO는 뱅가드 특유의 완전 복제 방식으로 운용하고 낮은 보수를 기반으로 가격 전쟁이 벌어졌다. 이런 상황에서 미국 중소형주의 상승으로 상대적으로 대형주에 오버웨이트(Overweight)되어 있던 IVV의 지수 대비 성과가 부진한 국면이 연출되었다. 이를 계기로 성과에 민감하던 기관투자가의 자금이 VOO로 이동하면서 후발 주자인 VOO의 시장 안착과 성공을 견인했다. 이후 IVV 역시 낮은 보수와 완전 복제 방식으로 운용되기 시작했다. 더불어 부분 복제 방식도 과도한 종목 수를 보유한 ETF를 제외하고 잘 사용하지 않게 되었다.

더욱 재미있는 점은 이들 간의 경쟁으로 촉발된 ETF업계의 치열한 경쟁이 SPDR에도 영향을 미쳤다는 것이다. 보수 전쟁으로 신규 자금 유치에 부정적 영향을 받은 SSGA는 기존의 다른 상품을 0.03% 보수의 SPDR Portfolio S&P500 ETF(SPLG)로 레노베이션해 대응하는 전략을 사용한다. 그래서 미국에는 S&P500지수에 투자하는 대표적 ETF가 총 4종이 있다. 한국에서는 미국 시장으로 가지 않고 국내에 상장된 S&P500 ETF를 통해 투자할 수 있다. KODEX 미국S&P500TR ETF와 KINDEX 미국S&P500 ETF가 대표적이다. KODEX 미국S&P500TR ETF는 배당을 재투자하는 TR 형태이고, KINDEX 미국S&P500 ETF는 배당을 분배해주는 특성이 있다. 연금 계좌에서는 자동으로 재투자해주는 TR ETF가 유리한 점이 있고, 배당을 목적으로 하는 경우엔 KINDEX 미국S&P500 ETF에 투자하는 것을 고려해볼 만하다.

보유 Top 10 종목

1	애플
2	마이크로소프트
3	아마존
4	테슬라
5	알파벳 Inc. 클래스 A
6	알파벳 Inc. 클래스 C
7	버크셔해서웨이 주식회사 클래스 B
8	엔비디아
9	유나이티드헬스그룹
10	메타 클래스 A

SPDR S&P500 ETF TRUST 포트폴리오 현황

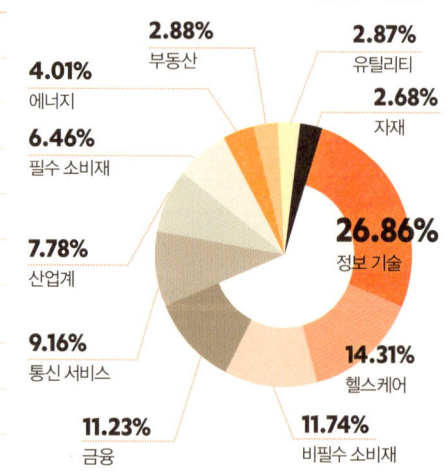

- 정보 기술 26.86%
- 헬스케어 14.31%
- 비필수 소비재 11.74%
- 금융 11.23%
- 통신 서비스 9.16%
- 산업계 7.78%
- 필수 소비재 6.46%
- 에너지 4.01%
- 부동산 2.88%
- 유틸리티 2.87%
- 자재 2.68%

자료 Morningstar ※ 2022년 4월 11일 기준

미국 뉴욕증권거래소 전광판에 표시된 트위터 거래 정보.

QQQ
나스닥 우량주 Top 100
INVESCO QQQ TRUST

서학개미가 가장 사랑하는 주가지수 상품은 나스닥100이다. IT의 발전과 유행에 민감한 한국인이 가장 좋아하는 첨단 IT 기업들로 구성한 주가지수이기에 투자 친밀도가 높은 편이다. 게다가 10년간 IT 혁신과 AI 혁명 등을 발판으로 엄청난 투자 성과를 보여주고 있다. 여기에 반도체·전자제품·IT 서비스 등 수출 주도형 경제구조를 갖춘 일본, 중국, 한국, 대만의 경제와도 매우 밀접한 관련이 있는 기업들로 구성했다는 점도 중요한 투자 포인트다. 이와 함께 나스닥100지수를 기초로 한 선물 상품이 23시간 거래되고 있다. 아시아 시장에서 발생한 다양한 이슈를 반영하기도 하고, 선행해서 밀접하게 움직이기 때문에 미국 주식에 투자하는 투자자뿐만 아니라 국내 주식과 아시아 주식에 투자하는 사람 모두에게 중요도가 높다.

QQQ는 한국인이 좋아하는 만큼 미국 본토에서도 매우 사랑받는 ETF다. 이 상품은 1999년에 탄생했는데, 재미있게도 나스닥 직원들이 주도해 만들었다. 1999년은 사실 IT 버블이라

고 불리던 나스닥 증권거래소를 중심으로 벤처 및 IT 기업에 대한 투자 광풍이 불어닥친 시기였다. 나스닥이라는 단어는 혁신의 상징이자 대박을 의미했고, 미국의 개인투자자들은 열광적으로 나스닥에 상장된 주식을 매입하고자 했다. 그런데 당시 미국의 증권 거래인들은 개인에게 매일매일 새롭게 상장되는 전통산업과는 다른 전혀 생소한 사업 모델을 가진 신생 기업을 소개하고 주식을 판매하는 데 어려움을 겪었다. 그래서 나스닥 증권거래소가 SPY를 벤치마킹해 나스닥의 우량주 100종목으로 구성된 ETF를 출시하기로 하고 만든 것이 바로 QQQ다.

증권 거래인들은 나스닥에 투자하기 위해 찾아온 투자자에게 복잡한 기업 설명을 하기보다는 나스닥 우량 종목 100개에, 그것도 한 번에 투자하라는 콘셉트로 접근했다. 투자자들은 분산투자와 투자의 편의성, 세제 혜택까지 있는 이 ETF에 열광했다. 많은 미국 투자자가 QQQ를 '큐브(Qube)'라는 애칭으로 불렀고, 그러면서 QQQ는 미국 개인투자자가 가장 좋아하는 ETF로 급성장했다.

QQQ는 한국 투자자들에게도 가깝게 다가오

보유 Top 10 종목

1	애플
2	마이크로소프트
3	아마존
4	테슬라
5	알파벳 Inc. 클래스 C
6	알파벳 Inc. 클래스 A
7	엔비디아
8	메타 클래스 A
9	코스트코
10	펩시코

자료 Morningstar ※ 2022년 4월 12일 기준

INVESCO QQQ TRUST 포트폴리오 현황

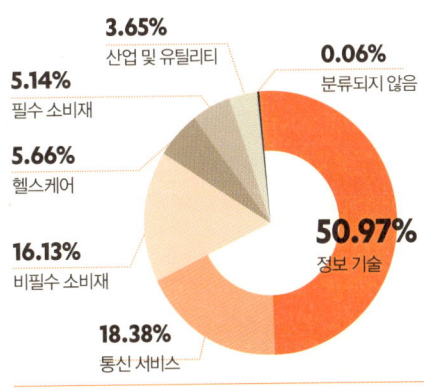

- 3.65% 산업 및 유틸리티
- 0.06% 분류되지 않음
- 5.14% 필수 소비재
- 5.66% 헬스케어
- 16.13% 비필수 소비재
- 18.38% 통신 서비스
- 50.97% 정보 기술

SECTION 2 미국 지수형 ETF

QQQ에서 파생된 Q 형제

- **QLD**(ProShares Ultra QQQ)
  나스닥100지수 일간 수익률의 2배를 추종하는 상품
- **TQQQ**(ProShares UltraPro QQQ)
  나스닥100지수 일간 수익률의 3배를 추종하는 상품
- **SQQQ**(ProShares UltraPro Short QQQ)
  나스닥100지수 일간 수익률의 -3배를 추종하는 상품

QQQ INVESTMENT POINT

- 투자 콘셉트
  "나스닥 우량 종목 100개에 한 번에 투자하세요!"
- 구성 업종
  반도체, 전자제품, IT, 서비스 등
- 파생형 ETF
  QQQ에서 파생된 Q 형제 시리즈 운용

DIA
미국 경제 · 자본시장 대표
SPDR DOW JONES INDUSTRIAL AVERAGE ETF

는데, 그 이유는 QQQ에서 파생된 Q 형제가 있기 때문이다. 바로 QLD, TQQQ, SQQQ 등 나스닥100지수를 기반으로 한 레버리지와 인버스 같은 파생형 ETF다. 특히 TQQQ는 나스닥100지수 일간 수익률의 3배를 움직이는 상품인데, 레버리지가 큰 만큼 많은 서학개미가 애용하는 상품으로 성장했다. 서학개미 사이에서는 이제 TQQQ 없는 투자를 상상하기 힘들 정도다. 하지만 나스닥100지수는 IT업종 비중이 굉장히 높은 만큼 S&P500지수에 비해 분산 효과가 낮고, 기술주의 특성상 빠른 기술 변화와 경쟁 심화로 변동성이 높다는 점을 유의해야 한다.

국내에도 나스닥100지수에 투자할 수 있는 여러 종류의 ETF가 존재한다. QQQ와 동일하게 나스닥100지수를 구성하는 현물에 투자하는 구조이면서 자동 배당 재투자가 이루어지는 KODEX 미국나스닥100TR, 나스닥100선물지수를 추종하면서 KODEX 미국나스100TR 상품과 다르게 환헤지가 되는 KODEX 미국나스닥100선물(H), QLD처럼 나스닥100지수 일간 수익률의 2배를 추종하지만 환헤지가 되는 KODEX 미국나스닥100레버리지(합성 H), 일간 수익률의 -1배를 추종하는 KODEX 미국나스닥100인버스(H) 등의 상품이 있다. 투자 목적과 성격에 따라 일반 계좌, 연금저축 계좌, 퇴직연금 계좌, ISA 계좌를 통해 투자할 수 있다.

미국의 '다이아몬드 ETF'라는 애칭으로 불리는 상품이다. 바로 SPDR 다우존스산업평균지수ETF로, DIA라는 티커명 때문에 '다이아'로 불린다. 이 상품의 벤치마크는 다우존스산업평균지수(Dow Jones Industrial Average Index, 이하 다우지수)이며, 해당 지수는 1886년부터 산출되기 시작한 세계 최초의 주가지수다. 미국 경제와 자본시장을 대표한다고 볼 수 있다.

다우지수는 미국의 대표적 언론 〈월 스트리트 저널〉의 창립자 찰스 다우(Charles Henry Dow)가 창안한 지수다. 찰스 다우가 투자 정보지를 만들 때 시장의 움직임을 좁은 지면에 간결하게 표현하기 위한 방법을 고민하다가 만들었다.

찰스 다우는 이 주가지수를 만들고 데이터를

보유 Top 10 종목

1	유나이티드헬스그룹
2	골드만삭스그룹
3	홈디포
4	마이크로소프트
5	아마존
6	맥도날드
7	허니웰인터내셔널
8	비자 클래스 A
9	암젠
10	보잉

SPDR DOW JONES INDUSTRIAL AVERAGE ETF 포트폴리오 현황

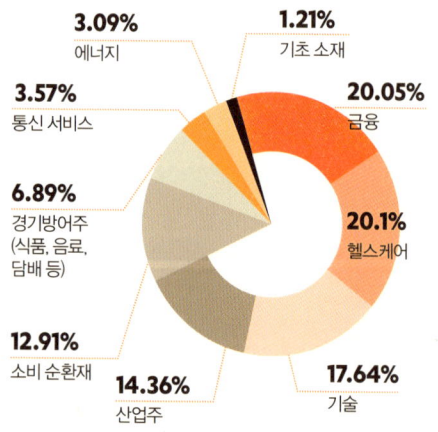

- 에너지 3.09%
- 기초 소재 1.21%
- 통신 서비스 3.57%
- 금융 20.05%
- 경기방어주(식품, 음료, 담배 등) 6.89%
- 헬스케어 20.1%
- 소비 순환재 12.91%
- 산업주 14.36%
- 기술 17.64%

자료 Morningstar ※ 2022년 4월 12일 기준

축적하면서 시장의 추세를 발견하게 됐고, 기술적 분석의 시작이라고 할 수 있는 다우이론을 창안했다. 현재 주식투자의 한 축을 이루는 기술적 분석을 이용한 투자전략이 이 다우지수에서 시작한 것이니 이 지수가 투자 세계에 미친 영향은 정말 엄청나다고 할 수 있다.

다우지수는 미국을 대표하는 30개 기업을 다우지수 위원회에서 선정하는 방식으로 관리한다. 다양한 업종과 규모, 대표성 등 엄격한 기준에 의거해 종목을 선정한다. 엄격한 심사를 거쳐 진행하는 만큼 보수적 색채의 종목으로 구성될 수밖에 없다. 최근에 등장한 새로운 혁신 기업들이 포함되기 어려워 다른 지수 대비 우량주 중심으로 구성돼 소위 블루칩 종목을 상징한다.

다우지수의 또 다른 특징은 가격 가중 방식이다. 쉽게 설명하면, 이 지수는 30종목을 각각 1주씩 투자했다고 가정해 성과를 측정하는 것이다. 최근 대부분의 많은 지수가 시가총액 방식, 유동 주식 방식을 활용한다는 점에서 큰 차이가 있다. 그런데 이 방식은 시장의 움직임을 정확하게 반영하지 못한다는 비판이 존재한다. 주당 가격이 기업마다 다르기 때문에 단순히 주당 가격이 높다는 이유로 지수 성과에 많은 영향을 미칠 수 있다. 조정계수를 이용해 주식분할이나 액면병합 등의 경우를 수정하지만, 가격 가중 방식은 정확한 시장의 성과라 측정이 가능하다고 하기에는 조금 어색한 부분이 있다.

다만 미국을 대표하는 엄선한 블루칩 종목으로 구성돼 있다는 점을 감안하고, 개인투자자들이 해당 구성 종목을 통해 미국의 초우량주를 파악하고 분석할 수 있다는 점에서 의미를 찾아야 한다. 또 나스닥100지수에 비해 전통적인 우량주인 만큼 두 지수의 차별점에 주목해야 한다.

지난 2021년 6월 22일 (현지 시간 기준) 미국 주식시장에서 마이크로소프트의 시가총액이 처음으로 장중 2조 달러(약 2262조원) 넘어섰다.

"건초 더미에서 바늘을 찾으려 하지 마라. 건초 더미를 통째로 사라."
– 인덱스펀드를 시장에 도입한 뱅가드그룹 창업자 존 보글

VTI
고객 중심의 저비용·고성과 구조
VANGUARD TOTAL STOCK MARKET ETF

존 보글의 〈모든 주식을 소유하라〉라는 책이 있다. 존 보글(John Clifton Bogle)은 인덱스펀드 창시자로 불리며, 상업적 인덱스펀드를 최초로 소개한 뱅가드의 창립자다. 그는 월가 최고의 현인 중 한 명으로 존경받으며, 저비용 지수를 추종하는 투자 아이디어를 전파한 혁신가이기도 하다.

VTI는 뱅가드가 운용하며, CSRP Total Stock Market Index를 추적하는 ETF다. 이 ETF야말로 존 보글의 철학을 완전히 구현한 뱅가드 상품의 정수라고 할 수 있다. 왜냐하면 이 ETF의 벤치마크인 CSRP Total Stock Market Index는 말 그대로 미국에 상장된 모든 종목으로 구성돼 있기 때문이다. 미국의 뉴욕 증권거래소에는 3000여 개 종목이 상장돼 있고, 나스닥에는 3800여 개 종목이 상장돼 있다. 우리가 앞서 본 미국의 대표 주가지수인

SECTION 2   미국 지수형 ETF

S&P500이나 나스닥100, 다우지수는 이 전체 종목 수에 비하면 사실 아주 일부라고 할 수 있다. 그런데 CSRP Total Stock Market Index는 4000개가 넘는 종목으로 구성돼 있으며, VTI 역시 4000여 개 종목에 분산투자한다. 아주 작은 종목이나 거래량이 없는 종목을 제외하고 거의 대부분의 미국 상장 종목에 투자하고 있다.

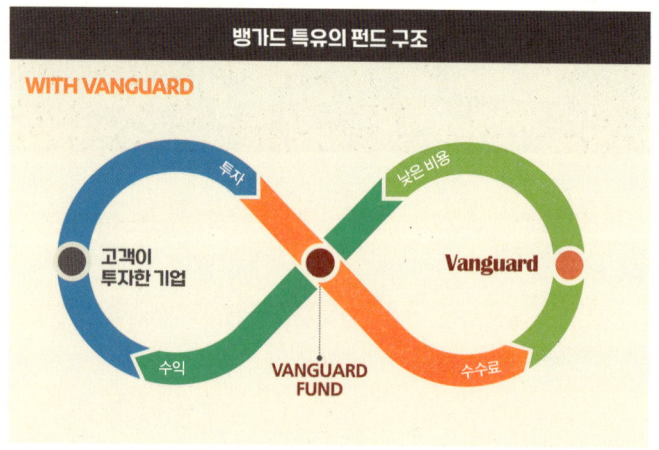

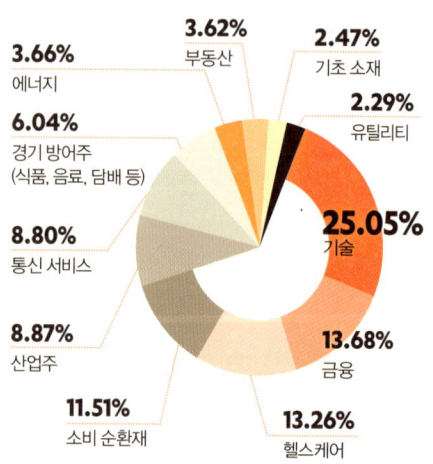

VANGUARD TOTAL STOCK MARKET ETF
포트폴리오 현황

자료 Morningstar ※ 2022년 4월 12일 기준

사실상 미국의 모든 주식을 소유할 수 있는 ETF가 바로 VTI다. 이 VTI를 운용하는 뱅가드는 존 보글의 철학을 철두철미하게 지키는 회사로 유명하다. 투자 성과는 투자할 때 발생하는 비용을 최소화함으로써 성과를 확실히 올릴 수 있다는 논리다. 회장임에도 비즈니스 출장을 다닐 때 비용을 최소화하기 위해 이코노미석을 이용했다는 존 보글의 철학을 대표하는 에피소드다.

그러나 이 상품의 가장 독특한 점은 뱅가드 특유의 펀드 구조에 있다. 일반적으로 미국 뮤추얼펀드는 펀드를 운용하는 회사가 해당 뮤추얼펀드(한국 법상은 집합투자 기구 중 투자회사)의 오너십을 가지고 있다. 그래서 운용사의 주주 이익을 높이기 위해 뮤추얼펀드를 활용할 여지가 있는 게 아니냐는 것이 뱅가드의 지적이다. 그래서 그들은 뮤추얼펀드를 설립하되 펀드의 오너십을 그 펀드에 투자한 투자자들이 갖도록 하는 독특한 소유 구조를 만들어냈다. 그래서 투자자들이 오너십을 가진 뮤추얼펀드가 운용사를 고용해 보수를 지급하는 형태가 되고, 뮤추얼펀드를 운용하면서 혹시 발생하는 초과 이익을 모두 펀드에 귀속시켜 투자자에게 이익이 돌아가게 된다.

뱅가드는 오직 펀드에 투자한 고객만을 위한 구조를 구현했다고 주장하며, 실제로 이러한 뱅가드의 고객 중심 운용 철학이 미국 투자자들에게 많은 공감을 받으면서 신뢰와 가격 경쟁력을 바탕으로 거대 자산운용사로 성장할 수 있었다.

세계경제의 중심이자 혁신의 발상지인 미국의 4000여 개 기업에 투자하면서 펀드 총비용은 0.03%에 불과하다. 미국의 대형 종목, IT 종목, 블루칩에 집중되는 3대 주가지수보다 더 광범위한 분산 효과를 누리고 싶다면 VTI는 최고의 선택이다.

SPDR
능동적으로 대응 가능한 최고의 수단
SECTOR SPDR ETF 시리즈

이 ETF는 S&P500지수를 11개 업종으로 세분화했고, 이 업종을 합치면 S&P500 그 자체가 되는 구조다. 각각의 업종에 중복되는 종목이 없게 구성했다.

주식투자를 하다 보면 "주도 업종에 투자하라", "경기 사이클에 따른 수혜 업종을 찾아라"라는 이야기를 많이 들어봤을 것이다. 특정 업종의 수익 개선이나 매크로 지표 변화에 따라 시장을 구성하는 업종 간에 수익률의 차별화가 두드러지는 현상이 나타나고 있기 때문이다.

예를 들어 최근 FANG 혹은 MAGA 등으로 대표되는 IT업종의 급격한 성장이나 셰일가스 혁명 혹은 유가 급변동으로 관심을 받게 되는 에너지 정유 등 그 시기를 주도하거나 수혜를 받는 업종이 등장한다. 이러한 시장의 추세에 능동적으로 대응하기 위한 최고의 수단으로 알려진 ETF 시리즈가 있다. 바로 SPDR의 Sector SPDR ETF 시리즈다. 세계 최초의 섹터 ETF 시리즈이면서 기관투자자의 전유물이던 섹터 투자를 개인도 소액으로 가능하게 만든 혁신적인 ETF다. 이 ETF는 S&P500지수를 11개 업종으로 세분화했고, 이 업종을 합치면 S&P500 그 자체가 되는 구조다. 각각의 업종에 중복되는 종목이 없게 구성했다.

갑자기 코로나19 같은 전염병이 퍼져 바이오·제약업종이 수혜를 받을 것으로 예상한다면 큰 고민 없이 SPDR의 Health Care 섹터 ETF가 대안이다. 금리를 인상하는 시기가 도래해 금융업종이 수혜를 볼 것으로 예상한다면 SPDR의 Financials ETF를 떠올리면 된다. 국내시장에 비해 정보를 얻기 어려운 미국 시장에 단기투자를 자유롭게 할 수 있다는 점에서 아주 매력적이다.

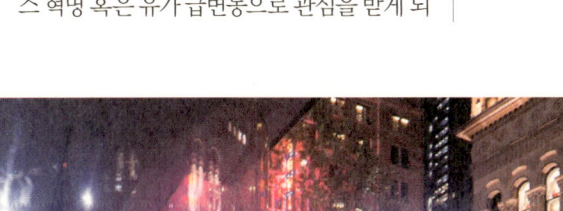

SECTOR SPDR ETF 시리즈 포트폴리오 현황

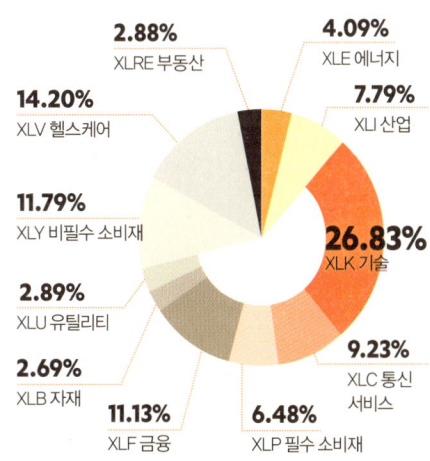

자료 Sector Spdr ※ 2022년 4월 12일 기준

SECTION 2 지수형 ETF

중국

시진핑 시대, 중국몽에 투자하기

중국 체제의 특성상 정책 방향성은 투자할 때 꼭 고려해야 할 만큼 중요한 요소다.
내적 성장 동력 강화와 첨단제조업의 자립화, 친환경 산업 육성 정책을
이어가고 있는 중국 주식시장 현황을 살펴본다.

2018년에 시작된 미·중 무역 분쟁은 중국이 성장했다는 반증이며, 중국 IT 기업에 대한 제재가 심해질수록 중국 내 자국의 경쟁력을 갖춘 기업을 만들 수밖에 없다. 또한 G2로 거론되는 중국은 단순 가공 생산기지에서 14억 명의 내수시장을 가진 소비 중심국으로 전환하며 한 단계 더 도약을 꿈꾸고 있다. 글로벌하면서 균형 있는 포트폴리오를 통한 분산투자의 목적뿐 아니라 중국 장기 성장 스토리에 투자할 수 있다는 점에서 중국 관련 ETF에 대한 관심이 커지고 있다.

중국의 다양한 주식시장

중국 기업이 상장돼 거래되는 시장은 크게 중국 본토 시장과 홍콩 시장으로 나뉜다. 중국 본토 시장에는 상하이 증권거래소와 선전 증권거래소가 있으며, 다시 위안화로 거래되는 중국 내국인 투자 전용인 A주와 미국 달러와

국 대표지수는 거래소별·지수별로 보유 섹터 간 차이가 크기 때문에 경제 전반, 첨단산업 등 투자 목적에 맞는 기초 지수를 추종하는 ETF를 선택하면 된다. 중국 본토 지수에 투자하는 KODEX 차이나CSI300과 KODEX 차이나A50이 있으며, 홍콩 증권거래소에 상장된 중국 기업 상위 50개 종목에 투자하는 KODEX 차이나H가 있다. 중국의 중소 혁신 기업에 투자하는 KODEX 차이나심천 ChiNext(합성)과 KODEX 차이나과창판 STAR50(합성)도 성장이 기대된다.

각각의 ETF가 추종하는 기초 지수는 중국 상하이·선전·홍콩 증권거래소에 상장된 기업에 따라 본토 지수와 홍콩 지수로 구분한다. 중국 본토 지수의 예시로는 CSI지수와 A지수가 있으며, 홍콩에는 항생지수(HSI)와 홍콩H지수(HSCEI)가 있다.

CSI지수는 중국증권지수유한공사가 2005년 4월부터 발표하고 있는 중국 대표지수로, 상하이 증권거래소와 선전 증권거래소에 상장된 중국 본토 주식을 대상으로 시가총액 가중 방식으로 종목을 구성했으며, 시가총액 1~300위로 구성된 CSI300이 대표지수로 쓰인다. CSI300지수는 금융(24.34%)과 산업재(20.60%), 필수 소비재(14.03%) 섹터가 높은 비중을 차지한다. FTSE China A50지수는 상하이 종합주가지수 차트에 있는 시가총액 상위 50개 기업을 모아서 만든 지수로 CSI300지수 대비 금융(37.69%)의 비중이 높으며, 그 다음으로는 필수 소비재(27.08%)의 비중이 높다. 정부 주도의 경제성장을 이뤄온 신흥국 경제에서 은행은 일반적으로 정책 창구로서의 역할을 하며, 경제 발전에 따라 금융 섹터 역시 성장성이 높고 지수에서 차지하는 비중도 높다.

과학기술 혁신 정책과 거대 내수시장을 바탕

홍콩 달러로 투자가 가능한 B주가 있다. 홍콩 시장에는 중국 본토에 설립된 국유기업으로 홍콩에 상장된 H주식시장이 있다. 참고로 중국 정부는 중국 내 혁신 기술 발전과 신흥 혁신 기업의 원활한 자금 조달을 목적으로 2009년 선전 증권거래소에 촹예반, 2019년 상하이 증권거래소에 커촹반, 2021년 베이징 증권거래소를 각각 개설했다. 해당 거래소에 상장된 기업들은 에너지 절약 및 환경보호, 차세대 IT, 바이오, 첨단 장비 제조, 신에너지, 신소재와 신에너지 자동차 등의 사업을 영위하는 기업이 포함돼 있다.

중국 주식 ETF의 종류

중국 주식에 투자할 수 있는 가장 손쉬운 방법은 중국 주식 ETF에 투자하는 것이다. 중

지난 2021년 11월 15일, '제3의 주식시장'으로 불리는 베이징 증권거래소가 개장했다.

INVESTMENT POINT

중국 본토 지수에 투자하고 싶다면?
- KODEX 차이나CSI300
- KODEX 차이나A50

홍콩 증권거래소에 상장된 중국 상위 50개 기업에 투자하고 싶다면?
- KODEX 차이나H

중국 중소 혁신 기업에 투자하고 싶다면?
- KODEX 차이나심천ChiNext(합성)
- KODEX 차이나과창판STAR50(합성)

SECTION 2 중국 지수형 ETF

으로 중국에서도 빅 테크 기업들이 빠르게 성장했고, 정책 당국의 독과점 규제는 지속하고 있으나 첨단산업과 혁신 산업 육성에 대한 의지는 변함없다. 중국 기술주에 대한 비중이 높은 지수는 홍콩 증권거래소의 항셍테크지수, 선전 증권거래소의 ChiNext(촹예반), 상하이 증권거래소의 STAR50 등이 있다.

홍콩에 상장된 중국 빅 테크 기업으로 구성된 항셍테크지수는 IT의 비중이 75% 이상이며, 콰이쇼우·텐센트·알리바바·징동닷컴 등 중국의 대형 빅 테크 기업들이 포함돼 있다. 이 외에 ChiNext지수는 세계 최대 배터리 기업 CATL을 포함하고 있으며, 섹터로는 산업재(34.41%), 헬스케어(23.92%), IT(17.19%) 등의 비중이 높다. STAR50지수 역시 중국 최대 반도체 기업 SMIC나 태양광 관련 기업 트리나 솔라(Trina Sola) 등 중국 첨단산업을 영위하는 기업으로 구성돼 있다.

이와 같이 본토와 홍콩, 중국 경제 전반과 기술 산업, 대형주와 혁신 기업 등 투자 목적에 따른 기초 지수가 다양하게 존재한다. 이에 중국 본토 대형주에 투자하려는 경우 CSI300지수나 A50을 추종하는 ETF, 최근 낮아진 밸류에이션 부담과 장기 성장성이 돋보이는 항셍테크 ETF, 중국 첨단산업 육성과 규제 리스크가 작은 ChiNext와 STAR50 ETF를 선택할 수 있다.

중국 정책 방향성 향방에 주목

중국 투자에서 정책 방향성은 높은 성장을 기대하게 하지만, 섹터별 변동성을 높이는 요인이기도 하다. 2020년 11월 이후 본격화된 중국 당국의 플랫폼 기업에 대한 규제 강화로 알리바바 등 중국 빅 테크 기업들의 주가가 하락하는 것이 그 예다. 중국 빅 테크 기업 알리바바를 시작으로 대형 플랫폼 기업을 대상으로

> 중국 본토 대형주에 투자하려는 경우 CSI300지수나 A50을 추종하는 ETF, 최근 낮아진 밸류에이션 부담과 장기 성장성이 돋보이는 항셍테크 ETF, 중국 첨단산업 육성과 규제 리스크가 작은 ChiNext와 STAR50 ETF를 선택할 수 있다.

실시한 반독점 조사, 과징금 폭탄, 상장 폐지 압박 등이 주가의 발목을 잡는 데 결정적 역할을 했다.

이렇듯 1년 넘게 이어져온 플랫폼 기업에 대한 규제가 1월 19일 중국 국가발전개혁위원회 등 11개 부처에서 공동으로 발표한 '플랫폼 경제의 건강·지속 발전을 위한 의견'으로 마무리되고 있는 분위기다. 여기에는 플랫폼 경제에 대한 감독 관리 기조를 유지하는 가운데 중국 정부가 전략적으로 육성하는 AI·클라우드컴퓨팅·블록체인·운영체제(OS)·반도체 등의 영역에서 플랫폼 기업이 투자 확대를 통해 기

CSI300과 항셍테크, ChiNext지수의 추이
자료 Bloomberg, 홍콩 증권거래소 ※주 2022년 2월 18일 기준

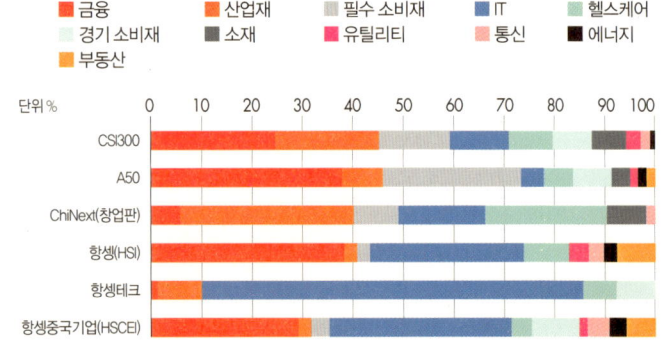

중국 대표지수의 섹터 비중
자료 Bloomberg, 홍콩 증권거래소 ※주 2022년 1월 말 기준

술 연구 및 개발 혁신을 가속화하도록 장려한다는 내용이 포함돼 있다. 이에 2021년까지 진행한 플랫폼 규제 일변도에서 중국 정부가 육성하고자 하는 산업 중심의 투자 장려로 전환했다고 해석된다. 경제성장 둔화 등을 고려해 빅 테크 기업들의 정부 육성 산업 내 투자를 늘릴 것으로 예상하며, 이는 이들의 중장기 성장 동력을 확보하는 데 긍정적으로 작용할 전망이다.

이에 따라 중국 정부의 규제가 계속되더라도 주가에 미치는 영향은 점차 줄어들 것이라는 전망이 나오기도 한다. 중국 빅 테크 기업의 장기적 가치를 보고 인내하는 시간을 보내는 투자자들도 존재한다. 중국 본토 성장주가 반등하려면 매크로 측면에서 미국 금리가 진정될 필요가 있고, 주가의 급격한 조정 이후 옥석 가리기가 나타날 가능성이 높다. 즉 실적 성장이 장기적 주가 상승을 견인하고 있다.

과거에는 중국 시장에 투자할 때 중국 본토의 내수시장에 집중하는 경우가 많았으나, 최근에는 중국 첨단기술산업 분야 기업들이 늘어나면서 스마트폰·인터넷·전기차·신재생에너지 등의 투자에 대한 관심이 높아지고 있다. 그 때문에 국내외 규제 이슈에 노출돼 있는 중국 빅 테크 기업들에 비해 중단기적으로 중국 당국의 육성 정책 수혜가 기대되는 ChiNext와 STAR50지수를 눈여겨볼 만하다.

중국 투자에 대한 정책 방향성이 가이드라인

중국 지도부가 2022년도 경제 운용의 방점을 '안정 최우선'에 찍었기 때문에 적극적인 재정 정책과 유연성 있는 통화 확장 정책으로 경기 하방 압력을 방어할 수 있다는 기대가 여전하다. 이에 2022년에도 주식시장의 저평가 인식과 함께 외국인 자금이 유입될 것으로 전망된다. 중국의 적극적인 재정정책 등 내수 활성화

중국 당국이 1년 이상 지속해온 강도 높은 빅 테크(대형 정보 기술 기업) 규제에 알리바바 역시 최근 수천 명 규모의 감원을 진행한 것으로 알려졌다.

INFORMATION

제14차 5개년 계획

중국의 국민경제사회발전 제14차 5개년 계획(2021~2025년) 경제정책은 과학기술의 자주화와 국가 혁신 체계 구축을 주요 내용으로 하는 혁신 주도 성장을 핵심 과제로 추진하고, 중진국 함정 극복을 목표로 하며, 9대 전략적 신흥 산업 집중 육성 계획이 제시됐다. 또 국가안보와 관련성이 큰 항공우주와 해양 설비 분야가 새롭게 강조됐다. 이 외에도 소비 촉진과 투자 확대를 통한 내수 활성화, 디지털 경제 전환과 녹색 성장 전환 등을 포함하고 있다.

에 따른 투자 기회가 존재하고, 제14차 5개년 계획이 본격적으로 시행됨에 따라 첨단제조업 및 인프라 분야 투자가 증가할 것으로 기대되기 때문이다. 또한 수출 주도형 성장 모델에서 벗어나 내수 소비형 성장 모델로 전환하는 근본적인 경제 체질 개선이 진행되고 있다는 점도 주목해야 한다. 소비 환경 개선과 친환경에 무게를 두고 첨단산업 발전에 적극적인 정책이 지속될 것으로 전망한다. 미국이 통화 긴축 방향으로 선회할 것으로 전망하는 가운데 중국은 경기 경착륙을 예방하기 위해 통화 완화 정책을 시행하고 있다는 점도 금융시장에 긍정적이다.

중국은 강력한 공산당 리더십이 있어 그 추진력이 막강하기 때문에 정책 방향성이 투자 방향성으로 연결되곤 한다. 덕분에 중국은 당면한 위기가 클수록 정책 실행이 더 빨라질 수 있는 장점이 있고, 정책에 따른 불확실성이 커질 수 있는 리스크도 존재한다. 결국 투자에서 중국 정부의 정책 방향성을 이해하고 정부 주도의 육성 산업에 주목하는 것이 보다 중요하다. 중국 체제 특성상 정책 방향성은 투자할 때 꼭 고려해야 할 만큼 그 중요성이 크다. 2021년 중국공산당 제19기 중앙위원회 제6차 전체회의(제19기 6중 전회)에서 마오쩌둥과

SECTION 2　중국 지수형 ETF

1.
시진핑 중국 국가주석(가운데)과 리커창 총리(오른쪽에서 세 번째)가 베이징에서 속개된 공산당 제19기 중앙위원회 6차 전체회의(제19기 6중 전회)에서 거수하고 있다.

2.
닝지제(Ning Jizhe) 국가발전개혁위원회 부위원장이 제14차 5개년 계획에서 발언하고 있다.

덩샤오핑 시대에 이어 중국공산당 100년 역사상 세 번째 역사 결의가 채택됐다. 해당 결의를 통해 시진핑 중국 국가주석은 3세대 영도자의 입지를 굳혀 2022년 10월에 열리는 제20차 당대회에서 시진핑 주석의 3연임이 공식화될 것이라는 전망이다.

시진핑의 3연임이 확정될 것으로 예상하는 2022년 가을 중국공산당 당대회까지 중국 경제를 안정적으로 유지할 가능성이 높다. 이에 제로 코로나 정책이 이어지고 대외 수요도 둔화하겠으나, 중국 정부의 경기 대응으로 5~5.5%대의 중속 성장을 유지할 것으로 전망한다. 중국 정부의 확장적 재정정책을 유지하는 가운데 인플레이션 압력이 일부 해소되면서 소폭의 대출 우대금리 인하 등 경기부양책이 지속될 것으로 예상한다.

미·중 갈등이 확대됨에 따라 '중국제조 2025'라는 단어 사용은 자제하고 있으나, 2022년에도 여전히 중국은 내적 성장 동력 강화와 첨단 제조업의 자립화, 친환경 산업을 육성하려는 정책을 이어가고 있다.

중국 정부의 내수 확대, 첨단제조업의 자립화, 친환경 산업 정책으로 요약되는 사례는 너무도 많다. 중국 정부는 2021년 5월 비공식 지침을 통해 의료 장비 등 300개 품목의 부품 중 25~100%를 중국산으로 사용하라는 '바이 차이니즈(Buy chinese)' 전략을 강화했다. 공급망의 전 과정을 장악하기 위해 과거 주력했던 가치가 낮은 단순 조립 공정뿐 아니라 R&D, 디자인, 마케팅 등의 고부가가치 산업까지 진출하고 있다.

중국의 제14차 5개년 계획은 지하철을 통해 1시간 도시 생활권을 구축하며 도시 여가 소

중국 대표지수 ETF 추천

코드	ETF명	기초 지수	ETF 운용사
MCHI	iShares MSCI China ETF	MSCI China Net Total Return USD Index	삼성자산운용
415340	KODEX 차이나과창판 STAR50(합성)	STAR50 Index(Price Return)	삼성자산운용
283580	KODEX 차이나CSI300	CSI300 Index	삼성자산운용
256750	KODEX 차이나심천 ChiNext(합성)	SZSE ChiNext Price Index	삼성자산운용
099140	KODEX 차이나H	Hang Seng China H	삼성자산운용
169950	KODEX 차이나A50	FTSE China A50 Index	삼성자산운용

자료 삼성자산운용

비를 활성화하는 데 무게를 두고 있을 뿐 아니라, 농촌과 외곽 지역의 소비 환경을 개선할 물류센터까지 포함하고 있다. 또한 2060년 탄소중립을 선언하는 등 친환경 정책을 빠르게 추진 중이며, 2020년에 이미 신에너지 자동차 산업 발전 계획(2021~2023년)을 발표하며 관련 기업을 지원할 것으로 밝힌 바 있다. 이 외에도 1월에 발표한 '플랫폼 경제의 건강·지속 발전을 위한 의견'에서 인공지능 등 첨단산업에 대한 투자 확대를 장려하고 있다는 점도 중국 정책의 방향성이 중국제조 2025에서 확장된 정책이라고 해석할 수 있다.

즉 현재 시진핑 정부의 산업 관련 정책은 '과학기술의 자립, 공동부유, 친환경'으로 요약할 수 있다. 또한 중국 정부가 육성하는 산업은 14억 인구의 내수시장과 강력한 공산당의 리더십을 바탕으로 성장할 수밖에 없으므로 우리는 정부 육성 업종에서 투자 아이디어를 찾아야 한다.

중국 투자 시 유의 사항

지난해 중국 정부는 IT 기업의 독과점 제재 및 미국 IPO 규제, 사교육 기업의 운영 시간 제한 및 비영리 기구로 전환, 부동산 개발 기업의 자금 조달 제한 등 전방위적인 기업 규제를 강화했다.

기업을 규제하는 배경에는 중국이 코로나19 이후 빠른 경기 반등에 성공하면서 무역수지 및 고용 등 경제 펀더멘털이 개선되었다는 점에 있다. 경기회복에 따라 기업 개혁 환경이 개선되고 시장 독과점 이슈와 사회 불평등 확대에 따른 불안 고조, 부실 및 한계 기업의 증가 등에 대한 기업의 체질을 개선하기 위해 기업 규제와 체질 개선, 한계 기업 정리를 유도하는 정책을 적극적으로 시행할 것으로 생각한다. 다만 추가적인 기업 규제의 방향과 수준을 가

INFORMATION

제3차 역사 결의

이번 제3차 역사 결의는 건국 이전인 1945년 마오쩌둥이 주도한 제6기 7중 전회(1945년 4월)와 개혁·개방 추진 직후인 덩샤오핑이 이끈 제11기 6중 전회(1981년 6월)를 잇는 역사적 결의다. 마오쩌둥이 주도한 제1차 결의는 사회주의 신중국 건설로, 덩샤오핑이 주도한 제2차 결의는 사회주의 현대화를 위한 개혁·개방으로 이어졌다. 제3차 결의에서는 신시대 중국 특색 사회주의 체제를 통해 전면적인 샤오캉(모두가 풍족해지는 사회) 사회를 실현했다고 강조했다.

작업자들이 하얼빈 둥안(東安) 자동차 엔진 제조 공장에서 일하고 있다.

늠하기 어려운 데다 과도한 국가 개입이 경제와 괴리를 일으키는 정책 리스크로 정책이 발표될 때마다 개별 기업의 주가 변동성이 확대될 수 있다. 또한 공산당으로 권력이 과도하게 집중될 경우 국가자본주의로 인한 기업의 충성 경쟁 심화가 단기 변동성을 높일 수 있다.

기억할 것은 중국 경제 펀더멘털과 정책 당국의 통제력에 대한 자신감에서 기업 규제가 가능했다는 점이다. 또한 서구 자본주의와는 다르게 진행되기 때문에 중국 정부의 규제 의도를 곡해하면 투자 기회를 놓칠 수도 있으며, 중국 정책 당국의 최근 규제가 경제 질서에 근본적 변화를 일으키나 부정적 영향을 주지는 않을 거라는 점이다.

요약하면 단기적으로 공동부유 정책 확대와 기업 규제, 신용 리스크, 외국인 자금 유출입 확대에 따른 시장 변동성은 커질 수 있다. 그럼에도 정부의 감세 정책과 대외 수요 개선 등으로 대기업을 중심으로 이익 증가세가 지속돼 투자 유인이 커지고 있다는 것도 사실이며, 대외 개방·소비시장 확대·제조업 고도화 등에 힘입어 상승이 기대된다는 점도 명심해야 한다.

SECTION 2 글로벌 — 지수형 ETF

글로벌 지역별 투자의 손쉬운 접근법

: ETF의 강점은 글로벌 투자에서 특히 두각을 나타낸다. 개별 국가에 투자할 수 있는 종목 등과 더불어 유로존과 일본 투자 리스크 등을 살펴본다.

코로나19 장기화로 선진국과 신흥국 간의 차별화 확대가 이루어졌다. 팬데믹 공포가 최고조에 달했던 2020년 3월 이후 글로벌 증시는 바닥을 찍었고, 2021년 이후 신흥국과 선진국의 증시 흐름은 차별화가 심화되었다.
이는 코로나19로 인한 충격 이후 글로벌 증시의 회복 모습은 유사하게 진행됐으나, 전염병에 대한 국가별 대응과 기업 실적 차이에 기인한다.

선진국 증시의 매력 요인

선진국과 신흥국 간 차이는 글로벌 경기가 정상화되기까지 지속될 것으로 보인다. 백신 접종률, 자국의 경기부양과 기업 경쟁력 지원 목적의 인프라 투자 등 재정 및 통화정책 여력에 차이가 있음이 확인되었다. 이 외에 첨단산업 비중 등에서 선진국이 신흥국보다 우위를 점하고 있다는 점도 선진국 증시의 상대적 매력 요인이었다. 또한 개인 소득 증가에 따른 고사양 제품에 대한 선호도가 높아지면서 고사양 전자제품과 럭셔리 브랜드 등의 수요로 연결되고 있다는 점도 선진국 증시에 우호적으로 작용할 것으로 보인다.

이에 미국을 포함한 선진국 전반, 유럽, 일본 지역도 자산 배분 관점에서 긍정적 시각을 가질 필요가 있다.

ETF로 선진국과 신흥국에 투자하는 방법

ETF의 강점은 글로벌 투자를 할 때 가장 극대화된다. ETF는 소수의 개별 기업에 집중 투자하는 것이 아니라 시장 전체(지수)에 투자하는 패시브 투자의 대표 상품이기 때문이다. 특히 한 국가나 지역을 넘어 글로벌 전체 또는 선진국이나 신흥국에 투자하는 ETF는 자산 배분 시 가장 먼저 검토해야 하는 상품이라고 판단한다.

글로벌 지수를 발표하는 대표적 지수 사업자에는 MSCI와 FTSE가 있다. 먼저 MSCI 지수는 미국의 모건스탠리캐피털인터내셔널이 발표하며, 이는 국제금융 투자의 기준이 된다. 한편 FTSE지수는 영국의 〈파이낸셜 타임스〉와 런던 증권거래소가 공동 설립한 FTSE인터내셔널이 발표한다.

MSCI World Index는 가장 잘 알려진 선진국 대표지수로, 전 세계의 많은 글로벌 인덱스펀드와 액티브펀드의 벤치마크로 사용되고 있다. 총 1542개 종목으로 구성되어 있으며, 지역별로는 미국 68.8%, 일본 6.3%, 영국 4.2%, 캐나다 3.4%, 프랑스 3.3%, 기타 14.1%(자료: MSCI, 2022년 1월 말 기준)로 잘 분산되어 있다. 미국과 유럽, 일본 등 선진국 중심으로 분산투자를 하고 싶은 투자자에게 맞춤인 셈이다. 이를 추종하는 국내 ETF로는 KODEX 선진국 MSCI World ETF가 상장되어 있다. 해당 ETF는 연금저축과 퇴직연금 등 장기투자 목적의 연금 투자자들에게 많은 관심을 받고 있다.

FTSE 글로벌 지수를 사용하면서 전 세계에서 가장 큰 ETF(운용 규모 기준)는 미국에 상장된 Vanguard FTSE Developed Markets ETF다. 뱅가드(Vanguard)는 아이셰어즈(iShares: 블랙록의 ETF 브랜드) 다음으로 전 세계에서 가장 큰 ETF 운용 규모를 자랑하는 운용사다. 동 ETF의 기초 지수는 FTSE Developed ex US Index로, 앞서 언급한 MSCI World Index와 달리 미국이 제외되어 있다. 동 지수는 무려 총 4015개 종목으로 구성되어 있으며, 지역별로는 일본 20.4%, 영국

최근 럭셔리 브랜드 수요가 높아지면서 명품 매장에 입장하기 위해 '오픈런'을 감행하는 고객이 상당수다.

> ● 용어 설명
>
> ### FTSE지수
> (FTSE Index)
>
> 영국 〈파이낸셜타임스 (Financial Times)〉와 런던증권거래소(LSE)가 1995년 공동으로 설립한 FTSE인터내셔널에서 발표하는 글로벌 지수.

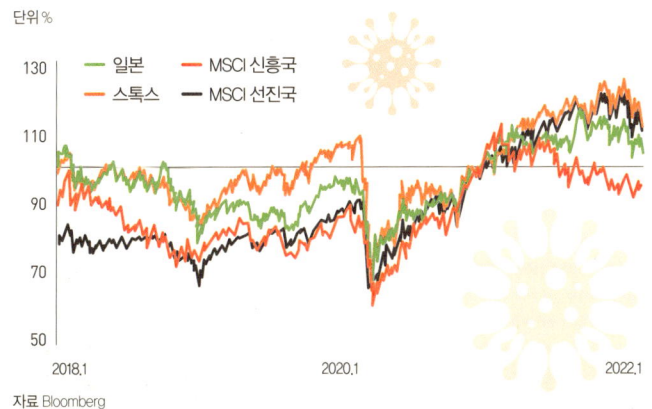

팬데믹 전후 글로벌 증시 변화 추이 (단위 %)
— 일본 — MSCI 신흥국 — 스톡스 — MSCI 선진국
자료 Bloomberg

SECTION 2   글로벌 지수형 ETF

13.4%, 캐나다 9.9%, 프랑스 8.6%, 스위스 7.8%, 독일 7.2% 등(자료: FTSE, 2022년 1월 말 기준) 유럽과 일본 중심으로 분산되어 있다. 흥미로운 점은 우리나라의 비중이 4.7%를 차지하며, 삼성전자는 1.3%로 구성 종목 중 두 번째로 비중이 높다는 것. 전 세계에서 가장 큰 금융시장인 미국에서 가장 많은 선택을 받은 글로벌 ETF에 미국이 빠진 것은 미국의 경우 단일 국가로 투자자들이 S&P500이나 나스닥100에 이미 투자하고 있어 자산 배분 차원에서 이뤄진 것으로 판단한다.

최근의 투자 환경으로 인해 신흥국 지수는 우리나라 투자자들의 관심에서 다소 멀어져 있지만, 신흥국 지수에 대해 알아보는 것은 투자에 대한 식견을 넓히는 데 큰 도움이 된다. 블룸버그에 따르면, 국내 투자자들의 관심과 달리 최근 1개월 동안 미국에 상장된 대표 신흥국 ETF로 자금이 유입되고 있다. 이는 선진국 대비 신흥국 주식 밸류에이션의 매력도가 높아진 점과 자산 배분이 주된 요인이라고 판단한다. 글로벌 대표 신흥국 지수는 MSCI Emerging Markets IMI(USD) Index가 있으며, 동 지수를 추종하는 미국에 상장된 iShares Core MSCI EAFE ETF가 대표 상품이다.

삼성전자는 Vanguard FTSE Developed Markets ETF의 구성 종목 중 두 번째로 비중이 높다.

INVESTMENT TIP

유럽에 투자하고 싶다면?
- Vanguard FTSE Europe ETF
- TIGER 유로스탁스50 (합성H) ETF

일본에 투자하고 싶다면?
- KODEX 일본TOPIX100 ETF

MSCI Emerging Markets IMI(USD) Index는 총 3211개 종목으로 구성되어 있으며, 지역별로는 중국 29.2%, 대만 16.8%, 인도 13.7%, 대한민국 12.1%, 브라질 4.8% 등(자료: MSCI, 2022년 1월 말 기준)이다. 국내 상장 ETF 중에는 KODEX MSCI EM선물(H)가 대표적이다.

ETF로 개별 국가에 투자하는 방법

선진국 전반이 아닌, 유럽이나 일본 지역에 자산 배분을 하고 싶다면 Vanguard FTSE Europe ETF나 TIGER 유로스탁스50(합성 H) ETF, KODEX 일본TOPIX100 ETF 등에 투자하면 된다. Vanguard FTSE Europe ETF는 유럽의 다양한 산업과 약 1300개 기업에 투자하고 있으며, 광범위하게 다각화된 포트폴리오로 운영되고 있다. 반면 Euro Stoxx50 Index를 추종하는 TIGER 유로스탁스50(합성H) ETF는 프랑스 럭셔리 브랜드 LVMH, 네덜란드 반도체 장비 회사 ASML, 독일의 SAP, 프랑스 제약 회사 사노피(Sanofi), 영국의 거대 화학 회사 린데(Linde) 등 50개의 유럽 대형 주식에 집중한다는 점에서 차이가 있다.

일본 TOPIX지수는 도쿄 증권거래소에 상장

된 모든 기업을 대상으로 한 시가총액 가중 지수이며, 상위 100개 종목을 대상으로 산출한 지수다. 세계경제 3위 국가인 일본 역시 기본적으로 세계적 기업이 많은 나라로, 정권 교체에 따른 재정정책 변화가 기대된다.

유로존과 일본 투자 리스크

올해는 미국의 통화정책 정상화가 예고되어 있고, 전 세계적으로 높은 물가상승률에 대한 부담이 커지고 있다. 유로존과 일본에서는 대규모 경기부양책이 경제회복을 뒷받침할 것이며, 리오프닝 확대 시 가계소비가 경제회복을 주도할 지역으로 유로존과 일본을 꼽고 있다. 또한 크리스틴 라가르드 유럽중앙은행(ECB) 총재는 정책 전환을 서두르지 않을 것이며, 정책 전환 순서대로 점진적으로 결정해나갈 것을 누차 강조한 바 있다. 이에 ECB의 갑작스러운 긴축정책이 나올 가능성은 낮다. 일본 또한 제한적인 물가상승 압력에 통화 완화 기조를 유지할 가능성이 여전하다.

완화적인 통화정책과 대규모 경기부양책, 리오프닝 수혜 등으로 2022년에도 경제성장이 지속될 것으로 보인다. 글로벌 불확실성이 커지는 만큼 펀더멘털이 우수한 유럽과 일본 등 선진국에 관심을 가져도 좋다는 판단이다.

선진국 및 신흥국 ETF 추천

코드	ETF명	기초 지수	ETF 운용사
VEA	Vanguard FTSE Developed Markets ETF	FTSE Developed ex US All Cap Net Tax (US RIC) Index	뱅가드
IEFA	iShares Core MSCI EAFE ETF	MSCI EAFE IMI USD Net	블랙록
VWO	Vanguard FTSE Emerging Markets ETF	FTSE Emerging Markets All Cap China A Inclusion Net Tax (US RIC) Index	뱅가드
251350	KODEX 선진국MSCI World	MSCI World	삼성자산운용
291890	KODEX MSCI EM선물(H)	iEdge Emerging Markets Futures Index(ER)	삼성자산운용

자료 삼성자산운용

유럽 및 일본 ETF 추천

코드	ETF명	기초 지수	ETF 운용사
VGK	Vanguard FTSE Europe ETF	FTSE Developed Europe All Cap Net Tax (US RIC) Index	뱅가드
EWJ	iShares MSCI Japan ETF	MSCI Japan Net Total Return USD Index	블랙록
101280	KODEX 일본TOPIX100	TOPIX100	삼성자산운용
195930	TIGER 유로스탁스50(합성H)	Euro Stoxx 50 Index	미래에셋자산운용

자료 삼성자산운용

2022년 경제성장률 전망

단위 %

2021년 6월 전망 ■ 2021년 9월 전망 ■ 2021년 12월 전망 ■ 2022년 1월 전망

자료 Bloomberg

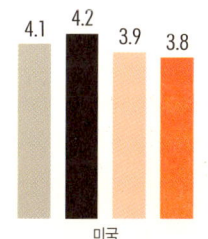
미국: 4.1, 4.2, 3.9, 3.8

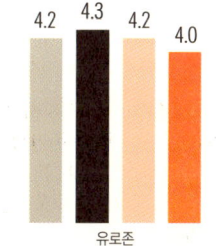
유로존: 4.2, 4.3, 4.2, 4.0

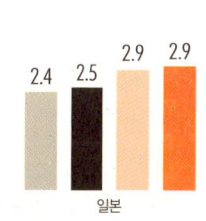
일본: 2.4, 2.5, 2.9, 2.9

SECTION 3
테마형 ETF

이번 섹션에서는 테마형·지수형·리츠·채권형 ETF 등 다양한 유형의 종목을 소개한다. 특히 최근에는 테마형 ETF에 대한 관심도가 급증하고 있다. 데이터 제공 기업 모닝스타에 따르면 지난 10년간 테마형 ETF의 글로벌 점유율은 3배나 늘었다. 증가한 점유율만큼이나 다양한 테마를 내세우며 투자자들을 현혹하는 테마형 ETF. 그중 눈길이 가는 이색 테마를 모았다.

VARIOUS ETF

SPACE AVIATION & UAM

한화자산운용이 선보인 'ARIRANG iSelect 우주항공 & UAM ETF'는 한국형 발사체, 우주 관련 기기 제작 등 우주항공산업 종목을 담았다. 우주항공과 UAM 산업은 신정부의 중점 추진사업과 연계되어 있는 만큼 정부의 정책적 지원에 따른 민간 참여 활성화로 발전 가능성이 기대된다.

*UAM은 도심(Urban)·항공(Air)·모빌리티(Mobility)의 머리글자로, 도심 상공에서 사람이나 화물을 운송할 수 있는 차세대 교통 체계를 의미한다.

MZ GENERATION

한국투자밸류자산운용의 'VITA MZ소비 액티브 ETF'는 에프앤가이드 MZ 소비지수를 벤치마크로 삼아 MZ세대(1980년대~2000년대 초반 출생) 주력 소비 기업을 선별해 집중투자한다. 특정 지수를 추종하는 것뿐만 아니라 펀드매니저가 자체적으로 종목 변경을 통해 초과 수익을 추구하는 방식이다.

WATER RESOURCES

NH-아문디자산운용의 'HANARO 글로벌워터MSCI(합성) ETF'는 세계 물 산업에 투자한다. 글로벌산업분류기준(GICS) 중 수도 유틸리티로 분류된 종목이나 상수도, 수도업, 수처리 등 물 산업 관련 매출이 일정 수준 이상인 글로벌 기업에 집중투자한다. 'MSCI ACWI IMI 워터 ESG 필터드 인덱스'를 기초 지수로 추종하며, 물 절약 및 폐수처리, 물 정화, 수도 건설 등의 기업이 포함된다.

GLOBAL RARE EARTHS

한화자산운용은 국내 최초로 글로벌 희토류와 전략자원에 투자하는 'ARIRANG 글로벌희토류전략자원기업MV'를 운용한다. 희토류와 전략자원은 전기차·2차전지·풍력발전 터빈·스마트폰·디스플레이·GPS 시스템 등에 활용되며, 미래산업에 필수적인 핵심 원료로 사용되어 그 중요성이 점점 커지고 있다.

GLOBAL HYDROGEN

KB자산운용의 '글로벌수소경제 Indxx ETF'는 수소 밸류체인 산업에 해당하는 글로벌 기업 중 상위 30개 종목을 담고 있다. 유럽연합(EU)은 현재 2% 수준에 불과한 수소에너지 비중을 2050년 24% 이상으로 늘리기로 한 가운데, 수소 산업의 글로벌 전망은 밝을 것으로 기대된다.

종목명도 그냥 지나치지 마세요. 투자자들이 상품에 대한 정보를 쉽게 확인할 수 있도록 종목명에도 투자 정보가 담겨있습니다. 'iShares', 'TIGER' 등 고유의 명칭을 통해 어떤 자산운용사의 종목인지 확인할 수 있어요.

국내 주요 증권사·자산운용사의 ETF 전문가가 해당 종목에서 눈여겨봐야 할 포인트만 콕콕 짚어 설명했습니다.

해당 ETF가 상장돼 있는 나라와 거래 통화, 추종지수는 물론 상장시점까지 가장 기초적인 정보를 골고루 담고 있으니 반드시 살펴보세요.

하위 섹터별로 편입 비중이 어느 정도인지 확인할 수 있습니다.

편입 종목을 국가 별로 분류한 수치입니다.

해당 ETF가 가장 많이 편입한 상위 5개 종목명과 편입 비중을 일목요연하게 확인할 수 있어요.

기간별로 운용 수익률을 보여주는 표입니다. 장기와 단기 성과를 골고루 비교해봐야 합니다.

BLOK
Amplify Transform Data Sharing ETF

✓ 글로벌 블록체인 기술 및 디지털 자산 기업에 투자
✓ 혁신적 데이터 공유 관련 기업의 비즈니스 모델 및 관련 이익 기반으로 70%의 핵심 구성 요소 및 30% 보조 구성 요소를 분류

상장국가/거래통화	미국/USD
시가총액(억원)	13,450
종가	$36.07
보유종목수	47
기초지수	액티브 운용
상장일자	2018년 1월 17일
운용보수(%)	0.71

섹터 비중 (단위: %)

- 하드웨어 14
- 거래 10
- 어플리케이션 16
- 비트코인 4
- 컨설팅 33
- 채굴 22

국가 비중 (%)		수익률 (%)	
미국	62.3	1M	7.9
중국·홍콩	1.4	3M	-10.7
일본	13.5	6M	-6.5
한국		1Y	-22.0
기타	22.8	YTD	-10.2
1Y 변동성(%)			-10.2

TOP5 종목 (단위: %)

갤럭시 디지털 홀딩스	5.7
실버게이트 캐피털	5.0
NVIDIA	4.8
코인베이스 글로벌	4.4
SBI 홀딩스	4.3

SECTION 3 테마형 ETF

전기차·2차전지·자율주행

포르쉐의 첫 번째 전기차 '타이칸 터보 S'.

슈퍼카도 전기차가 대세

What's ? 전기차

전기차·2차전지는 2021년 가장 우수한 수익률을 거둔 테마 중 하나였다. 비록 2022년 초 시장 하락과 함께 주가는 부진한 흐름을 보였으나, 테슬라의 판매량 증가는 완성차와 2차 전지로 이어지는 밸류체인의 성장으로 나타나고 있다. 또한 기존 완성차업체들의 전기차 확대 노력도 지속되고 있는데, 현대자동차그룹은 최근 엔진 개발 조직을 폐지하고 전동화 개발 조직을 확대하는 파격적 계획을 발표했으며, 일본 닛산도 내연기관 개발을 중단하겠다고 밝혔다. 심지어 내연기관 성능이 최대 경쟁력인 럭셔리·슈퍼카 브랜드도 이에 동참해 포르쉐가 2019년 첫 전기차 '타이칸'을 출시하기도 했다.

POINT KEYWORD
1. 테슬라
2. 리튬
3. 중국

글로벌 전기차 시장 전망

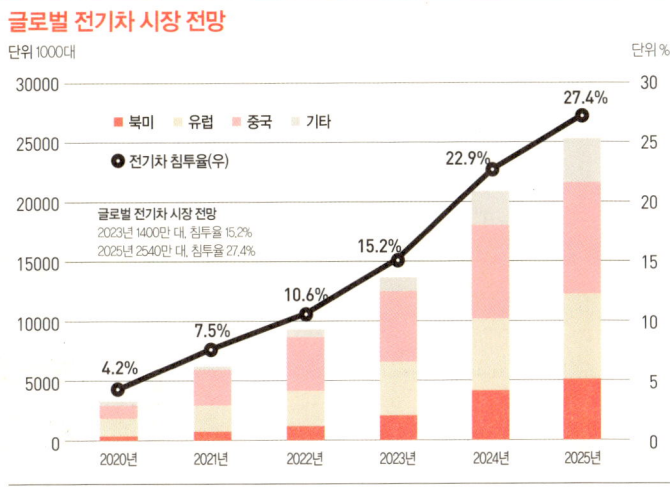

자료: 미래에셋증권 리서치센터 ※2021년 이후 선망치

지속 확대 예상되는 전기차 시장

전기차 시장을 주도하고 있는 테슬라는 프리미엄 모델인 로드스터, 모델S, SUV 모델X에서 시작해 2018년 중형 세단인 모델3를 출시하며 본격적인 전기차 대중화를 알렸고, 현재 모델3와 중형 SUV인 모델Y를 주력으로 판매하고 있다. 2차전지는 일본 파나소닉, 한국 LG에너지솔루션, 중국 CATL로부터 공급받고 있으며, 자동차 생산 공장은 미국에서 상하이, 베를린으로 확장해 글로벌 생산체제를 갖췄다. 또한 텍사스에 생산시설을 증설해 향후 수년간 연평균 50%의 생산량 확대가 계획되어 있어 향후에도 전기차 산업의 주도권을 유지할 것으로 보인다.

INVESTMENT TIP

전기차 산업은 글로벌 친환경 흐름에 맞춰 보조금 확대, 미국 인프라 법안 등의 정책적 수혜가 기대된다. 밸류체인 전반(광산, 소재 가공, 셀 등)에 투자하는 ETF를 통해 해당 테마의 성장성을 추구하는 것이 리스크를 줄이는 방법이다.

전기차 산업은 글로벌 친환경 흐름에 맞춰 보조금 확대, 미국 인프라 법안 등의 정책적 수혜도 기대된다. 미국은 바이든 정부 출범과 함께 환경정책에 적극적인 모습이며, 2030년까지 신차 중 무공해 자동차(Zero-emission Vehicle) 비중을 50%로 확대하겠다는 계획과 함께 2026년부터 적용할 강화된 연비 기준(1갤런당 52마일, 약 22.1km/L)을 제시해 친환경차 보급 확대를 유도하고 있다. 미국 인프라 법안에서도 전기차 충전소 구축에 75억 달러(약 9조원)를 배정해 2030년까지 전기차 충전소를 50만 개 이상 설치한다는 계획을 보더라도 미국 전기차 시장이 확대될 것임을 예상할 수 있다. 2021년 글로벌 전기차 시장(승용차 기준, 플러

SECTION 3

테마형 ETF · 전기차·2차전지·자율주행

그인하이브리드(PHED) 포함)은 118% 성장한 635만 대를 기록하며 2020년 성장률인 42%보다 더 큰 성장세를 보였다. 미래에셋증권 리서치센터에 따르면 2021년 글로벌 전기차 침투율(자동차 판매량 내 전기차 비중)은 약 8%에서 2023년 15%, 2025년 27%로 향후에도 지속적인 전기차 시장 확대를 예상하고 있다.

함께 증가하는 리튬 수요

전기차의 핵심 중 하나는 2차전지다. 2차전지는 필수 소재인 양극재로 방식을 구분하는데, 크게 국내 업체인 LG에너지솔루션·삼성SDI·SK온이 주축이 되는 삼원계 2차전지(NCM: 니켈·코발트·망간, NCA: 니켈·코발트·알루미늄)와 중국 CATL·BYD 등이 주축이 되는 리튬 인산철(Lithium Iron Phosphate, LFP)이 있다.

그중 LFP 배터리는 삼원계 배터리 대비 에너지 밀도가 떨어져 주행거리가 상대적으로 짧다는 단점이 있으나, 원재료 가격이 상대적으로 저렴해 테슬라를 비롯한 글로벌 완성차업체들의 채택 계획이 점차 확대되는 추세다.

여기서 주목할 점은 2차전지의 방식에 관계없이 리튬이 필수적으로 쓰인다는 점이며, 리튬 수요의 약 50%가 전기차에서 발생하고 있어 향후 전기차 시장 확대는 리튬 수요 확대로 이어질 것으로 예상한다.

주의할 점은 전기차 시장 확대와 함께 2차전지 산업 역시 급격한 성장이 예상되지만, 밸류체인 내 증설과 소재 가격 변동, 완성차업체들의 배터리 방식 채택에 따라 희비가 엇갈리고 있어 밸류체인 전반(광산, 소재 가공, 셀 등)에 투자하는 ETF를 통해 해당 테마의 성장성을 추구하는 것이 리스크를 줄일 수 있는 방법이라고 판단한다.

수요 개선 따라 성장하는 중국 시장

중국도 전기차 시장에서 관심 있게 봐야 한다.

What's ? 자율주행

자율주행도 주목해야 할 테마다. 자율주행은 전기차에서만 가능한 기능은 아니지만 전자 장비가 기반이 되는 시스템 특성상 전자제어, 통신을 통한 업데이트, 인포테인먼트, 향후 무선 충전을 통한 주행 등 기술적 부문 등에서 전기차가 절대적으로 유리한 구조다.

중국은 세계에서 가장 빠르게 성장하고 있는 전기차 시장으로, 매월 전기차 판매량(하이브리드, PHEV 포함)이 전년 동기 대비 약 150% 증가하고 있고, 2022년 1월에는 전기차 침투율(신차 판매량 내 전기차 비중)이 19.7%까지 상승했다. 이는 중국에서 LFP 배터리를 적용한 점이 주요 요인으로 보이며, 배터리의 원가 절감

에 따라 전기차 대중화에 가장 큰 기여를 했다. 현재 글로벌 LFP 배터리의 95%가 중국에서 생산되고 있으며, 세부적으로 2차전지의 필수 소재인 양극재와 음극재도 원재료의 중국 조달 비중이 높기 때문에 중국은 2차전지 산업이 성장하기에 유리한 환경이 조성돼 있다. 전기차 보조금 축소 이슈는 중국에서 2021년 200만원 수준까지 줄어들었기 때문에 선진국의 보조금 수준(800만원)과 비교했을 때 중국에서는 보조금 이슈가 이미 연착륙되었다고 보아 더 이상 전기차 판매량의 변수가 아닌 것으로 생각한다. 따라서 중국 전기차 시장의 성장은 전기 완성차의 가격 경쟁력과 연료비 절감, 인프라 확대에 따른 편의성 개선 등 실질적 수요 개선에 따른 것으로 보인다.

주목할 점은 2차전지의 방식에 관계없이 리튬이 필수적으로 쓰인다는 점이며, 리튬 수요의 약 50%가 전기차에서 발생하고 있어 향후 전기차 시장 확대는 리튬 수요 확대로 이어질 것으로 예상한다.

전기차가 자율주행 본격 주도

전기차의 경우 내연기관의 엔진 룸이 필요 없다는 점 때문에 내부 공간 활용도를 고려해봐도 자율주행의 본격화는 전기차가 주도할 것이라는 데는 의심의 여지가 없다. 실제 자율주행 관련 ETF의 구성도 자율주행과 전기차 비중이 비슷하다는 것을 확인할 수 있다.

현재 자율주행의 기술 혁신을 이끌고 있는 기업은 테슬라이며, 테슬라의 자율주행(Full Self-Driving, FSD)은 신차에서만 구현되는 기능이 아니라 기존 보유 차에서도 온라인 구매로 사용할 수 있는 구독 모델을 통해 지속적인 현금 창출 모델로 발전했다. 이는 자동차가 이동 수단이 아닌 컴퓨터로 인식하는 계기가 되고 있으며, 관련 하드웨어(반도체, 센서 등) 및 애플·구글 등 테크업체들의 참여로 산업이 확대되고 있다. 특히 구조적으로 내연기관차에 비해 전기차가 더 많은 반도체가 필요하며, 자율주행 기술 단계가 올라갈수록 높은 기술의 반도체 개수가 필요하기 때문에 필연적으로 반도체 구매비용도 증가하게 된다. 따라서 자율주행과 전기차 산업 발전에 따른 자동차 반도체 수요 증가는 분리해서 볼 수 없는 부분이다. 실제 자율주행 관련 ETF의 구성을 보면 엔비디아(NVIDIA), 인텔(Intel), 퀄컴(Qualcomm) 등 반도체 기업들이 보유 종목 상위를 차지하고 있다.

기존 완성차업체들의 노력도 눈에 띈다. GM은 레이더·정밀 지도 개발 회사에 투자하고 있으며, 토요타도 차량 O/S 회사와 정밀 지도업체를 인수했다. 자율주행을 위해 협업하는 회사도 늘어나고 있다. 포드는 중국 바이두와 협업 중이며, 벤츠는 구글 웨이모와 자율주행 트럭 공동 개발을 발표하는 한편 BMW와 전략적 파트너십을 체결하는 등 기존 완성차업계에서도 자율주행 투자는 활발히 진행 중이다.

50%

미국은 2030년까지 신차 중 무공해 자동차 비중을 50%로 확대하겠다는 계획과 함께 2026년부터 적용할 강화된 연비 기준(1갤런당 52마일, 약 22.1km/L)을 제시해 친환경차 보급 확대를 유도하고 있다.

국내 최대 배터리 전시회인 〈2022 인터배터리〉에서 관람객들이 포스코케미칼 부스에서 친환경차 통합 솔루션 이오토포스 (e Autopos)를 살펴보고 있다.

테마형 ETF — 전기차·2차전지·자율주행

LIT US
Global X Lithium & Battery Tech ETF

- ✓ 시가총액 비중, 광산 회사 종목당 20% 비중 제한. 배터리 회사는 종목당 4.75% 비중 제한
- ✓ 배터리 소재 비중(56%)과 중국 비중(39%) 높음

상장 국가/거래 통화	미국/USD
시가총액(억원)	58,066
종가	$74.68
보유 종목 수	41
기초 지수	Solactive Global Lithium Index
상장 일자	2010년 7월 23일
운용 보수(%)	0.75

섹터 비중 (단위 %)

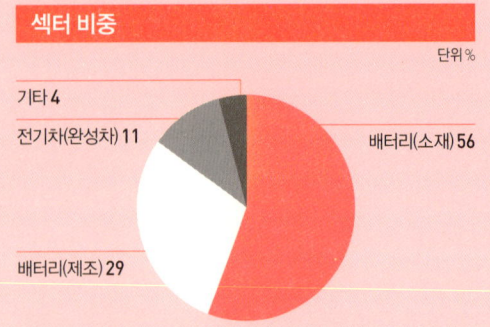

- 배터리(소재) 56
- 배터리(제조) 29
- 전기차(완성차) 11
- 기타 4

국가 비중 (%)		수익률 (%)	
미국	23.8	1M	-4.3
중국·홍콩	38.7	3M	-11.4
일본	10.8	6M	-6.2
한국	9.3	1Y	31.1
기타	17.4	YTD	-11.6

1Y 변동성(%) 33.24

Top 5 종목 (단위 %)

Albemarle Corp	11.2
Tesla	7.0
TDK Corp.	5.9
Sociedad Quimicay Minera de Chile	5.3
CATL	4.7

BATT US
Amplify Lithium & Battery Technology ETF

- ✓ 투자 분야는 글로벌 리튬 광산·제련, 2차전지 소재·장비, 2차전지 제조, 전기차(완성차), 충전소
- ✓ 상대적으로 전기차(완성차) 비중(21%)이 높음

상장 국가/거래 통화	미국/USD
시가총액(억원)	2,737
종가	$16.8
보유 종목 수	87
기초 지수	EQM Lithium and Battery Technology Index
상장 일자	2018년 6월 6일
운용 보수(%)	0.59

섹터 비중 (단위 %)

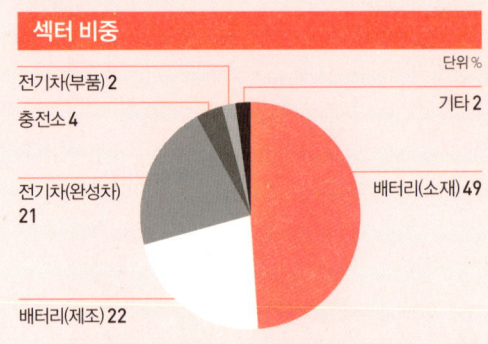

- 배터리(소재) 49
- 배터리(제조) 22
- 전기차(완성차) 21
- 충전소 4
- 전기차(부품) 2
- 기타 2

국가 비중 (%)		수익률 (%)	
미국	23.7	1M	-0.4
중국·홍콩	24.2	3M	-5.2
일본	6.0	6M	1.6
한국	6.9	1Y	15.2
기타	39.2	YTD	-6.7

1Y 변동성(%) 29.7

Top 5 종목 (단위 %)

BHP Group Ltd	8.1
Tesla	7.9
CATL	5.7
Glencore PLC	4.3
BYD Co Ltd	3.9

※ 네 가지 종목 모두 2022년 3월 28일 종가 기준, 미국·홍콩 상장 글로벌 전기차·2차전지·자율주행 테마 ETF 중 AUM 상위 종목으로 작성

DRIV US
Global X Autonomous & Electric Vehicles ETF

- ✓ 글로벌 자율주행 및 전기차 기업에 투자
- ✓ 투자 분야는 자율주행 기술, 자율주행 반도체, 전기차 부품 등
- ✓ 상대적으로 2차전지 비중 높음(28%)

상장 국가/거래 통화	미국/USD
시가총액(억원)	15,228
종가	$27.42
보유 종목 수	75
기초 지수	Solactive Autonomous & Electric Vehicles Index
상장 일자	2018년 4월 17일
운용 보수(%)	0.68

섹터 비중
단위 %

- 자율주행(S/W 등) 10
- 2차전지 28
- 전기차(부품) 15
- 전기차(완성차) 22
- 자율주행(반도체) 25

국가 비중(%)			수익률(%)	
미국	58.8		1M	0.0
중국·홍콩	5.3		3M	-10.3
일본	9.5		6M	-0.3
한국	2.2		1Y	6.1
기타	24.2		YTD	-10.2

1Y 변동성(%) 25.01

Top 5 종목 단위 %

- NVIDIA 3.4
- Alphabet(Google) 3.4
- Apple 3.4
- Tesla 3.4
- Intel 3.2

IDRV US
iShares Self-Driving EV and Tech ETF

- ✓ 글로벌 자율주행 및 전기차 기업에 투자
- ✓ 시가총액 비중, 종목당 4% 비중 제한, 반기 리밸런싱
- ✓ 상대적으로 전기차(완성차) 비중 높음(35%)

상장 국가/거래 통화	미국/USD
시가총액(억원)	7,008
종가	$46.69
보유 종목 수	129
기초 지수	NYSE FactSet Global Autonomous Driving and Electric Vehicle Index
상장 일자	2019년 4월 18일
운용 보수(%)	0.47

섹터 비중
단위 %

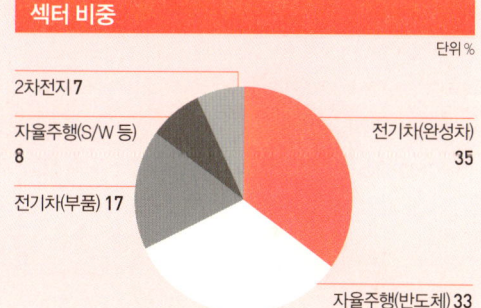

- 2차전지 7
- 자율주행(S/W 등) 8
- 전기차(부품) 17
- 전기차(완성차) 35
- 자율주행(반도체) 33

국가 비중(%)			수익률(%)	
미국	48.0		1M	-1.8
중국·홍콩	4.6		3M	-14.0
일본	10.7		6M	-2.6
한국	7.4		1Y	4.4
기타	29.3		YTD	-13.9

1Y 변동성(%) 23.73

Top 5 종목 단위 %

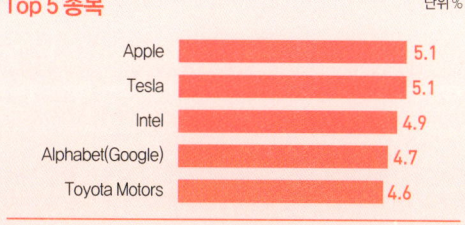

- Apple 5.1
- Tesla 5.1
- Intel 4.9
- Alphabet(Google) 4.7
- Toyota Motors 4.6

SECTION 3 — 테마형 ETF

재생에너지

재생에너지로 탈탄소·에너지 안보 강화 두 마리 토끼 잡는다

What's? 재생에너지

재생에너지 테마는 ESG에서 Environment(환경)에 해당하는 장기 성장 테마로, 태양광·풍력·수소·ESS·연료전지·2차전지·탄소배출권 등을 포함해 광범위하다. 기후변화에 대한 경각심이 높아지고 ESG 투자가 확산되는 가운데 국가 경쟁력을 제고하기 위해 글로벌 국가들은 중장기 온실가스 감축 목표를 상향했다. 2020년 12월 대한민국 정부는 '2050년 탄소중립'을 선언하고 탄소중립 기본법을 제정해 탄소중립을 법제화했으며, 미국·유럽연합(EU)·중국 등 글로벌 주요 국가들도 중장기 온실가스 감축 목표 및 이를 위한 재생에너지 전략을 발표했다.

POINT KEYWORD

1. 탄소배출권
2. RE100
3. 피트 포 55

EU, 재생에너지 보급 확대 가속화 결정

2022년 2월, 러시아의 우크라이나 침공 이후 공급 부족 우려로 원유·석탄·천연가스 등 주요 화석연료 가격이 급등했다. 특히 러시아산 화석연료 의존도가 높았던 EU 국가들의 경우 에너지 안보를 우려하기 시작했다. 결국 지난 3월 8일, EU는 2030년 이전까지 러시아산 화석연료에서 독립하는 'REPowerEU' 계획을 발표했다. 이 계획의 주요 내용은 가스 수입처 다변화, 바이오메탄 및 수소 생산 확대, 화석연료 사용량 축소를 위한 재생에너지 보급 확대 및 이를 위한 인프라 확장이 포함돼 있다.

독일은 전력 생산을 100% 재생에너지로 하는 RE100(Renewable Energy 100%) 계획을 기존 2050년에서 2035년으로 조기 달성한다는 목표로 법안을 개정할 예정이다. 이 외에도 네덜란드, 영국, 스페인은 해상풍력 입찰 규모 확대 계획을 밝혔다. 즉 중장기 태양광·풍력·수소 등 재생에너지 보급을 확대하는 것이 EU의 장기 에너지 안보 강화의 핵심 전략이다. 민간의 노력도 주목할 만하다. RE100은 기업이 사용하는 전력의 100%를 재생에너지(태양열·태양광·바이오·풍력·수력·지열 등)로 달성하겠다는 캠페인으로, 글로벌 기업들의 자발적 참여로 진행된다. 그러나 지난해 네덜란드 연금자산운용(APG)이 삼성전자에 RE100 가입과 함께 탄소중립에 대한 요청이 있었던 점에서 알 수 있듯이 RE100과 탄소 감축의 필요성은 더 이상 캠페인 수준이 아닌 것으로 보인다. 세계 최대 ETF 운용사 블랙록도 석탄 관련 기업에 대한 투자를 회수하는 등 각국 국부 펀드, 연기금, 자산운용사들의 ESG 기준은 지속적으로 높아지고 있다.

'탄소배출권', '피트 포 55'도 주목해야

탄소배출권도 주목할 이슈다. 현재 기업들은 녹색 채권(ESG 채권)을 통해 자금 조달에 유리한

세계 주요 국가 메탄 배출 저감 내용

국가	내용
한국	– 2030년까지 메탄 배출 30% 감축 약속(2021년) – 모든 온실가스를 포함해 2050년까지 탄소중립 약속(2019년)
미국	– '국제메탄서약' 지지(2021년) – 모든 온실가스를 포함해 2050년까지 탄소중립 약속(2021년) – 석유·가스 부문 메탄 규제를 개정하도록 행정명령 발효(2021년) – 2025년까지 석유·가스 부문 메탄 배출 40~45% 감축 목표(2016년) – 연방정부가 석유·가스 부문 신규 메탄 배출원 규제(2016년)
EU	– '국제메탄서약' 지지(2021년) – 메탄 배출 저감 위해 'EU 메탄 전략' 채택(2020년) – 모든 온실가스를 포함해 2050년까지 탄소중립 약속(2018년)
영국	– '국제메탄서약' 지지(2021년) – 모든 온실가스를 포함해 2050년까지 탄소중립 약속(2016년)
일본	– '국제메탄서약' 지지(2021년) – 모든 온실가스를 포함해 2050년까지 탄소중립 약속(2020년)
중국	– 제14차 5개년 계획에서 메탄 및 기타 오염원 규제 강화 약속(2020년) – 모든 온실가스를 포함해 2060년까지 탄소중립 약속(2020년)

INVESTMENT TIP

재생에너지는 각국의 정책 및 기업들의 확대 노력과 에너지 효율 개선 등에 따른 성장 산업임에는 의심의 여지가 없다. 다만 전통 에너지원이 급등하는 상황에서 대안이 되기에는 아직 에너지 효율이 떨어지는 한계가 있으며, 금리 상승 시기에는 조달 비용 상승에 대한 우려도 나타나기 때문에 장기적 시각의 투자가 필요해 보인다.

환경을 조성함으로써 탄소 배출 감축에 동참하는 것이 필수적 상황으로 가고 있다. 탄소배출권은 재생에너지원을 통한 온실가스 감축을 UN 기구의 인증을 받아 얻으며, 탄소 배출 기업은 탄소배출권 구매가 재생에너지 생산에 투자하는 것보다 손쉬운 방법이기에 선호하고 있다. '피트 포 55(Fit for 55)'도 재생에너지 테마에서 중요한 계획이다. EU가 2021년 7월에 발표한 탄소 배출 감축 계획으로 2030년 EU의 탄소 배출량 평균을 1990년의 55% 수준까지 줄이는 안이다. 이 중 핵심은 탄소 국경세인 탄소 국경 조정 제도(Carbon Boarder Adjustment Measure, CBAM)인데, 유럽 외 지역에서 유럽 내로 수입되는 제품 중 탄소 배출이 많은 제품에 세금을 부과하는 제도다. 해당 대상은 철강·시멘트·알루미늄·비료 등이며, 차량용 탄소 배출 기준도 강화되어 2035년부터 EU 내 내연기관차의 완전 판매 금지도 발표했다. 다만 문제는 탄소배출권 가격이 상승하고 있고, 배출 기준도 시간에 따라 엄격해지고 있다는 점이다. 탄소배출권은

SECTION 3　테마형 ETF　재생에너지

미국이나 유럽의 선물거래소에서 선물로 거래되고 있으며, 탄소배출권 선물을 기초자산으로 하는 ETF가 2020년 7월 미국에 상장했고 국내에도 글로벌 탄소배출권 선물 ETF 4종이 2021년 9월에 상장해 투자자 입장에서 선택권이 넓어졌다. 다만 선물을 기초자산으로 하는 ETF의 경우 선물 롤오버 비용도 감안해야 한다는 점을 주의해야 한다.

글로벌 태양광 밸류체인을 장악한 중국

또 한 가지 관심이 필요한 부분은 중국 재생에너지 산업이다. 중국의 정책 급변에 따른 투자자들의 신뢰도 하락에도 중국의 재생에너지 ETF는 S&P500을 상회하는 양호한 수익률을 기록했다. 중국은 전 세계에서 가장 많은 신재생에너지 발전 설비를 갖춘 국가이자 최대 신재생에너지 전력 생산 국가이다. 특히 중국은 글로벌 태양광 밸류체인을 장악하고 있다. 태양광산업의 밸류체인은 폴리실리콘 → 잉곳 → 웨이퍼 → 셀 → 모듈 → EPS(설계/조달/시공)로 구성돼 있는데, 각 밸류체인별 중국 비중은 폴리실리콘이 약 60%, 잉곳이 95%, 웨이퍼가 97%, 셀과 모듈이 각각 70% 이상 차지하고 있어 태양광은 중국 기업의 지배력이 지속될 것으로 보인다. 수력에서

전남 화순 금전저수지 수상 태양광발전.

도 중국은 최대 수력발전 국가이며, 글로벌 Top 10 수력발전 상장기업 중 6개가 중국 기업이다. 다만 중국은 전 세계 탄소 배출량의 약 28%를 차지하는 온실가스 최대 배출국이다. 중국의 에너지 발전량 중 재생에너지 비중은 약 27%이지

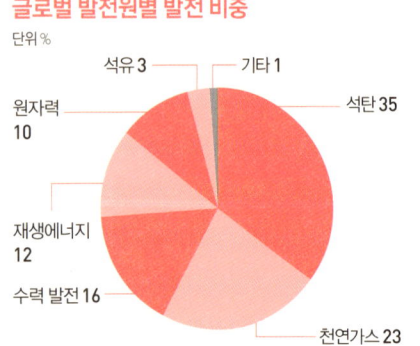

글로벌 발전원별 발전 비중 (단위 %)
- 석탄 35
- 천연가스 23
- 수력 발전 16
- 재생에너지 12
- 원자력 10
- 석유 3
- 기타 1

자료 BP Statistics(2021년 6월), NH투자증권 리서치본부

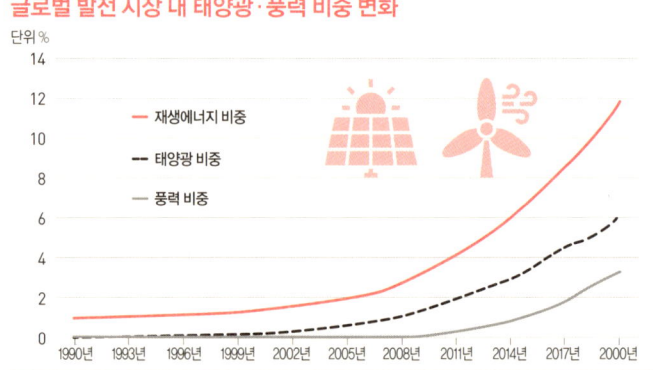

글로벌 발전 시장 내 태양광·풍력 비중 변화

자료 BP Statistics(2021년 6월), NH투자증권 리서치본부

> 중국은 전 세계에서 가장 많은 신재생에너지 발전 설비를 갖춘 국가이자 최대 신재생에너지 전력 생산 국가다. 특히 중국은 글로벌 태양광 밸류체인을 장악하고 있다.

만, 화력발전 비중이 높아(약 65%) 탄소 배출과 관련한 사안에 가장 민감한 국가다. 다행인 점은 2020년 9월 유엔총회에서 시진핑 주석이 2060년까지 탄소중립화를 선언했기 때문에 중국의 재생에너지 비중은 태양광 등의 경쟁력과 정책 지속을 바탕으로 지속적 확대가 예상된다.

재생에너지 성장 여력 충분

2020년 기준 글로벌 발전 시장에서 재생에너지 비중은 12%에 불과하다. 탄소중립을 위해서는 적어도 석탄(35.1%) 발전을 대체하고, 천연가스 발전도 일정 부분 대체해야 한다. 재생에너지의 효율 개선 및 간헐성을 보완할 수 있는 에너지 저장장치(ESS, 배터리)와 수소의 경제성이 보완될 경우 재생에너지 비중은 더욱 빠르게 늘어날 것으로 보이며, 장기적으로 재생에너지 비중은 글로벌 발전량의 40~60%까지 확대될 전망

VPP
(Virtual Power Plant)
수요 반응(DR) 사업을 중심으로 전력 사업을 수행하는 회사로, '발전기 없는 발전회사로 불린다.

이다. 2050년까지 시장규모는 2배 이상 늘어날 것으로 보인다.

글로벌 태양광·풍력은 유럽을 시작으로 시장이 형성된 지 20년이 넘었다. 2015년부터는 중국 정부의 자국 내 설치 지원 정책으로 중국 기업들도 빠른 속도로 성장했다. 이에 글로벌 태양광과 풍력은 이미 과점화된 경쟁 구도를 형성하고 있다. 투자자 입장에서는 단순히 태양광·풍력 관련 제품 생산 기업에 투자하는 것이 아니라 시장점유율이 높고 기술적 차별화 포인트를 가진 기업에 선별적 투자를 해야 한다. 재생에너지의 경우 설치 이후에도 유지보수를 통해 지속적 이익 창출이 가능하므로 높은 시장점유율을 확보한 기업의 지속 가능한 이익이 상대적으로 클 수밖에 없다. 특히 수소 부분은 여전히 시장 형성이 진행되고 있는 만큼 성장 여력이 더 크다는 측면에서 글로벌 1위 사업자 후보군에 투자할 경우 상대적으로 투자수익이 극대화될 전망이다.

유지보수 및 관리 역량이 장기적으로 중요

재생에너지 발전 설치가 확대되면서 중장기적으로 유지보수 및 관리 역량이 중요해질 전망이다. 태양광의 경우 소규모 발전 프로젝트가 증가하면서 이를 한데 묶어 종합적으로 관리하는 가상 발전소(Virtual Power Plant, VPP) 개념이 도입될 전망이다. 테슬라를 필두로 주요 태양광 기업들이 관련 사업을 제조 영역에서 유지보수, 발전 사업 등으로 영역을 확대하기 시작했다. 풍력 부분은 해상풍력 프로젝트가 증가하면서 이와 관련한 제조 영역이 확대될 전망이다. 또한 풍력의 경우 상대적으로 태양광보다 유지보수가 까다롭고, 진입장벽이 높아 관리 능력을 보유한 기업의 중요성이 계속적으로 높아질 전망이다. 장기적으로 단순 제조를 넘어 유지보수 및 프로젝트 개발 능력을 가진 기업들의 장기 성장성이 부각될 전망이다.

테마형 ETF  재생에너지

ICLN US
iShares Global Clean Energy ETF

- ✓ 종목당 최대 8% 비중 제한, 분기 리밸런싱
- ✓ 국가별 분산이 가장 잘되어 있음
- ✓ 글로벌 클린 에너지 ETF 중 규모가 가장 큼

상장 국가/거래 통화	미국/USD
시가총액(억원)	68,029
종가	$21.13
보유 종목 수	84
기초 지수	S&P Global Clean Energy Net TR
상장 일자	2008년 6월 25일
운용 보수(%)	0.42

섹터 비중 (단위 %)

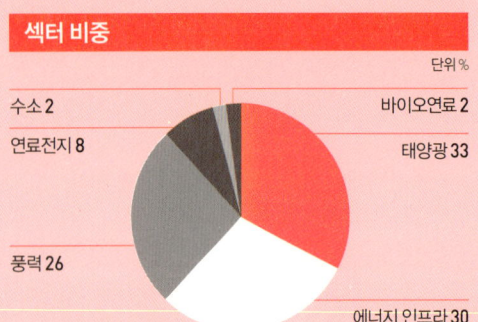

- 수소 2
- 연료전지 8
- 풍력 26
- 에너지 인프라 30
- 태양광 33
- 바이오연료 2

국가 비중 (%)		수익률 (%)	
미국	35.5	1M	2.0
중국·홍콩	6.0	3M	1.0
일본	0.5	6M	-2.1
한국	1.9	1Y	-4.6
기타	56.1	YTD	-0.2

1Y 변동성(%) 30.26

Top 5 종목 (단위 %)

종목	비중
Enphase Energy Inc	9.1
Vestas Wind Systems A/S	7.4
Consolidated Edison	6.3
SolarEdge Tech	6.0
Orsted AS	5.8

TAN
Invesco Solar ETF

- ✓ 글로벌 태양에너지 산업 투자
- ✓ 장비, 배터리 외 태양열로 생산한 수소, 전력 판매 기업에도 비중
- ✓ 시가총액 가중, 분기별 리밸런싱

상장 국가/거래 통화	미국/USD
시가총액(억원)	33,309
종가	$76.04
보유 종목 수	42
기초 지수	MAC Global Solar Energy(TR)
상장 일자	2008년 4월 15일
운용보수(%)	0.65

섹터 비중 (단위 %)

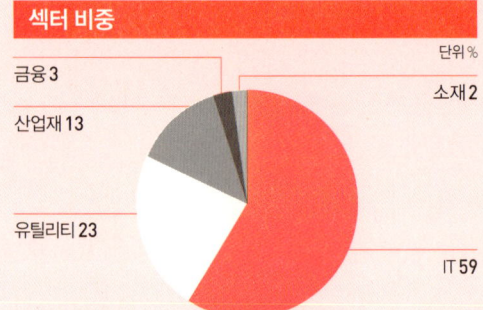

- 금융 3
- 산업재 13
- 유틸리티 23
- IT 59
- 소재 2

국가 비중 (%)		수익률 (%)	
미국	35.7	1M	21.7
중국	19.4	3M	-3.8
이스라엘	15.4	6M	-10.8
독일	4.6	1Y	-12.6
기타	25.0	YTD	-1.2

1Y 변동성(%) 48.83

Top 5 종목 (단위 %)

종목	비중
Solaredge Technologies	11.1
Enphase Energy Inc	9.3
Xinyi Solar Holdings	7.1
First Solar	6.7
Sunrun	5.6

※ ICLN US·2809 HK(HKD) / 9809 HK(USD) 2022년 3월 28일 종가 기준, TAN·PHO 2022년 3월 14일 종가 기준
※ 에너지 인프라: 전력, 가스, 석유 공급, 재생에너지 복합 발전회사

PHO
Invesco Water Resources ETF

- ✓ 미국 물 보존, 정화 산업에 투자
- ✓ 유동성 가중, 연간 리밸런싱
- ✓ 녹색경제 참여 기업에 투자

상장 국가/거래 통화	미국/USD
시가총액(억원)	21,827
종가	$51.19
보유 종목 수	36
기초 지수	NASDAQ OMX US Water(TR)
상장 일자	2005년 12월 6일
운용 보수(%)	0.60

섹터 비중 (단위 %)

- 기타 25
- 기계 장비 26
- 건축 제품 13
- 건강관리 장비 & 서비스 16
- 수자원 유틸리티 20

국가 비중(%)		수익률(%)	
미국	93.7	1M	-0.6
영국	3.4	3M	-12.2
브라질	2.4	6M	-11.4
캐나다	0.5	1Y	5.3
기타	0.1	YTD	-15.9

1Y 변동성(%) 16.21

Top 5 종목 (단위 %)

Waters	8.7
Roper Technologies	8.5
American Water Works	8.3
Danaher	7.5
Ecolab	6.6

2809 HK(HKD) / 9809 HK(USD)
Global X China Clean Energy ETF

- ✓ 중국 클린 에너지 관련 기업에 투자 (태양광·태양열·풍력·원전·폐기물 재활용 등)
- ✓ 동일 비중 + 거래량 가중 비중 제한, 반기 리밸런싱

상장 국가/거래 통화	홍콩/HKD
시가 총액(억원)	4,675
종가	HKD 136.0
보유 종목 수	20
기초 지수	Solactive China Clean Energy Index NTR
상장 일자	2020년 1월 16일
운용 보수(%)	0.68

섹터 비중 (단위 %)

- 전기 부품 & 장비 4
- 폐기물 재활용 4
- 풍력 10
- 태양광 59
- 원자력 10
- 수력 13

국가 비중(%)		수익률(%)	
미국	-	1M	-8.4
중국·홍콩	100	3M	-8.9
일본	-	6M	-10.5
한국	-	1Y	29.4
기타	-	YTD	-12.0

1Y 변동성(%) 34.24

Top 5 종목 (단위 %)

Tianjin Zhonghuan Semiconductor	9.8
Xinyi Solar Holdings	9.0
China Yangtze Power	9.0
Longi Green Energy Technology	8.9
Sungrow Power Supply	8.1

SECTION 3 　　테마형 ETF

사이버보안

신기술 발전 따라 가속화되는 사이버보안 시장 확대

What's ? 사이버보안

최근 디지털 세상에서 활동하는 시간이 점점 증가함에 따라 사이버보안에 대한 중요도 또한 증폭되고 있다. 작년 한 해에만 큰 사이버공격이 몇 차례 발생했는데, 대표적으로 2020년 12월에 발생해 전 세계 보안 체계를 뒤흔들었던 솔라윈즈 오리온(SolarWinds Orion) 해킹 사건을 꼽을 수 있다. 솔로리게이트(Solorigate: 솔라윈즈+게이트)라고 부르는 이 사건은 러시아에서 활동하는 것으로 추정되는 해커들이 전 세계 시장점유율 30%를 차지하는 미국의 네트워크 감시 소프트웨어를 개발하는 솔라윈즈를 해킹한 사건으로, 최소 9개의 미국 연방 기관과 100여 개의 민간기업에 피해를 입혔다.

POINT KEYWORD
1 가상화폐
2 메타버스
3 빅 테크 기업

가속화되는 사이버 리스크

또 하나의 큰 사건으로는 2021년 5월 러시아와 동유럽에 기반을 둔 해킹 조직인 다크사이드가 미국 최대 송유관업체 콜로니얼파이프라인을 해킹해 원상복구하는 데 비트코인을 요구한 사건을 들 수 있다.

이 공격으로 파이프라인이 5일간 가동을 멈췄고, 2014년 이후 처음으로 휘발유 가격이 갤런당 3달러가 넘는 사태까지 발생했으며, 일부 지역에서는 석유를 사재기하는 상황까지 이르렀다. 이후 해커의 추적이 어려워지자 요구한 금액 약 75비트코인(거래 당일 기준 약 500만 달러)을 지불했고, 이후 컴퓨터 네트워크를 복구할 수 있는 복호화(復號化) 툴을 제공받아 해당 사건을 마무리했다.

메타버스 등 신기술이 시장 확대 가속화

사이버공격은 코로나19와 암호화폐 시장의 성장이 촉발시켰다. 재택근무하는 직원들의 취약한 보안 환경을 노려 손쉽게 기업 내부망에 접근했고, 화상 솔루션을 제공하는 줌(Zoom)의 경우 화상회의 도중 외부인이 침입해 불건전한 영상을 폭격하는 줌 폭격(Zoom-bombing) 사례도 있었다.

암호화폐(Cryptocurrency)와 납치(Hijacking)의 합성어인 크립토재킹(Cryptojacking: 사용자 단말기를 암호화폐 채굴에 이용하는 사이버 범죄)이 등장하기도 했고, 랜섬웨어(Ransom+Software의 합성어, 악성프로그램)의 대가로 추적이 힘든 암호화폐를 요구하는 사례가 점점 늘어나 해커들이 쉽게 보상을 요구할 수 있는 상황을 만들었다. 디지털화 전환의 핵심 기반이라고 할 수 있는 클라우드컴퓨팅 시장이 거대해지고, 5G로 빠른 속도의 데이터 전송은 트래픽 증가로 이어져 사이버공격을 방어하기 위한 사이버보안에 대한 필요성을 증가시키고 있

INVESTMENT TIP

사이버 리스크는 2022년 최대 글로벌 리스크로 꼽힐 정도로 그 위험성이 점차 대두하고 있다. 특히 메타버스와 인공지능 등 빠르게 발전하는 신기술로 인해 더욱 가속화되고 있다. 마이크로소프트와 구글이 향후 예고한 사이버보안 강화 비용만 해도 미국 정부의 사이버보안 예산을 상회하는 규모임에 따라 빅테크 기업들의 보안산업에 대한 투자에 주목할 필요가 있다.

2022 글로벌 리스크

단위 %

사이버 리스크	49
보건 리스크	48
거시경제 불안정	43
기후변화	33
지정학적 갈등	32
사회적 불평등	18

자료 PwC, 89개국 CEO 4446명 설문, 중복 응답 포함

글로벌 랜섬웨어 발생 건수 추이

단위 100만 건

78.3 / 104.9 / 115.8 / 188.9 / 190.4
2020년 3분기 / 4분기 / 2021년 1분기 / 2분기 / 3분기

자료 SonicWall, 미래에셋자산운용

2021년 주요 사이버공격 사례

날짜	사건
2020년 12월~2021년 1월	솔라윈즈 해킹 피해
2021년 3월	마이크로소프트 익스체인지 해킹
2021년 3월	에이서(Acer) 해외 지사 랜섬웨어 피해
2021년 5월	콜로니얼파이프라인(Colonial Pipeline) 랜섬웨어 피해
2021년 5월	JBS 정육업체의 랜섬웨어 피해
2021년 7월	카세야(Kaseya) 소프트웨어 해킹
2021년 10월	테스코(Tesco) 홈페이지 해킹
2021년 12월	로그포제이(Log4j) 코드 해킹

자료 언론 종합, 미래에셋자산운용

는 상황이다. 현재 빠르게 실생활에 침투하고 있는 메타버스와 인공지능 등 신기술은 사이버보안 시장확대를 더욱 가속화시킬 전망이다.

애플, 아마존도 주목하는 사이버보안

바이든 정부는 2021년 5월 사이버보안 기준을 강화하는 행정명령에 서명하고 공적영역에서의 사이버보안을 강화했으며, 2021년 8월에는 미국 대표 기업 CEO를 초청해 사이버보안 문제를 논의했다. 해당 회의를 통해 사이버보안에 대한 중요성을 강조했고, 이는 빅 테크 기업들의 보안산업에 대한 투자를 촉발했다. 마이크로소프트는 향후 5년간 사이버보안을 강화하기 위해 200억 달러의 투자를 예고했고, 구글은 100억 달러 투자 및 전문 인력 10만 명 양성을 계획했다. 이 두 업체만 합쳐도 미국 정부의 사이버보안 예산을 상회하는 규모다. 이어 애플, 아마존, IBM 등이 사이버보안 강화 관련 투자 계획을 연속적으로 내놓고 있다. 2021년 10월 EU 산업위원회에서는 에너지·교통·은행·헬스·디지털 인프라·공공·우주산업 등 주요 산업의 사이버보안 기준을 제고하는 내용의 법안을 발의했고, 통과될 경우 다양한 산업 분야에 적용할 예정이다.

테마형 ETF  사이버보안

CIBR US
First Trust NASDAQ Cybersecurity ETF

- ✓ 소프트웨어 및 방산, 통신 장비 등 종목으로 구성
- ✓ 상위 Top 10 종목 비중 45%로 집중
- ✓ 대형주 비중 높음

상장 국가/거래 통화	미국/USD
시가 총액(억원)	78,514
종가	$53.2
보유 종목 수	36
기초 지수	NASDAQ CTA Cybersecurity Total
상장 일자	2015년 7월 7일
운용 보수(%)	0.60

섹터 비중
단위 %

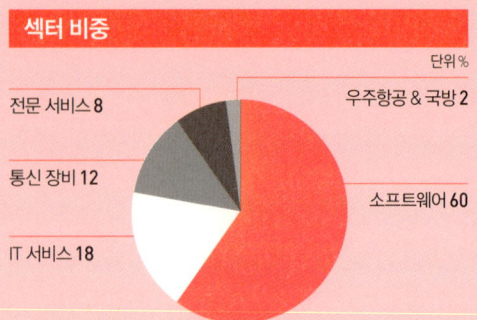

- 전문 서비스 8
- 통신 장비 12
- IT 서비스 18
- 우주항공 & 국방 2
- 소프트웨어 60

국가 비중 (%)			수익률 (%)	
북미	75.7		1M	6.1
중국·홍콩	-		3M	0.1
일본	1.5		6M	9.7
한국	2.4		1Y	28.6
기타	20.4		YTD	0.9

1Y 변동성(%) 23.5

Top 5 종목
단위 %

Crowdstrike Holdings	6.4
Cloudflare	6.1
Palo Alto Networks	6.0
Zscaler	5.6
Cisco Systems	5.6

※ 네 가지 종목 모두 2022년 3월 28일 종가 기준

HACK US
ETFMG Prime Cybersecurity ETF

- ✓ 최초로 상장된 사이버보안 ETF
- ✓ 가장 많은 국가에 분산(10개국)
- ✓ 상대적으로 대형주 비중 낮음

상장 국가/거래 통화	미국/USD
시가총액(억원)	26,113
종가	$58.9
보유 종목 수	67
기초 지수	Prime Cyber Defense Index GTR
상장 일자	2014년 11월 12일
운용 보수(%)	0.60

섹터 비중
단위 %

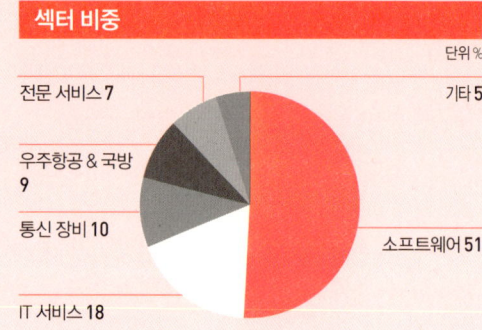

- 전문 서비스 7
- 우주항공 & 국방 9
- 통신 장비 10
- IT 서비스 18
- 기타 5
- 소프트웨어 51

국가 비중 (%)			수익률 (%)	
북미	84.8		1M	2.7
중국·홍콩	-		3M	-4.5
일본	2.0		6M	-3.2
한국	0.2		1Y	8.6
기타	13.0		YTD	-4.1

1Y 변동성(%) 21.4

Top 5 종목
단위 %

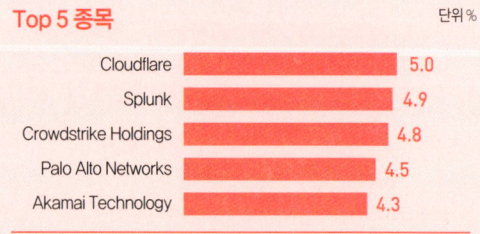

Cloudflare	5.0
Splunk	4.9
Crowdstrike Holdings	4.8
Palo Alto Networks	4.5
Akamai Technology	4.3

BUG US
Global X Cybersecurity ETF

- ✓ **Pure Play:** 사이버보안 매출 50% 이상 기업에 투자
- ✓ 산업 비중은 소프트웨어 기업 위주로 구성 (한국 기업 안랩 0.9%)
- ✓ 상위 Top 10 종목 비중 57%로 집중

상장 국가/거래 통화	미국/USD
시가 총액(억원)	15,529
종가	$31.4
보유 종목 수	30
기초 지수	Indxx Cybersecurity Index TR
상장 일자	2019년 10월 25일
운용 보수(%)	0.50

섹터 비중 (단위 %)

- IT 서비스 4
- 통신 장비 1
- 소프트웨어 95

국가 비중(%)		수익률(%)	
북미	71.0	1M	1.8
중국·홍콩	-	3M	-1.9
일본	6.1	6M	4.1
한국	1.0	1Y	27.6
기타	21.9	YTD	-1.1

1Y 변동성(%) 26.4

Top 5 종목 (단위 %)

- Palo Alto Networks — 8.5
- Check Point Software Tech — 8.0
- Fortinet — 6.7
- NortonLifeLock — 5.7
- Crowdstrike Holdings — 5.3

418670 KS
TIGER 글로벌 사이버보안 Indxx ETF

- ✓ 글로벌 사이버보안 종목에 투자 (국내 상장 ETF)
- ✓ 시가총액 기준, 반기 리밸런싱
- ✓ 대형주 vs 중소형주 비중 약 5:5

상장 국가/거래 통화	한국/KRW
시가 총액(억원)	129
종가	₩11,500
보유 종목 수	30
기초 지수	Indxx Cybersecurity Index TR
상장 일자	2022년 2월 18일
운용 보수(%)	0.49

섹터 비중 (단위 %)

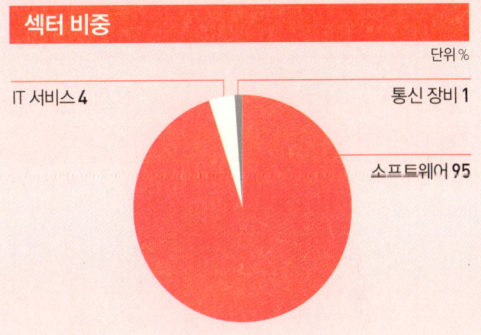

- IT 서비스 4
- 통신 장비 1
- 소프트웨어 95

국가 비중(%)		수익률(%)	
북미	71.0	1M	9.7
중국·홍콩	-	3M	-
일본	6.1	6M	-
한국	1.0	1Y	-
기타	21.9	YTD	-

1Y 변동성(%) -

Top 5 종목 (단위 %)

- Palo Alto Networks — 8.0
- Check Point Software Tech — 7.1
- Fortinet — 6.1
- NortonLifeLock — 5.2
- Crowdstrike Holdings — 5.1

SECTION 3　　테마형 ETF

반도체

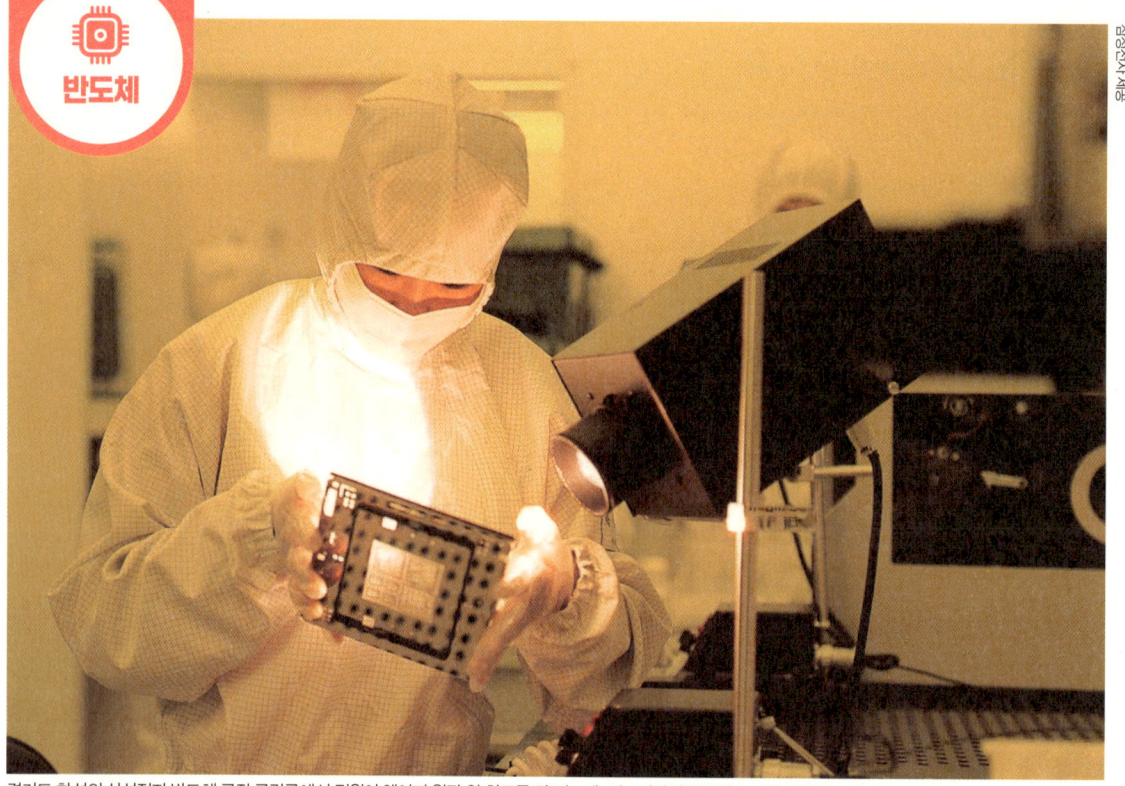

경기도 화성의 삼성전자 반도체 공장 클린룸에서 직원이 웨이퍼 원판 위 회로를 만드는 데 쓰는 기판인 포토마스크를 점검하고 있다.

전방위적 노력 가하는
중국 반도체 시장 성장 기대

What's ? 반도체

반도체 시장은 메모리 반도체와 비메모리 반도체(시스템반도체)로 나뉜다. 삼성전자, SK하이닉스가 세계 1·2위를 차지하고 있는 메모리 반도체는 정보를 저장하는 용도로 사용되며, 대표적으로 D램·낸드플래시가 있다.
낸드플래시는 전원이 꺼져도 데이터가 사라지지 않는 비휘발성 메모리 반도체이고, D램은 전원이 차단될 경우 저장된 데이터가 소멸되는 휘발성 메모리 반도체로 삼성전자와 SK하이닉스가 합친 점유율이 70%에 육박할 정도로 과점 체제를 유지하고 있는 시장이다.

POINT KEYWORD

1 D램
2 M&A
3 중국 반도체 굴기

비메모리 반도체 시장 장악한 미국 기업

비메모리 반도체는 연산·제어 등 정보를 처리하는 기능을 하는 반도체로 중앙처리장치(CPU), 그래픽처리장치(GPU), 애플리케이션 프로세서(AP), 이미지센서 등을 포함하고 있다. 메모리 반도체는 대부분 종합 반도체 기업(Integrated Device Manufacturer, IDM)이 설계부터 제조까지 전 공정을 진행하지만, 비메모리 반도체는 다시 제조 시설(Fabrication Facility, Fab) 없이 반도체 설계만 담당하는 팹리스(Fabless) 기업과 설계된 반도체를 위탁 생산만 담당하는 파운드리(Foundry) 기업으로 세분화된다. 비메모리 반도체는 반도체 시장에서 70% 이상을 차지하고 있으며, 그중 미국 기업 비중이 70%일 정도로 비메모리 반도체 분야에서 미국의 위상은 막강하다. 익히 알고 있는 글로벌 반도체 기업 다수가 포진하고 있는데, 대표적인 팹리스 기업으로는 퀄컴·브로드컴·엔비디아·미디어텍·AMD가 있고 대표적인 파운드리 기업으로는 TSMC·삼성전자·글로벌파운드리스가 있다.

추가적으로 반도체 패키징과 테스트를 담당하는 OSAT(Outsourced Semiconductor Assembly and Test)와 반도체 장비, 반도체 소재 기업이 있다. OSAT 분야는 파운드리에서 회로를 구성하고 칩을 생산한 이후 열이나 습도와 같은 외부 환경을 보호하기 위한 후처리 공정인데, 반도체 공정이 미세화되고 발전할수록 중요성이 부각되며 비메모리 반도체의 산업 특성상 다품종 소량 생산으로 인해 수혜를 받고 있는 분야다. 대표적 기업으로는 ASE, 앰코테크놀로지(Amkor Technology) 등이 있다.

현재 글로벌 반도체 시장 내 M&A가 활발해지면서 주도권 다툼이 진행되고 있다. AMD의 자일링스 인수와 TSMC 및 인텔의 투자는 반도체 산업에 긍정적 영향을 미칠 것으로 예상한다.

INVESTMENT TIP

미국 기업은 비메모리 반도체(시스템반도체) 시장에서 70% 이상을 차지하고 있을 정도로 그 위상이 막강하다. 중국 역시 국산화율은 아직 낮은 수준이지만 풍부한 내수시장을 바탕으로 반도체산업 투자 기금을 마련하고, 반도체 기업들에 세금 감면 혜택을 주는 등 전방위적 노력을 통해 반도체산업 육성 정책 및 장기적 성장 모멘텀을 확보하고 있어 주목해볼 만하다.

미국반도체산업협회(SIA)는 2021년 전 세계 반도체 매출이 약 5600억 달러를 기록했으며, 이는 전년 대비 약 26% 증가한 수치라고 밝혔다. 더불어 올해는 약 6000억 달러로, 지속적 성장을 보일 것으로 기대한다.

장기 성장 모멘텀 지닌 중국

중국도 반도체 시장에서는 주목해야 할 국가다. 반도체는 4차 산업혁명 시대에 국가 경쟁력의 척도로 매겨진다는 말이 있을 정도로 매우 중요한 국가 기간산업으로 자리 잡고 있다. 그러나 미국은 반도체 기술력을 장악해 중국으로 수출되는 첨단 장비를 규제하고, 미국에서 생산되는 반도체를 화웨이에 공급하지 못하게 하는 등 제재를 통해 중국의 반도체 굴기를 압박했다. 2015년부터 6년 연속 중국의 최대 규모 수입 품목은 반도체이지만, 기술력 부족으로 국산화율은 아직 낮은 수준이다. 중국의 반도체 국산화율은 2020년까지 40%, 2025년까지 70%가 목표였지만, 실제로는 2021년 말 기준 16%에 불과한 것이 현실이다. 그러나 중국의 풍부한 내수시장을 바탕으로 반도체산업 투자 기금을 마련하고, 반도체 기업들에 세금 감면 혜택을 주는 등 중국 정부는 전방위적 노력을 하며 반도체산업 육성 정책 및 장기적 성장 모멘텀을 확보하고 있다.

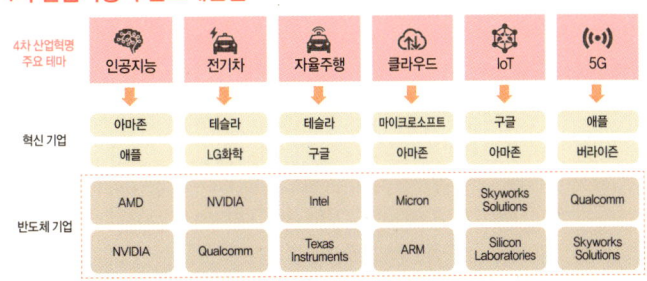

4차 산업혁명과 반도체산업

자료 미래에셋자산운용

테마형 ETF  반도체

SOXX US
iShares Semiconductor ETF

- ✓ 글로벌 반도체 ETF 중 가장 규모가 큼
- ✓ 2021년 6월 12일 기초 지수인 미국 필라델피아 반도체 지수를 ICE Semiconductor Index로 교체

상장 국가/거래 통화	미국/USD
시가총액(억원)	114,606
종가	$489.1
보유 종목 수	30
기초 지수	ICE Semiconductor Index
상장 일자	2001년 7월 13일
운용 보수(%)	0.43

섹터 비중 (단위 %)

- 기타 8
- 파운드리 4
- 팹리스 39
- 장비 19
- IDM 31

국가 비중(%)		수익률(%)	
북미	86.1	1M	3.3
중국·홍콩	-	3M	-10.9
일본	-	6M	10.1
한국	-	1Y	18.8
기타	13.9	YTD	-9.7

1Y 변동성(%) 32.2

Top 5 종목 (단위 %)

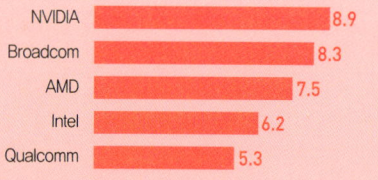

- NVIDIA 8.9
- Broadcom 8.3
- AMD 7.5
- Intel 6.2
- Qualcomm 5.3

SMH US
VanEck Vectors Semiconductor ETF

- ✓ 시가총액 방식, 종목당 20% 비중 제한, 반기 리밸런싱
- ✓ 파운드리 기업 TSMC를 약 10% 보유
- ✓ SOXX와 종목 중복도가 높음

상장 국가/거래 통화	미국/USD
시가총액(억원)	107,031
종가	$277.3
보유 종목 수	25
기초 지수	MVIS US Listed Semiconductor 25 NR USD
상장 일자	2011년 12월 21일
운용 보수(%)	0.39

섹터 비중 (단위 %)

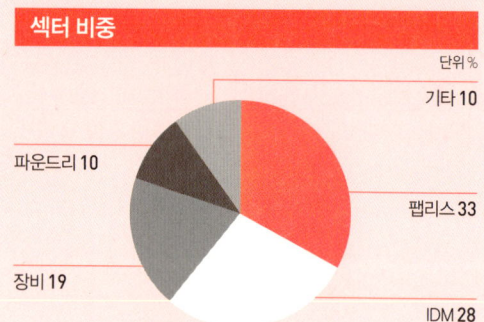

- 기타 10
- 파운드리 10
- 팹리스 33
- 장비 19
- IDM 28

국가 비중(%)		수익률(%)	
북미	78.6	1M	3.4
중국·홍콩	-	3M	-11.5
일본	-	6M	8.7
한국	-	1Y	17.3
기타	21.4	YTD	-10.2

1Y 변동성(%) 32.4

Top 5 종목 (단위 %)

- NVIDIA 10.6
- TSMC 10.0
- ASML 5.2
- AMD 5.0
- Intel 5.0

※ 네 가지 종목 모두 2022년 3월 28일 종가 지준.
주: 미국·홍콩 상장 글로벌 반도체 ETF 중 AUM 상위 종목으로 작성. 추가로 필라델피아 반도체 지수를 추종하는 ETF 중 규모가 가장 큰 ETF를 참고 비교.
※ IDM(Integrated Device Manufacturer) 종합 반도체 제조사   팹리스(Fabless) 제조 시설(Fabrication Facility, Fab) 없이 반도체 설계만 담당   파운드리(Foundry) 반도체 위탁 생산 담당

381180 KS
TIGER 미국필라델피아 반도체나스닥 ETF

- ✓ 미국 필라델피아 반도체 지수 추종
- ✓ 시가총액 방식, 종목당 8% 비중 제한, 분기 리밸런싱
- ✓ 삼성전자·SK하이닉스 미보유(미국 상장 기업만 투자)

상장 국가/거래 통화	한국/KRW
시가총액(억원)	12,763
종가	₩11,640
보유 종목 수	30
기초 지수	PHLX Semiconductor Index
상장 일자	2021년 4월 8일
운용 보수(%)	0.57

섹터 비중 (단위 %)

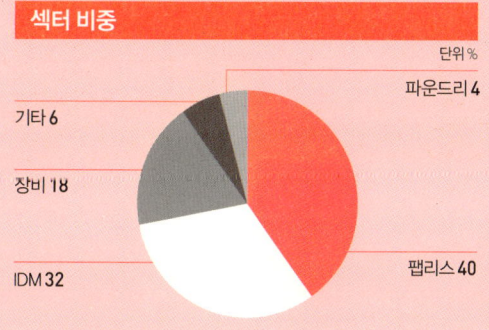

- 파운드리 4
- 기타 6
- 장비 18
- IDM 32
- 팹리스 40

국가 비중(%)			수익률(%)	
북미	88.0		1M	6.7
중국·홍콩	-		3M	-9.1
일본	-		6M	10.0
한국	-		1Y	-
기타	12.0		YTD	-9.1

1Y 변동성(%) 27.2

Top 5 종목 (단위 %)

- NVIDIA 8.9
- Intel 8.3
- Broadcom 8.2
- AMD 7.5
- Qualcomm 7.1

XSD US
SPDR S&P Semiconductor ETF

- ✓ 동일 가중 방식으로 구성, S&P Total Market 지수에서 반도체산업으로 분류된 종목
- ✓ 상대적으로 중소형주 비중이 높은 편

상장 국가/거래 통화	미국/USD
시가총액(억원)	17,398
종가	$213.5
보유 종목 수	40
기초 지수	S&P Semiconductor Select Industry TR USD
상장 일자	2006년 2월 6일
운용 보수(%)	0.35

섹터 비중 (단위 %)

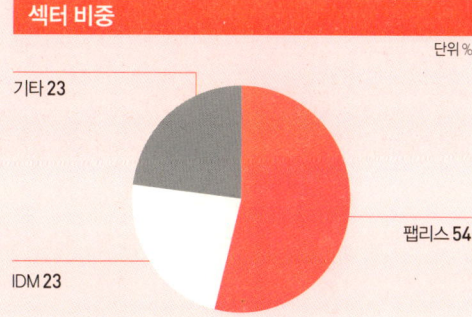

- 기타 23
- IDM 23
- 팹리스 54

국가 비중(%)			수익률(%)	
북미	95.0		1M	3.4
중국·홍콩	-		3M	-12.7
일본	-		6M	8.4
한국	-		1Y	21.9
기타	5.0		YTD	-12.1

1Y 변동성(%) 35.3

Top 5 종목 (단위 %)

- SiTime 3.1
- Alpha & Omega Semiconductor 3.0
- Navitas Semiconductor Corp 2.9
- NVIDIA 2.9
- Wolfspeed 2.8

SECTION 3 블록체인

테마형 ETF

금융 혁신 주축으로
적용 분야 넓혀가는 블록체인

What's? 블록체인

지난 10년간 가장 빠르게 성장한 투자자산 중 하나는 비트코인(Bitcoin), 이더리움(Ethereum) 등으로 대표되는 암호화폐다.
그리고 이 암호화폐의 기반이 되는 것이 바로 블록체인 기술이다. 블록체인의 가장 큰 특징은 탈중앙화와 데이터 분산처리 기술에 있다. 네트워크에 참여하는 모든 사용자가 모든 거래 내역 등의 데이터를 분산 및 저장하는 기술로 개인과 개인의 거래(P2P) 데이터가 기록되는 장부를 '블록(Block)'이라 하고, 이 블록을 '체인(Chain)' 형태로 묶어 연결한 것이 바로 블록체인이다.

POINT KEYWORD

1 비트코인
2 CBDC (Central Bank Digital Currency)
3 INN (Interbank Information Network)

가시성·투명성 제고 사례도 등장

블록체인 기술이 최초로 활용된 금융 분야를 중심으로 결제, 보험, 대출, 자산관리 등에서의 금융 혁신이 세계 각국에서 시도되고 있다. 대표적 블록체인 기술을 활용한 사례를 살펴보면 JP모건체이스가 2016년에 발표한 INN(Interbank Information Network)은 이더리움 기반으로 만들어진 프라이빗 블록체인 쿼럼(Quorum)에 구축된 네트워크다. 은행 간 결제 정보를 실시간으로 주고받고 처리하는 시간을 단축하기 위해 개발됐으며, 현재 전 세계 약 220개 은행에서 해당 블록체인 네트워크를 사용 중에 있다.

다음으로 물류·유통·제조 분야에서는 공급사슬 관리가 복잡해지고, 위조품 생산과 불투명성이 커지면서 블록체인 기술을 적용해 가시성과 투명성을 제고하는 사례가 등장하고 있다. 중국 전자상거래 기업 징동닷컴(JD.com)의 경우 5만여 종류의 제품을 추적하기 위해 블록체인 기술을 활용하고 있으며, 글로벌 명품 패션 브랜드 루이 비통은 상품의 진품 여부를 가리기 위해 전 유통 과정의 추적이 가능하고 지적재산권 관리, 고객 이벤트 제공 등에 활용 가능한 블록체인 기반 상품 이력 및 추적 플랫폼을 개발하고 있다.

기업 성장도 눈에 띄어

특히 지난 2021년에는 투자시장에서 암호화폐를 비롯해 관련 기업들의 눈에 띄는 성장과 변화도 나타났다. 가장 대표적 암호화폐인 비트코인은 지난해 11월 YTD 기준 138%까지 수익률이 오르기도 했고, 북미 지역 최대 비트코인 채굴 기업 매러선디지털홀딩스(MARA)와 라이엇 블록체인(RIOT)의 주가는 각각 YTD 기준 최고 629%, 359%까지 상승하기도 했다. 아울러 미국 최대 암호화폐 거래소인 코인베이스(COIN)는 2021년 4월 나스닥에 IPO를 했으며, 이후 10월에는 미국 최초로 비트코인 선물에 투자하는 ETF를 출시하기도 했다.

글로벌 시장조사 기관 마케츠앤드마케츠(MarketsandMarkets)에 따르면 글로벌 블록체인 시장규모(암호화폐 규모 제외)는 2021년 49억 달러(약 6조원)에서 연간 68.4% 성장해 2026년에는 674억 달러(약 81조원)로 크게 증가할 것으로 예상한다. 더불어 시장조사 기관 가트너(Gartner)는 블록체인 기술의 사업적 부가가치가 2030년에 3조 달러(약 3600조원)를 초과할 것으로 예측하는 보고서를 발표하기도 했다.

이처럼 블록체인 관련 산업의 높은 성장성과 기대에도 불구하고 이에 대한 투자에는 분명 위험 요소도 존재한다. 암호화폐 채굴, 거래 기업 및 엔비디아와 같은 관련 반도체 기업도 암호화폐와의 상관관계가 높아 관련 기업들의 주가나 ETF는 급격한 변동성에 노출될 수 있다. 아울러 최근 미국 증권거래위원회(SEC)에서 비트코인 현물 ETF에 대한 승인 거절이 이어지는 등 아직은 제도적 규제에 노출될 가능성도 높다.

INVESTMENT TIP

2021년은 투자시장에서 암호화폐 분야의 눈에 띄는 성장과 변화가 나타난 한 해였다. 그러나 ETF는 급격한 변동성에 노출될 여지가 있다. 미국 증권거래위원회(SEC)에서 비트코인 현물 ETF에 대한 승인 거절이 이어지는 등 제도적 규제에 노출될 가능성도 높기 때문에 특정 코인이나 기업에 지나치게 집중투자하는 것보다 포트폴리오의 일부를 블록체인 관련 산업에 분산투자하는 ETF를 담는 것이 바람직하다.

블록체인 시장 전망
단위 100만 달러

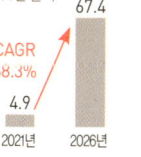

CAGR 68.3%
4.9 (2021년) → 67.4 (2026년)

자료 MarketsandMarkets

블록체인 사업적 부가가치 전망
단위 100만 달러

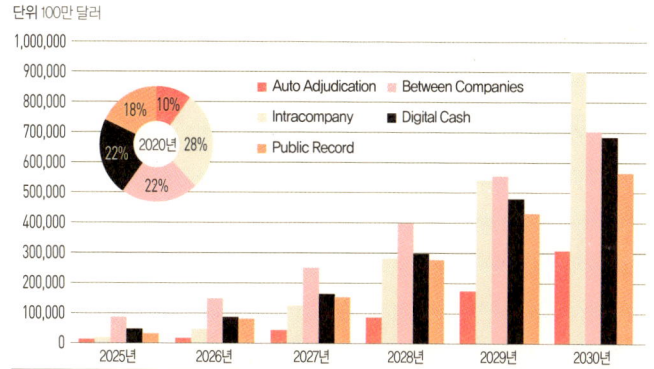

자료 Gartner

테마형 ETF  블록체인

BITO
ProShares Bitcoin Strategy ETF

- ✓ 미국 최초 비트코인 선물 투자 ETF
- ✓ 현재 비트코인 선물 최근 월물(약 70%)과 차근 월물(약 30%)에 투자 중이며, 선물 증거금 목적 현금 및 국채도 보유

상장 국가/거래 통화	미국/USD
시가총액(억원)	16,993
종가	$30.13
보유 종목 수	4
기초 지수	액티브 운용
상장 일자	2021년 10월 19일
운용 보수(%)	0.95

섹터 비중
단위 %

비트코인 선물 100

국가 비중(%)			수익률(%)	
미국	100	1M	14.2
중국·홍콩	-	3M	0.8
일본	-	6M	-
한국	-	1Y	-
기타	-	YTD	4.3

1Y 변동성(%) -

Top 5 종목
단위 %

- 비트코인 선물(4월물) 65.9
- 비트코인 선물(5월물) 34.1

BLOK
Amplify Transform Data Sharing ETF

- ✓ 혁신적 데이터 공유 관련 기업의 비즈니스 모델 및 관련 이익 기반 핵심 구성 요소 70%, 보조 요소 30%
- ✓ 블록체인 관련 기업 외 비트코인 선물 ETF에 약 4% 투자

상장 국가/거래 통화	미국/USD
시가총액(억원)	13,450
종가	$36.07
보유 종목 수	47
기초 지수	액티브 운용
상장 일자	2018년 1월 17일
운용 보수(%)	0.71

섹터 비중
단위 %

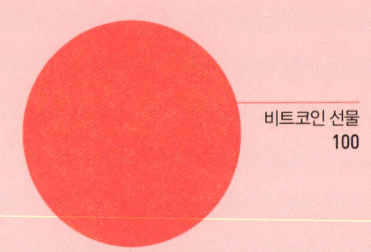

하드웨어 14, 비트코인 선물 4, 컨설팅 33, 거래 10, 애플리케이션 16, 채굴 22

국가 비중(%)			수익률(%)	
미국	62.3	1M	7.9
중국·홍콩	1.4	3M	-10.7
일본	13.5	6M	-6.5
한국	-	1Y	-22.0
기타	22.8	YTD	-10.2

1Y 변동성(%) 47.2

Top 5 종목
단위 %

- Galaxy Digital Holdings 5.7
- SilverGate Capital 5.0
- NVIDIA 4.8
- Coinbase Global 4.4
- SBI Holdings 4.3

※ 네 가지 종목 모두 2022년 3월 28일 종가 기준
주 미국·홍콩 상장 글로벌 블록체인 ETF 중 AUM 상위 종목으로 작성

BKCH
Global X Blockchain ETF

✓ 블록체인 관련 산업 매출이 50% 이상인 기업에 투자
✓ 자연어 프로세싱 알고리즘으로 뉴스, 회사 개요, 기업 공시 등 데이터를 활용해 투자 유니버스 추출 후 매출 관련성에 따른 분류

상장 국가/거래 통화	미국/USD
시가총액(억원)	1,548
종가	$19.21
보유 종목 수	26
기초 지수	Solactive Blockchain Index
상장 일자	2021년 7월 14일
운용 보수(%)	0.50

섹터 비중 (단위 %)

- 채굴 52
- 거래 22
- 하드웨어 12
- 컨설팅 8
- 애플리케이션 7

국가 비중 (%)		수익률 (%)	
미국	59.6	1M	14.1
중국·홍콩	13.1	3M	-13.3
일본	-	6M	-13.1
한국	-	1Y	-
기타	27.3	YTD	-11.9

1Y 변동성(%) –

Top 5 종목 (단위 %)

Riot BlockChain	13.6
Coinbase Global	11.9
Marathon Digital Holdings	10.6
Galaxy Digital Holdings	7.6
Northern Data AG	6.1

BLCN
Reality Shares Nasdaq NextGen Economy ETF

✓ 글로벌 블록체인 및 디지털 자산 기술 관련 기업에 투자
✓ 블록체인 생태계에서의 역할, 경제적 영향 등 일곱가지 요소에 따른 스코어링을 활용해 편입 종목 비중 산출

상장 국가/거래 통화	미국/USD
시가총액(억원)	2,451
종가	$38.62
보유 종목 수	62
기초 지수	Nasdaq Blockchain Economy TR Index
상장 일자	2018년 1월 17일
운용 보수(%)	0.68

섹터 비중 (단위 %)

- 컨설팅 39
- 애플리케이션 28
- 하드웨어 23
- 거래 6
- 채굴 4

국가 비중 (%)		수익률 (%)	
미국	57.5	1M	3.2
중국·홍콩	11.0	3M	-8.9
일본	12.5	6M	-13.4
한국	-	1Y	-18.3
기타	19.1	YTD	-9.2

1Y 변동성(%) 25.1

Top 5 종목 (단위 %)

Coinbase Global	2.7
Marathon Digital Holdings	2.7
Ebang International Holdings	2.7
Microstrategy	2.6
Galaxy Digital Holdings	2.3

SECTION 3 · 테마형 ETF

메타버스

전시장 입장부터 퇴장까지 메타버스 경험의 장으로 조성한 '모바일 월드 콩그레스(MWC) 2022' SKT 전시관.

비대면 시대가 앞당긴
메타버스 메가트렌드

What's ? 메타버스

메타버스(Metaverse)는 초월 또는 가상을 의미하는 그리스어 '메타(Meta)와 세계를 의미하는 '유니버스(Universe)'의 합성어로 3차원 가상 세계를 의미한다.
현재 3040 세대에게 익숙한 싸이월드부터 1020 세대의 새로운 놀이공간으로 주목받는 제페토, 로블록스까지 메타버스는 꽤 오랜 기간 다양한 플랫폼을 통해 구현되고 발전해왔다. 더 나아가 할리우드 블록버스터 영화 중 〈레디 플레이어 원〉이나 〈매트릭스〉에서 보여주는 실재감 높은 가상 세계까지 우리는 메타버스가 만들어갈 다양한 미래를 상상해 볼 수 있다.

POINT KEYWORD

1 라이프로깅
2 게임산업
3 분산투자

메가트렌드로 자리 잡은 메타버스

미국의 비영리 기술 연구 단체인 ASF(Acceleration Studies Foundation)는 메타버스를 증강현실(Augmented Reality), 라이프로깅(Life-logging), 거울 세계(Mirror Worlds), 가상 세계(Virtual Worlds)의 네 가지로 분류하고 있다.

'증강현실'은 현실의 이미지나 배경에 3차원의 가상 이미지를 겹쳐서 하나의 영상으로 보여주는 기술이다. 예를 들어 2017년 많은 인기를 끌었던 '포켓몬 고(GO)'는 스마트폰 카메라를 통해 현실 공간 속에 비춰지는 가상의 포켓몬을 잡는 대표적인 증강현실 게임이다.

'라이프로깅'은 사람과 사물에 대한 일상적 정보를 인터넷 또는 스마트 기기에 기록하는 것으로 '일상의 디지털화'라고 할 수 있다. 대표적으로 싸이월드나 인스타그램 등 SNS를 통해 자신의 일상을 디지털 속에 기록하고 소통하는 능동적 방법의 라이프로깅이 있고, 삼성 헬스나 나이키 런 클럽(NRC) 등 스마트 기기가 신체 및 행동 변화를 알아서 기록해주는 수동적 방법의 라이프로깅이 있다.

'거울 세계'는 현실 세계의 모습, 정보, 구조 등을 온라인에 그대로 복사해서 만들어낸 가상의 세계를 말한다. 구글과 네이버는 인터넷 지도 서비스를 제공하면서 실제 도로, 건물의 모습과 위치 정보 등 다양한 서비스를 제공하고 있다.

'가상 세계'는 현실과는 다른 시대, 배경, 등장인물 등을 컴퓨터로 만들어낸 디지털 공간을 말한다. 대체로 소통과 놀이를 위한 게임 형태로 구현되며, 포트나이트·로블록스 등이 대표적 가상 세계의 게임들이다.

게임산업에서 두각 드러내

메타버스는 코로나19 팬데믹 이후 일상에서의 비대면 환경이 확산되고 ICT 기술이 발달하면서 최근 본격적으로 떠오르기 시작했다.

블룸버그에 따르면 글로벌 메타버스 산업은 2020년 약 5000억 달러(약 600조원)에서 2024년 약 8000억 달러(약 960조원)로, 연평균 13.1%의 성장률을 보일 것으로 전망한다. 특히 게임산업은 관련 소프트웨어와 하드웨어에서 2024년 수익 규모가 4000억 달러(약 480조원)를 초과할 정도로 메타버스 관련 산업 중 가장 큰 기회가 있을 것으로 보인다.

이와 같은 메타버스 시장의 성장에 발맞춰 2021년 6월 메타버스 테마를 대상으로 하는 ETF가 미국 증시에 상장돼 현재 AUM 약 1조원을 돌파했다. 이후 국내에서도 10월 13일 메타버스 관련 국내 기업들에 투자하는 ETF 4종이 동시 상장됐고, 12월 22일 메타버스 관련 글로벌 기업들에 투자하는 ETF 4종이 동시 상장되는 등 메타버스 테마의 ETF가 속속 등장하며 많은 투자자의 관심과 선풍적 인기를 끌었다.

장기적으로 메타버스 산업의 성장은 명확해 보이지만, 현재 메타버스에 대한 해석과 정의가 다양하고 해당 산업의 경계가 아직은 모호해서 개별 기업으로 접근해 투자 기회를 찾기란 쉽지 않다. 따라서 메타버스에 대한 투자는 ETF를 통해 전반적인 산업에 대한 분산투자와 산업 변화에 따른 리밸런싱이 이뤄지도록 하는 것이 필요하다.

INVESTMENT TIP

관련 소프트웨어와 하드웨어에서 2024년 수익 규모가 4000억 달러(약 480조원)를 초과할 정도로 메타버스는 특히 게임산업에서 활약이 기대된다. 그러나 현재 메타버스 산업의 경계가 모호하기 때문에 ETF를 통한 분산투자와 리밸런싱이 필요하다.

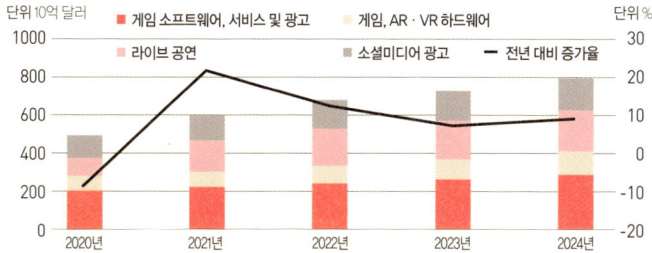

메타버스 시장 성장 전망
자료 Bloomberg Intelligence, Newzoo, IDC, PWC, Two Circles, Statista

테마형 ETF  메타버스

METV
Roundhill Ball Metaverse ETF

✓ 글로벌 최초 메타버스 테마 ETF
✓ 메타버스 관련 하드웨어, 컴퓨팅, 콘텐츠 및 자산 등 일곱 가지 카테고리로 분류해 투자

상장 국가/거래 통화	미국/USD
시가총액(억원)	9,468
종가	$12.17
보유 종목 수	46
기초 지수	Ball Metaverse TR Index
상장 일자	2021년 6월 30일
운용 보수(%)	0.59

섹터 비중 (단위 %)
- 자유 소비재 8
- 금융 3
- 커뮤니케이션 38
- 정보기술 50

국가 비중(%)		수익률(%)	
미국	82.0	1M	0.8
중국·홍콩	3.1	3M	-20.2
일본	3.0	6M	-14.1
한국	0.0	1Y	-
기타	11.9	YTD	-19.8

1Y 변동성(%) 32.5

Top 5 종목 (단위 %)
- NVIDIA 8.8
- Roblox 8.8
- Meta Platforms 8.0
- Unity Software 7.3
- Microsoft 6.3

412770
TIGER 글로벌메타버스 액티브 ETF

✓ 국내 상장 글로벌 메타버스 ETF 중 최대 규모
✓ 액티브 ETF로 기초 지수 성과를 70% 추종, 나머지는 펀드매니저의 재량에 따라 운용

상장 국가/거래 통화	한국/KRW
시가총액(억원)	2,114
종가	₩8,595
보유 종목 수	39
기초 지수	Indxx Global Metaverse PR Index
상장 일자	2021년 12월 22일
운용 보수(%)	0.79

섹터 비중 (단위 %)
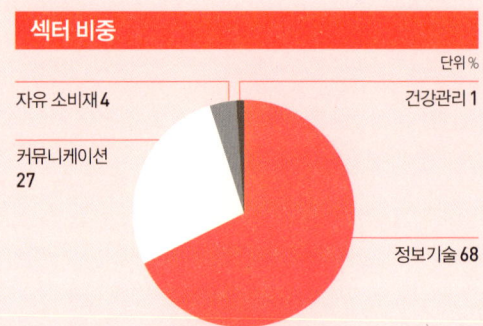
- 자유 소비재 4
- 건강관리 1
- 커뮤니케이션 27
- 정보기술 68

국가 비중(%)		수익률(%)	
미국	71.5	1M	2.7
중국·홍콩	9.6	3M	-17.9
일본	6.2	6M	-
한국	0.0	1Y	-
기타	12.7	YTD	-16.6

1Y 변동성(%) –

Top 5 종목 (단위 %)
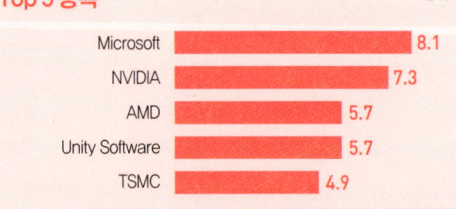
- Microsoft 8.1
- NVIDIA 7.3
- AMD 5.7
- Unity Software 5.7
- TSMC 4.9

※ 네 가지 종목 모두 2022년 3월 28일 종가 기준
주 메타버스 테마는 해외에 상장된 적정 비교 대상 ETF가 충분하지 않아 국내 상장 ETF를 추가함

411420
KODEX 미국메타버스나스닥 액티브 ETF

- ✓ 미국 나스닥 상장 메타버스 관련 기업에 투자 (국내 상장 ETF)
- ✓ 유노(Yewno)의 AI 엔진을 통해 종목 선별 및 시가총액 가중 방식 적용 후 액티브 운용

상장 국가/거래 통화	한국/KRW
시가총액(억원)	1,399
종가	₩8,480
보유 종목 수	40
기초 지수	Nasdaq Yewno Metaverse Index
상장 일자	2021년 12월 22일
운용 보수(%)	0.50

섹터 비중

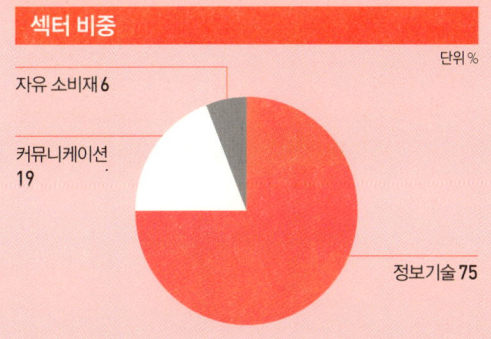

단위 %
- 자유 소비재 6
- 커뮤니케이션 19
- 정보기술 75

국가 비중 (%)			수익률 (%)	
	미국	91.1	1M	5.0
	중국·홍콩	-	3M	-17.6
	일본	-	6M	-
	한국	-	1Y	-
	기타	8.9	YTD	-16.4

1Y 변동성(%) –

Top 5 종목
단위 %
- Apple 10
- Microsoft 10
- NVIDIA 9.8
- Alphabet 9.4
- Amazon.com 5.1

VERS
ProShares Metaverse ETF

- ✓ 글로벌 메타버스 테마 투자 ETF
- ✓ 수익이 50% 이상인 메타버스 기술·플랫폼·장비 및 교환 솔루션 표준, 40개 기업으로 구성

상장 국가/거래 통화	미국/USD
시가총액(억원)	83
종가	$45.35
보유 종목 수	41
기초 지수	Solactive Metaverse Theme Index
상장 일자	2022년 3월 17일
운용 보수(%)	0.58

섹터 비중

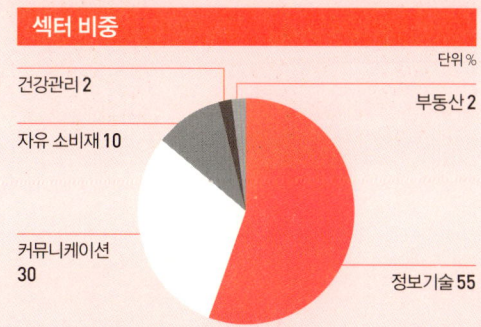

단위 %
- 건강관리 2
- 자유 소비재 10
- 커뮤니케이션 30
- 정보기술 55
- 부동산 2

국가 비중 (%)			수익률 (%)	
	미국	83.7	1M	-
	중국·홍콩	6.1	3M	-
	일본	1.2	6M	-
	한국	-	1Y	-
	기타	9.0	YTD	-

1Y 변동성(%) –

Top 5 종목
단위 %
- Apple 8.6
- NVIDIA 6.8
- Meta Platforms 6.5
- Amazon.com 4.9
- Microsoft 4.9

SECTION 3 테마형 ETF

클라우드

'MWC 2022'에서 5G 무선 네트워크 기반의 클라우드 vRAN 개발 및 시연 내용을 선보인 SK텔레콤.

클라우드 2.0 시대 맞아 중요성 커지는 SaaS

What's? 클라우드

클라우드는 기업 내에 서버와 저장장치를 두지 않고 외부에 아웃소싱해 사용하는 서비스를 의미한다. 과거 클라우드 도입 배경으로 탄력적인 IT 자원 활용과 비용 절감이 목적이었다면, 최근에는 인공지능 구현과 머신러닝 적용으로 새로운 도입 배경이 부각되고 있다. 클라우드컴퓨팅은 시스템 구조에 따라 소프트웨어 영역(애플리케이션, 데이터, 콘텐츠), 플랫폼 영역(운영체제, 미들웨어), 그리고 인프라 영역(서버, 스토리지, 네트워크, 가상화)으로 구분하며, 각각 SaaS(Software as a Service), PaaS(Platform as a Service), IaaS(Infra as a Service) 서비스 모델이라고 부른다.

POINT KEYWORD

1. SaaS
2. 머신러닝
3. 사이버 보안

국내 IT 인프라 시장 전망

단위 십억원

자료 한국IDC, '2021년 클라우드 IT 인프라 시장 전망 보고서'

인공지능이 견인하는 클라우드 시장

현재 클라우드업체는 경쟁적으로 AI 기능을 제공하고 있다. 클라우드가 AI의 대중화를 이끌고 있으며, AI를 활용하고 싶은 기업 입장에서 어느 클라우드업체가 뛰어난 머신러닝 API를 제공하느냐가 선택의 중요한 요인으로 부각되고 있다. 머신러닝은 AI에 수많은 데이터를 주고 스스로 공식을 만들게 해 문제를 푸는 방식이다. 데이터를 모으는 것이 중요한데, 클라우드는 기계학습에 필요한 데이터를 쉽게 모을 수 있고 AI 고도화에 유용하다. 인공지능에는 클라우드가 필요하다. 향후 클라우드와 인공지능의 동반 성장이 예상되며, 인공지능과 머신러닝은 클라우드의 성장을 견인하고 클라우드는 인공지능과 머신러닝의 확산을 가속화할 전망이다.

클라우드 2.0 시대

지난 10년간 클라우드라는 메가트렌드 속에서 AWS의 탄생, 마이크로소프트의 부활을 경험했다. 탄력적인 IT 자원 활용과 인프라에 초점을 맞췄던 클라우드 1.0 시대와 달리 클라우드 2.0은 응용(애플리케이션) 및 데이터 활용의 중요성이 커지고 있다. 데이터를 활용해 통찰력을 얻고 매출을 증대하는 것이 일차적 목표이며, 고객에게 유용한 가치를 창출하는 것이 궁극적 목적이다. 클라우드 2.0 시대는 SaaS(Software as a Service)와 연관이 깊은데, 이는 데이터 활용을 통한 새로운 부가가치 창출이라는 목표를 공유하고 있기 때문이다. 데이터를 모아 효율적으로 관리하는 것도 중요하지만, 클라우드 2.0 시대에는 데이터를 실시간으로 분석해 인사이트를 제공하는 것이 더욱 중요해졌다.

격변하는 사이버보안 시장

디지털 트랜스포메이션이 가속화하는 가운데 클라우드 채택률이 높아지고 있으며, 모바일컴퓨팅의 업무 환경이 보편화되면서 새로운 컴플라이언스가 요구되고 있다. 데이터보안에 대한 수요도 강화되고 있으며, 나아가 해킹 및 데이터 유실 관련 사건·사고가 빈번하게 발생하면서 기업들의 보안에 대한 투자 역시 증가하고 있다. 최근 사이버보안 시장은 다음과 같이 구조적 변화를 겪고 있다. 먼저 클라우드 기반의 솔루션 채택이 증가했다. 엔드 포인트, 웹 보안, 이메일·메시징 ID, 취약성 관리 등 모든 영역에서 클라우드 기반의 보안 방식을 채택 중이다. 또한 기업들은 보안 세부 영역에서 클라우드 아키텍처를 기반으로 새로운 솔루션을 제공하는 업체를 선호한다. 엔드 포인트 분야의 크라우드스트라이크(CRWD, US), SWG(Secure Web Gateway) 분야의 지스케일러(ZS, US), ID·접근 관리 분야의 옥타(Okta, US)가 대표적이다.

INVESTMENT TIP

데이터를 활용해 고객에게 유용한 가치를 창출하는 것이 궁극적 목적인 클라우드 2.0 시대에는 SaaS(Software as a Service)에 주목해볼 만하다. 데이터를 통해 새로운 부가가치 창출이라는 목표를 공유하고 있기 때문이다.

SaaS

클라우드 환경에서 운영되는 애플리케이션 서비스를 말한다. 모든 서비스가 클라우드에서 이뤄지며, 소프트웨어를 구입해 PC에 설치하지 않아도 웹에서 소프트웨어를 빌려 쓸 수 있다.

테마형 ETF — 클라우드

SKYY
First Trust Cloud Computing ETF

✓ 종목당 최대 4.5% 비중 제한, 분기 리밸런싱
✓ 클라우드 인프라, 플랫폼, 소프트웨어 분류에 투자하며 국가 비중은 미국에 집중

상장 국가/거래 통화	미국/USD
시가총액(억원)	57,220
종가	$77.19
보유 종목 수	67
기초 지수	ISE Cloud Computing Index
상장 일자	2011년 7월 5일
운용 보수(%)	0.60

섹터 비중 (단위 %)

- 소프트웨어 49
- IT 서비스 18
- 기타 15
- IT 하드웨어, 저장소 등 10
- 커뮤니케이션 장비 8

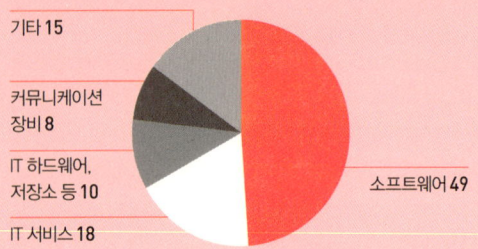

국가 비중(%)			수익률(%)	
미국	90.8		1M	-14.8
중국	4.3		3M	-23.8
캐나다	1.5		6M	-28.8
호주	1.5		1Y	-20.9
기타	2.0		YTD	-26.0

1Y 변동성(%) 25.86

Top 5 종목 (단위 %)

종목	비중
Pure Storage	4.6
Vmware	4.3
Arista Networks	4.3
Alphabet	4.1
Microsoft	3.8

※ 네 가지 종목 모두 2022년 3월 14일 종가 기준

CLOU
Global X Cloud Computing ETF

✓ 클라우드 관련 매출이 50% 이상인 기업에 투자
✓ 개별 종목의 최대 비중은 4%이며, 특정 산업 비중 제한을 두어 편중 현상 방지

상장 국가/거래 통화	미국/USD
시가총액(억원)	10,082
종가	$18.54
보유 종목 수	35
기초 지수	Indxx Global Cloud Computing Index
상장 일자	2019년 4월 12일
운용 보수(%)	0.68

섹터 비중 (단위 %)

- IT 81
- 커뮤니케이션 서비스 8
- 부동산 6
- 자유 소비재 5

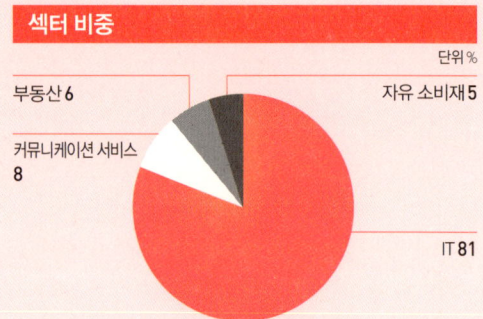

국가 비중(%)			수익률(%)	
미국	88.0		1M	-17.4
영국	5.6		3M	-27.9
이스라엘	2.5		6M	-37.0
캐나다	2.3		1Y	-28.5
기타	1.6		YTD	-30.1

1Y 변동성(%) 27.80

Top 5 종목 (단위 %)

종목	비중
Akamai Technologes	6.4
Mimecast	5.6
Qualys	5.4
Workday	5.0
SPS Commerce	4.9

WCLD
Wisdom Tree Cloud Computing Fund

✓ 편입 조건은 지난 2년간 연간 매출 15% 성장
✓ 성장성 기준으로 인해 데이터센터 리츠 불포함
✓ 동일 비중, 반기 리밸런싱

상장 국가/거래 통화	미국/USD
시가총액(억원)	8,624
종가	$33.58
보유 종목 수	58
기초 지수	BVP Nasdaq Emerging Cloud Index
상장 일자	2019년 9월 6일
운용 보수(%)	0.45

섹터 비중 (단위 %)

- 헬스케어 3
- 커뮤니케이션 서비스 4
- 자유 소비재 2
- IT 91

국가 비중(%)			수익률(%)	
미국	91.7		1M	-23.0
이스라엘	3.4		3M	-33.8
중국	1.3		6M	-44.1
영국	1.2		1Y	-33.7
기타	2.5		YTD	-35.2

1Y 변동성(%) 36.8

Top 5 종목 (단위 %)

- Sprout Social — 1.8
- Tenable Holdings — 1.7
- Qualys — 1.7
- nCino — 1.7
- 2U — 1.6

IVES
Wedbush ETFMG Global Cloud Technology ETF

✓ 매출 50% 이상이 클라우드 관련 기업
✓ 종목별 최대 4.5%, 국가별 최대 50% 비중
✓ 인플레이션 헤지 목적 단기채권 ETF가 비중 1위

상장 국가/거래 통화	미국/USD
시가총액(억원)	408
종가	$34.64
보유 종목 수	76
기초 지수	Dan Ives Global Cloud Technology Prime Index
상장 일자	2016년 3월 8일
운용 보수(%)	0.68

섹터 비중 (단위 %)

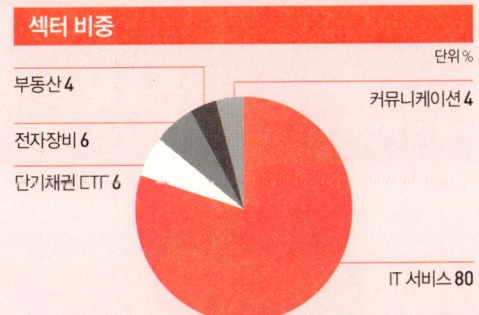

- 부동산 4
- 전자장비 6
- 단기채권 ETF 6
- 커뮤니케이션 4
- IT 서비스 80

국가 비중(%)			수익률(%)	
미국	64.2		1M	-16.6
일본	10.0		3M	-25.9
중국	7.3		6M	-36.2
캐나다	6.1		1Y	-31.1
기타	12.5		YTD	-28.4

1Y 변동성(%) 27.24

Top 5 종목 (단위 %)

- ETFMG Sit Ultra Short ETF — 6.9
- Open Text — 5.3
- Nice — 4.3
- Elastic NV — 3.9
- Itochu Techno Solutions — 3.8

SECTION 3 테마형 ETF

소셜미디어

미국 뉴욕증권거래소 상장에 성공한 쿠팡.

소통 넘어 비즈니스 모델까지 기대되는 소셜미디어의 성장

What's ? 소셜미디어

소셜미디어는 메타(구 페이스북), 트위터 등과 같은 소셜 네트워킹 서비스에 가입한 이용자들이 정보와 의견, 경험을 공유하기 위해 사용하는 온라인 플랫폼이다. 현재 인터넷 사용이 가능한 인구의 약 84%가 소셜미디어 서비스를 사용하고 있는 것으로 추정될 만큼 많은 이용자 기반을 보유하고 있다. 최근 MZ세대에게 각광받고 있는 틱톡을 비롯해 애플과 구글의 개인정보보호정책 강화 등의 영향으로 일부 대표 SNS업체에서 이용자 및 매출 둔화가 나타나고 있다. 글로벌 주요 소셜미디어 기업은 새로운 성장 동력을 확보하기 위해 소셜커머스와 메타버스 등의 사업 영역으로 진출을 가속화하고 있다.

POINT KEYWORD

1 소셜커머스
2 메타버스
3 개인정보보호

성공 가능성 높은 새로운 사업 기회, 소셜커머스

현재 많은 소셜미디어 기업이 타깃 광고 기반의 비즈니스 모델에서 새로운 사업 영역인 소셜커머스에 주목하고 있다. 기존 이용자를 활용해 소셜미디어 플랫폼 내에서 자연스럽게 쇼핑을 유도하고, 온라인에서 더욱 간편하게 제품을 판매 및 구매할 수 있게 한 개념이다.

소셜미디어 기업의 주요 광고주가 리테일 브랜드 업체라는 점에서 기존 사업과의 시너지가 매우 높을 수 있다. 소셜커머스는 성장성이 매우 높은 시장으로 평가되는데, 미국에서만 2021년 360억 달러에서 2025년 800억 달러 규모로 성장할 전망이다. 미국 리테일 이커머스 매출에서 소셜커머스의 비중은 2021년 4.4%에서 2025년 5.9% 수준으로 확대될 전망이다.

미래 먹거리 메타버스에 거는 기대

차세대 인터넷 플랫폼으로 주목받고 있는 메타버스에 대한 관심이 뜨겁다. 소셜미디어 기업 중에서는 메타가 가장 구체적인 비전과 성장 전략을 제시하며 대대적 투자에 앞장서고 있다. 중장기적 관점에서 메타버스 플랫폼은 게임·쇼핑·소통·엔터테인먼트 등 다양한 영역에서 확장 가능한 경제 생태계를 구축할 전망이며, 나아가 현실 세계와 경제에서도 연동이 강화될 것으로 예상한다. 메타버스 밸류체인 중 핵심 역할을 수행하며 수혜 폭이 제일 클 것으로 예상되는 영역이 플랫폼 사업인 만큼 다수의 소셜미디어 기업이 기회를 엿보며 메타버스 플랫폼 사업에 진출할 것으로 보인다.

광고 매출 둔화 우려 진행 중

애플이 지난해 이용자의 데이터 활용을 제한하는 개인정보보호정책을 내놓으면서 제3자의 개인정보를 활용한 맞춤형 타깃 광고가 크게 위축될 것이라는 우려가 커지고 있다.

INVESTMENT TIP

개인정보보호정책 강화 추세에 따라 제3자의 개인정보를 활용한 맞춤형 타깃 광고가 크게 위축될 것이라는 우려가 커지고 있다. 하지만 소셜미디어 내에서 자연스럽게 쇼핑을 유도하는 소셜커머스 시장의 성장과 소셜미디어 기업의 메타버스 플랫폼 사업 확장은 눈여겨볼 만하다.

800억 달러
미국의 소셜커머스 시장 규모는 2021년 360억 달러에서 2025년 800억 달러로 성장할 전망이다.

미국 소셜커머스 시장 성장 전망
단위 달러

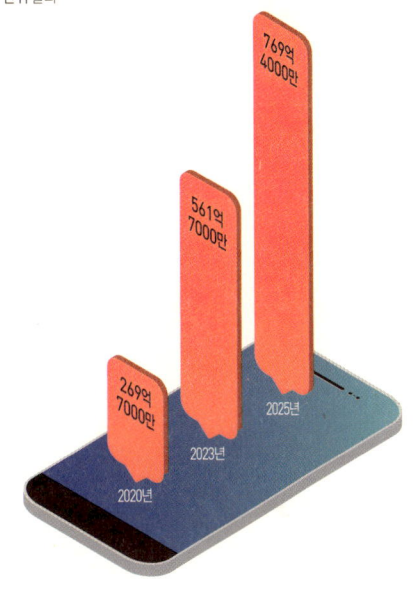

- 2020년: 269억 7000만
- 2023년: 561억 7000만
- 2025년: 769억 4000만

자료: 이마케터

대표적 사례로 메타를 꼽을 수 있는데, 메타는 최근 실적 발표에서 애플의 정책 변경으로 올해 페이스북과 인스타그램 등의 매출이 100억 달러 감소할 수 있다고 언급했다.

최근 구글도 개별 이용자의 정보와 활동을 추적하는 것을 제한하기로 결정했는데, 2023년까지 제3자 쿠키 제공을 단계적으로 폐지할 계획이다. 2년의 유예기간이 남아 있지만, 개인정보보호정책 강화라는 시대적 흐름 속에서 무분별한 개인정보 수집을 통해 성장해온 맞춤형 광고 시장에 대한 우려는 당분간 지속될 전망이다. 현재 구글은 각 휴대폰 단말기에 부여한 고윳값인 광고 ID의 제공을 중단하기로 결정했으나, 개인정보를 더 잘 보호할 수 있는 새로운 식별코드로 이를 대체할 계획이다. 구체적으로 어떤 방식이 될지는 시간을 두고 지켜봐야 할 사안이다.

테마형 ETF — 소셜미디어

SOCL
Global X Social Media ETF

- ✓ 시가총액 가중 비중, 반기 리밸런싱
- ✓ 순수 SNS 기업 최대 10%, 그 외 최대 4.75% 비중
- ✓ 전 세계 기업에 투자하며, 한국 비중이 12%로 높은 편

상장 국가/거래 통화	미국/USD
시가총액(억원)	2,547
종가	$36.21
보유 종목 수	44
기초 지수	Solactive Social Media Index
상장 일자	2011년 11월 14일
운용 보수(%)	0.65

섹터 비중 (단위 %)

- IT 1
- 자유 소비재 1
- 커뮤니케이션 98

국가 비중(%)		수익률	
미국	45.0	1M	-23.1
중국	29.5	3M	-33.0
일본	12.1	6M	-43.3
한국	6.1	1Y	-48.0
기타	7.3	YTD	-32.8

1Y 변동성(%) 29.75

Top 5 종목 (단위 %)

종목	비중
Tencent Holdings	11.7
Meta Platforms	9.5
Alphabet	7.1
Snap	6.5
Netease	6.2

※ 네 가지 종목 모두 2022년 3월 14일 종가 기준

METV
Roundhill Ball Metaverse ETF

- ✓ 글로벌 메타버스 기업 투자
- ✓ 메타버스 관련도 가중 비중, 분기 리밸런싱
- ✓ 메타버스 카테고리별 최대 25% 비중

상장 국가/거래 통화	미국/USD
시가총액(억원)	8,510
종가	$10.61
보유 종목 수	44
기초 지수	Ball Metaverse Index-Benchmark TR Net
상장 일자	2021년 6월 30일
운용 보수(%)	0.75

섹터 비중 (단위 %)

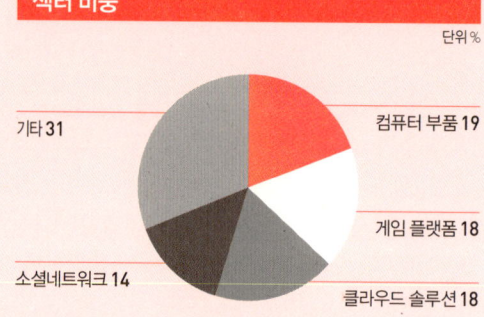

- 기타 31
- 컴퓨터 부품 19
- 게임 플랫폼 18
- 클라우드 솔루션 18
- 소셜네트워크 14

국가 비중(%)		수익률	
미국	79.7	1M	-14.6
한국	4.6	3M	-29.5
대만	4.4	6M	-29.2
일본	4.0	1Y	-
기타	7.3	YTD	-30.1

6M 변동성(%) 35.61

Top 5 종목 (단위 %)

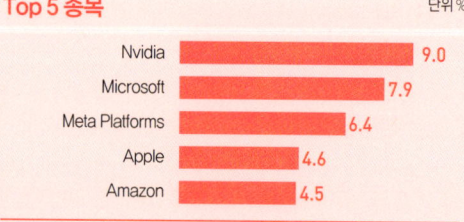

종목	비중
Nvidia	9.0
Microsoft	7.9
Meta Platforms	6.4
Apple	4.6
Amazon	4.5

PNQI
Invesco Nasdaq Internet ETF

- ✓ 미국 상장 인터넷 섹터 투자
- ✓ 시가총액 가중 비중, 분기별 리밸런싱
- ✓ 5개 메가캡 최대 8%, 그 외 4% 비중 제한

상장 국가/거래 통화	미국/USD
시가총액(억원)	8,186
종가	$168.13
보유 종목 수	81
기초 지수	NASDAQ Internet
상장 일자	2008년 6월 12일
운용 보수(%)	0.6

섹터 비중 (단위 %)

- 기타 25
- 엔터테인먼트 16
- 인터넷 리테일 18
- 소프트웨어 20
- 양방향 미디어 서비스 21

국가 비중(%)		수익률(%)	
미국	77.9	1M	0.0
중국	11.5	3M	-20.5
캐나다	3.4	6M	-33.0
우루과이	2.9	1Y	-27.2
기타	4.3	YTD	-22.0

1Y 변동성(%) 36.82

Top 5 종목 (단위 %)

- Alphabet 10.3
- Amazon 9.8
- Adobe 7.2
- Meta Platforms 7.0
- Netflix 6.3

MTVR
Fount Metaverse ETF

- ✓ 글로벌 메타버스 기업 투자
- ✓ AI 알고리즘으로 향후 1년 메타버스 관련 매출 추정
- ✓ 메타버스 관련 추정 매출 50% 이상 기업 편입

상장 국가/거래 통화	미국/USD
시가총액(억원)	137
종가	$18.46
보유 종목 수	49
기초 지수	Fount Metaverse Index - Benchmark TR Net
상장 일자	2021년 10월 27일
운용 보수(%)	0.70

섹터 비중 (단위 %)

- 휴대 기기 17
- 레저 관련 21
- 소프트웨어 22
- 온라인 서비스 40

국가 비중(%)		수익률(%)	
미국	49.8	1M	-12.6
일본	20.1	3M	-20.3
한국	10.0	6M	-
중국	6.9	1Y	-
기타	13.0	YTD	-21.5

3M 변동성(%) 28.99

Top 5 종목 (단위 %)

- Apple 16.2
- Alphabet 6.3
- Meta Platforms 4.5
- Oriental Land 3.4
- Sega Sammy Holdings 3.1

SECTION 3 테마형 ETF

ESG 경영 활동을 활성화하기 위해 사내 카페에서 다회용 컵에 음료를 제공하는 SK텔레콤.

국내 최초 ESG 채권 ETF 상장

What's ? ESG

ESG는 환경(Environmental), 사회(Social), 지배구조(Governance)라는 대표적인 비재무적 영역을 통합적으로 지칭하는 테마다. 과거에는 다소 생소하게 들리던 ESG는 환경 재해의 빈도와 강도가 상승하면서 미디어에 노출되기 시작했고, 코로나19 이후 관심이 본격적으로 상승해 현재는 가장 대표적인 투자 테마 중 하나로 자리 잡았다. ESG 각각의 영역에 집중하는 ETF도 존재하지만, ESG 테마의 ETF 투자는 많은 부분이 국내외 주요 ESG 평가 기관의 ESG 지수와 개별 기업 ESG 평가 점수를 기반으로 한 통합적 투자로 이뤄진다.

POINT KEYWORD

1 ESG 지수
2 ESG 평가 기관
3 ESG 채권 ETF 상장

글로벌 ESG 채권 발행 종류별 추이
단위 10억달러
자료 Bloomberg, NH투자증권 리서치본부 ※2022년 3월 초 누적 기준

ESG 평가 기관 취사선택 능력 필요

ESG 테마 투자 대부분 ESG 평가 기관의 평가 점수와 지수를 기반으로 이뤄지기 때문에 ESG 평가 기관의 중요성은 매우 높다. ESG 평가 기관들은 기업 공시·홈페이지 정보·뉴스 등 기초 데이터를 수집하고 평가 모델을 통해 점수와 등급을 산출한다는 점에서는 공통점이 있지만, 결과물인 각 평가 기관의 평가 점수와 등급 및 산정 방식은 상이하다. 그렇기 때문에 투자자 입장에서는 ESG 평가 지표와 프로세스를 이해하고, 어떤 지표에 가중치를 줄지 평가 방법론을 정립해 600개가 넘게 난립하고 있는 ESG 평가 기관 중 취사선택할 수 있는 능력을 키우는 것이 중요하다. 국내 주요 ESG 평가 기관으로는 한국기업지배구조원(KCGS)과 서스틴베스트, 글로벌 평가 기관으로는 MSCI·S&P글로벌·리피니티브(Refinitiv)·FTSE러셀·서스테이널리틱스(Sustainalytics) 등이 있다. 그리고 이들이 제공하는 ESG 지수 및 개별 기업 ESG 평가 점수를 바탕으로 한 다양한 ETF 역시 시장에 상장돼 있다.

성장하는 ESG 채권

지속 가능성 제고를 통해 장기 수익성 개선을 도모하는 ESG 투자는 주식에 국한되지 않는다. ESG 채권은 녹색 채권(Green Bond), 사회적 채권(Social Bond), 지속 가능 채권(Sustainability Bond)처럼 ESG 개선을 목적으로 하는 프로젝트에 자금을 조달하기 위해 발행한다. ESG 채권 발행은 ESG에 대한 높은 관심을 반영하듯 기하급수적으로 성장하고 있다.

동반 성장하는 ESG 채권 ETF

ESG 채권시장이 성장함과 더불어 ESG 채권에 투자하는 ETF의 규모 역시 빠르게 증가하고 있다. 실제로 2020년 초 ESG 채권에 투자하는 ETF 개수는 80개, 시가총액은 162억 달러였으나 2022년 3월 기준 ETF 개수는 220개, 시가총액은 513억 달러로 크게 증가했다. 국내에도 2022년 3월에 최초로 ESG 채권 ETF가 상장되기도 했다.

투자등급 ESG 채권 ETF부터 하이일드 ESG 채권 ETF, ESG 뱅크론 ETF까지 출시되는 종류도 다양하며, 채권 ETF는 개별 채권에 비해 거래가 활발하다. 앞으로 ESG 채권 ETF는 ESG 채권만큼이나 다양하고 빠르게 성장할 전망이다.

INVESTMENT TIP

대부분의 ESG 투자가 ESG 평가 기관의 평가 점수와 지수를 기반으로 이뤄지기 때문에 ESG 평가 기관의 중요성은 매우 높다. 하지만 평가 기관마다 평가 점수와 등급 및 산정 방식이 다르기 때문에 600개가 넘는 ESG 평가 기관 중 취사선택할 수 있는 능력을 키우는 것이 중요하다.

국내 주요 ESG 평가 기관
한국기업지배구조원(KCGS), 서스틴베스트

글로벌 평가 기관
MSCI, S&P글로벌, 리피니티브(Refinitiv), FTSE러셀, 서스테이널리틱스(Sustainalytics)

테마형 ETF  ESG

ESGU
iShares ESG Aware MSC USA ETF

- ✓ ESG 점수가 높은 미국 기업에 추가적 비중 할당
- ✓ 화석연료·무기·죄악 산업 제외
- ✓ 논쟁 기업 제외

상장 국가/거래 통화	미국/USD
시가총액(억원)	288,151
종가	$95.19
보유 종목 수	321
기초 지수	MSCI USA Extended ESG Focus Index
상장 일자	2016년 12월 1일
운용 보수(%)	0.15

섹터 비중 (단위 %)

- IT 29
- 기타 36
- 건강관리 13
- 자유 소비재 11
- 금융 11

국가 비중(%)			수익률(%)	
미국	96.7		1M	-3.6
아일랜드	1.8		3M	-9.3
영국	0.8		6M	-6.1
네덜란드	0.2		1Y	6.4
기타	0.5		YTD	-11.8

1Y 변동성(%) 14.88

Top 5 종목 (단위 %)

- Apple 6.7
- Microsoft 5.6
- Amazon 3.5
- Alphabet 2.0
- Alphabet 2.0

※ 네 가지 종목 모두 2022년 3월 14일 종가 기준

ESGD
iShares ESG Aware MSCI EAFE ETF

- ✓ ESG 점수가 높은 선진국(북미 제외) 기업에 추가 비중 할당
- ✓ 화석연료·무기·죄악 산업 제외
- ✓ 논쟁 기업 제외

상장 국가/거래 통화	미국/USD
시가총액(억원)	86,753
종가	$70.42
보유 종목 수	440
기초 지수	MSCI EAFE Extended ESG Focus Index
상장 일자	2016년 6월 28일
운용 보수(%)	0.2

섹터 비중 (단위 %)

- 금융 18
- 기타 42
- 산업재 16
- 건강관리 13
- 자유 소비재 11

국가 비중(%)			수익률(%)	
일본	22.6		1M	-7.0
영국	14.8		3M	-8.7
스위스	11.3		6M	-12.6
프랑스	10.5		1Y	-4.8
기타	40.8		YTD	-11.4

1Y 변동성(%) 15.22

Top 5 종목 (단위 %)

- Nestle 2.3
- ASML Holding 1.8
- Roche Holding 1.7
- Astrazeneca 1.3
- Novo Nordisk 1.3

ESGE
iShares ESG Aware MSCI EM ETF

- ✓ ESG 점수가 높은 신흥국 기업에 추가적 비중 할당
- ✓ 화석연료·무기·죄악 산업 제외
- ✓ 논쟁 기업 제외

상장 국가/거래 통화	미국/USD
시가총액(억원)	72,775
종가	$33.81
보유 종목 수	309
기초 지수	MSCI EM Extended ESG Focus Index
상장 일자	2016년 6월 28일
운용 보수(%)	0.25

섹터 비중 (단위 %)

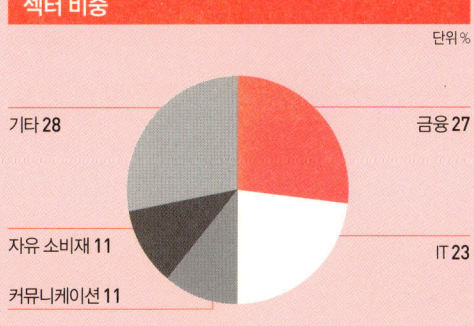

기타 28 / 금융 27 / 자유 소비재 11 / IT 23 / 커뮤니케이션 11

국가 비중(%)		수익률(%)	
중국	22.7	1M	-14.4
대만	18.3	3M	-10.4
인도	13.1	6M	-19.4
한국	12.5	1Y	-20.4
기타	33.3	YTD	-14.9

1Y 변동성(%) 17.83

Top 5 종목 (단위 %)

Taiwan Semiconductor	8.0
Samsung Electronics	4.1
Tencent Holdings	3.5
Alibaba Group Holding	2.2
Infosys	1.3

VSGX
Vanguard ESG International Stock ETF

- ✓ 선진국(미국 제외) 기업 시가총액 가중
- ✓ UN GCP 준수 기업
- ✓ 화석연료·무기·죄악 산업 제외

상장 국가/거래 통화	미국/USD
시가총액(억원)	37,131
종가	$54.22
보유 종목 수	5,039
기초 지수	FTSE Global All Cap ex USA Choice Index
상장 일자	2018년 9월 18일
운용 보수(%)	0.12

섹터 비중 (단위 %)

기타 40 / 금융 22 / IT 15 / 자유 소비재 12 / 건강관리 11

국가 비중(%)		수익률(%)	
일본	16.3	1M	-8.3
영국	7.9	3M	-10.4
캐나다	7.8	6M	-14.9
중국	7.4	1Y	-9.8
기타	60.6	YTD	-12.6

1Y 변동성(%) 14.64

Top 5 종목 (단위 %)

Taiwan Semiconductor	2.2
Nestle	1.6
Tencent Holdings	1.2
Samsung Electronics	1.1
Roche Holding	1.1

SECTION 3 테마형 ETF

로보틱스

'CES) 2022'에 출품한 미국 마사지로보틱스의 마사지 로봇.

예고된 미래,
모빌리티와 로보틱스의 결합

What's ? 로보틱스

로보틱스(Robotics)는 우리 말로 '로봇공학'이라고 부르며, 단어 그대로 로봇을 연구하고 개발하는 학문이다. 로봇이란 스스로 외부 환경을 인식하고, 상황을 판단하고, 자율적으로 동작하는 기계장치를 의미한다. 궁극적으로 인간의 노동 활동을 대체하거나 보조하는 것이 목적이다. 2020년 기준 전 세계 로봇 생산량은 353억 달러였으며, 이 중 51%가 산업용 제조 로봇으로 물류 로봇과 서비스 로봇이 시장의 49%를 차지하고 있다. 10년 전만 하더라도 제조 로봇이 전체의 80% 이상을 차지했으나, 인공지능과 통신 기술의 발달로 물류 및 서비스산업에도 로봇 도입을 적극적으로 추진하게 된 결과다.

POINT KEYWORD

1 모빌리티
2 물류·서비스 영역
3 인공지능

서비스 영역으로 확장 기대

산업 현장에서 로봇 기술은 전혀 새로운 요소가 아니었다. 자동차 생산 공장 혹은 다수의 제조업 현장에서 산업용 로봇은 보편적으로 사용되고 있었다. 국제로봇연맹(IFR) 통계에 따르면 전 세계 산업로봇 설치량은 36만 5000대이며, 이 중 60%는 제조업이 발달한 한국·중국·일본에 설치돼 있다.

최근 로봇산업의 무게추는 빠르게 물류 분야로 이동하고 있다. 물류 분야에서 바라보는 로봇 기술은 작게는 물류센터 내 물품 분류 자동화부터 크게는 차량 혹은 드론의 자율 행동까지 관련된다. 대표적으로 현대자동차그룹이 '세계 최대 가전제품 전시회(CES 2022)'에서 로봇 산업의 미래 비전을 모빌리티와 스마트 디바이스의 결합으로 설명한 것이 이러한 예에 속한다.

장기적으로 로봇 기술은 서비스 분야에도 적용될 수밖에 없다. 산업로봇과 물류 로봇은 단순 반복 노동 인력과 운전기사 등 저임금 노동자를 대체 혹은 보조하는 데 그치기 때문이다. 하지만 높은 임금을 받는 전문 인력(대표적으로 의료서비스 등)을 일부 대체 혹은 보조할 수 있다면 이를 통해 얻는 부가가치는 완전히 다른 수준일 것이다. 감정노동 혹은 대면 스트레스를 받는 서비스업종에도 로봇을 도입한다면 인력 효율화 및 스트레스 관리에 도움이 될 수 있다.

인공지능에 달린 로봇산업 주도권

로봇산업의 팽창에 힘입어 센서 및 액추에이터 제조사의 매출액 확대가 예상된다. 센서는 로봇이 주변 상황을 인식할 수 있게 구현하는 부품으로, 대표적으로 카메라와 음파 탐지 장치 등이 있다. 로봇의 동작을 구현하는 액추에이터 기술은 과거에는 모터 정밀 제어 기술에 국한됐지만, 최근 인공 근육 등 새로운 형태의 기술이 점진적으로 등장하고 있다.

인공지능의 경우 최근 빠른 발전을 보이고 있으며, 장기적으로 로봇산업 경쟁력의 핵심 변수로 부각될 것이다. 로봇의 근본적 목적이 인간의 노동력을 대체 혹은 보조하는 것이기 때문이다. 인간이 만물의 영장으로 불리는 이유가 지적 능력에 있다는 점을 생각하면 로봇의 지능이 중요한 이유를 쉽게 알 수 있다. 해당 분야는 로봇 및 부품 제조사 외에 소프트웨어 기업과 완성차업체도 눈독을 들이고 있다. 이는 로봇과 스마트 디바이스의 경계가 허물어지고 있고, 로봇과 모빌리티의 경계도 흐려졌기 때문이다. 새 시대의 로봇산업 주도권을 쥐게 될 것인가는 인공지능의 완성도에 좌우될 것이며, 이 과정에서 기업의 활발한 투자가 예상된다.

INVESTMENT TIP

중요한 것은 결국 '로봇의 지능'이기 때문에 로봇산업의 주도권을 쥔 분야 역시 인공지능이다. 로봇 및 부품 제조사, 소프트웨어 기업, 완성차업체까지도 인공지능 산업에 총력을 기울이고 있으며, 이 과정에서 기업의 활발한 투자가 기대된다.

로봇의 성능을 결정하는 세 가지 요소

센서

액추에이터

인공지능

글로벌 로봇산업 연간 시장규모 추이

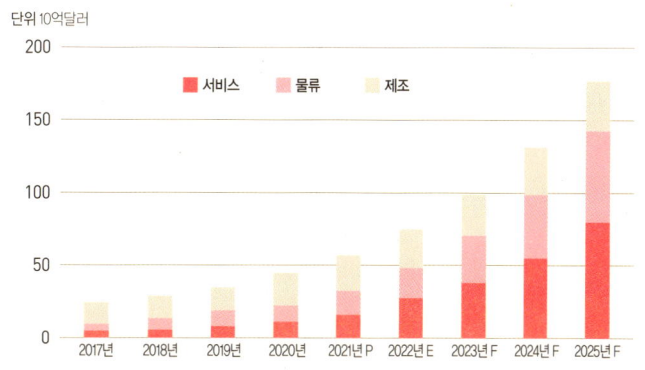

단위 10억달러

자료 현대자동차그룹

테마형 ETF — 로보틱스

BOTZ
Global X Robotics and Artificial Intelligence ETF

- ✓ 시가총액 비중, 종목당 최대 8% 비중 제한, 연간 리밸런싱
- ✓ 국가별 분산이 가장 잘되어 있으며 미국(40%)과 일본(35%) 비중이 높음

상장 국가/거래 통화	미국/USD
시가총액(억원)	24,300
종가	$27.86
보유 종목 수	38
기초 지수	Indxx Global Robotics & Artificial Intelligence Thematic Index
상장 일자	2016년 9월 12일
운용 보수(%)	0.68

섹터 비중 (단위 %)

- 산업재 40
- IT 39
- 헬스케어 12
- 금융 6
- 기타 3

국가 비중(%)		수익률(%)	
미국	39.2	1M	-7.2
일본	34.5	3M	-22.6
스위스	12.5	6M	-28.8
노르웨이	5.8	1Y	-17.3
기타	8.1	YTD	-22.5

1Y 변동성(%) 26.36

Top 5 종목 (단위 %)

종목	비중
NVIDIA Corp Com	11.2
ABB Ltd Ord Reg	9.6
Intuitive Surgical Inc Com	8.7
Keyence Corp Ord	8.2
Fanuc Corp Ord	6.7

※ 네 가지 종목 모두 2022년 3월 14일 종가 기준

ROBO
ROBO Global Robotics and Automation Index ETF

- ✓ 기업 경쟁력을 자체 평가해 차등 비중, 분기 리밸런싱
- ✓ 미국(45%)과 일본(21%)에 편중
- ✓ 대형주(43%)뿐만 아니라 중소형주(57%)에도 투자

상장 국가/거래 통화	미국/USD
시가총액(억원)	19,440
종가	$57.17
보유 종목 수	82
기초 지수	ROBO Global Robotics and Automation TR Index
상장 일자	2013년 10월 22일
운용 보수(%)	0.95

섹터 비중 (단위 %)

- 기술 적용 사업 58
- 원천 기술 개발 42

국가 비중(%)		수익률(%)	
미국	44.6	1M	-7.7
일본	21.3	3M	-17.3
독일	7.2	6M	-17.6
대만	6.7	1Y	-12.0
기타	20.2	YTD	-18.5

1Y 변동성(%) 21.08

Top 5 종목 (단위 %)

종목	비중
Irhythm Technologies Inc Com	2.0
Intuitive Surgical Inc Com	1.8
Cognex Corp Com	1.8
Illumina Inc Com	1.8
Airtac International Group Ord	1.7

ARKQ
ARK Autonomous Technology & Robotics ETF

- ✓ 기초 지수를 추종하지 않는 액티브 ETF
- ✓ 국가별 비중은 미국(82%)으로 편중
- ✓ 자율주행 기업에 38% 투자

상장 국가/거래 통화	미국/USD
시가총액(억원)	18,516
종가	$62.70
보유 종목 수	38
기초 지수	-
상장 일자	2013년 10월 22일
운용 보수(%)	0.95

섹터 비중 (단위 %)

- 자율주행 37
- 로봇 19
- 배터리 16
- 3D 프린팅 15
- 기타 13

국가 비중(%)		수익률(%)	
미국	82.2	1M	-7.1
중국	5.2	3M	-17.8
일본	5.0	6M	-23.2
이스라엘	4.4	1Y	-27.7
기타	3.3	YTD	-18.6

1Y 변동성(%) 28.61

Top 5 종목 (단위 %)

- Tesla Inc Com — 10.2
- Kratos Defense & Sec Sol Inc Com — 8.9
- Trimble Inc Com — 7.4
- Uipath Inc CL A — 6.3
- Komatsu Ltd Adr — 5.0

IRBO
iShares Robotics and Artificial Intel Mltsctr ETF

- ✓ 동일 가중, 반기 리밸런싱
- ✓ 미국(53%)과 아시아(40%) 지역에 편중

상장 국가/거래 통화	미국/USD
시가총액(억원)	3,998
종가	$33.29
보유 종목 수	120
기초 지수	NYSE FactSet Global Robotics and Artificial Intelligence (NTR)
상장 일자	2018년 6월 26일
운용 보수(%)	0.47

섹터 비중 (단위 %)

- IT 55
- 통신 서비스 20
- 산업재 15
- 자유 소비재 7
- 기타 3

국가 비중(%)		수익률(%)	
미국	52.7	1M	-9.9
일본	11.0	3M	-20.5
대만	8.7	6M	-23.3
중국	8.7	1Y	-24.3
기타	18.8	YTD	-19.6

1Y 변동성(%) 24.99

Top 5 종목 (단위 %)

- Advanced Micro Devices Inc Com — 1.8
- Faraday Technology Corp Ord — 1.5
- GODADDY Inc CL A — 1.3
- Teradata Corp Com — 1.2
- Concentrix Corp Com Wi — 1.2

SECTION 3 테마형 ETF

헬스케어

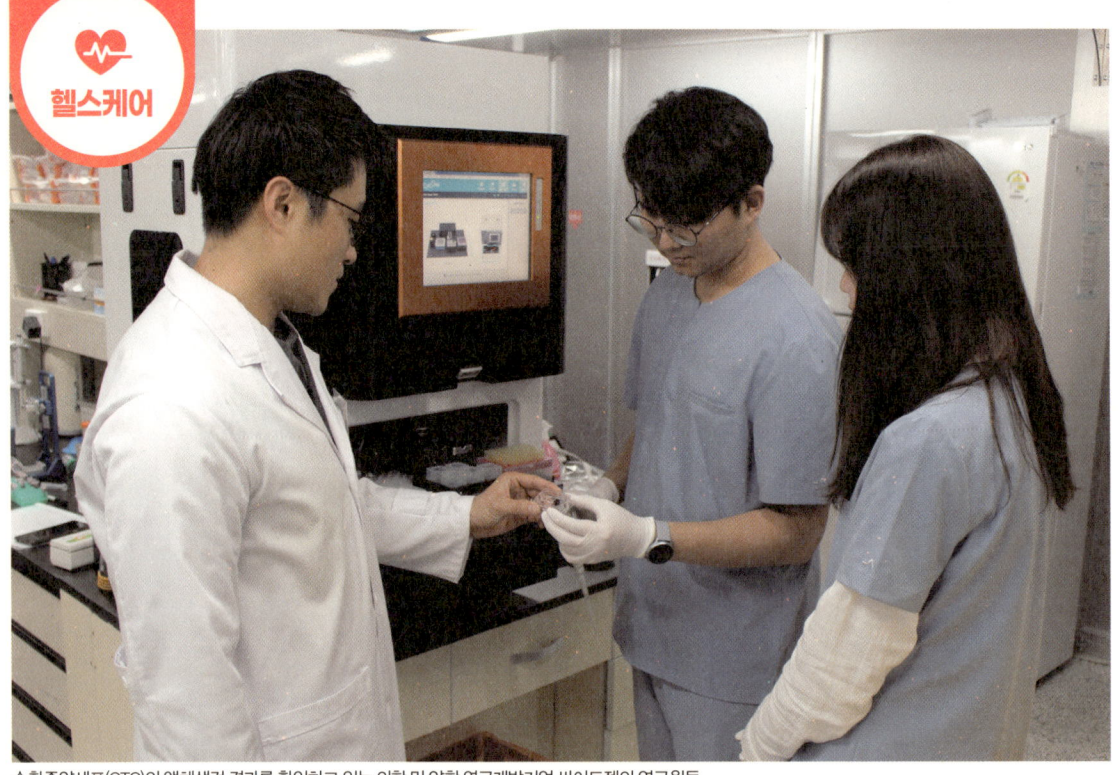

순환종양세포(CTC)의 액체생검 결과를 확인하고 있는 의학 및 약학 연구개발기업 싸이토젠의 연구원들.

미국 정부 정책에 힘입어 날개 단 액체생검

What's ? 헬스케어

최근 미국 바이든 정부가 '신암 문샷(New Cancer Moonshot)' 정책을 발표하며 헬스케어 업종 내 암 진단과 관련한 기술이 큰 관심을 받고 있다.
과거 아폴로 11호의 달 착륙에 버금가는 인류의 암 정복 프로젝트의 서막이 열린 것이다. 바이든 행정부의 암 정책은 암 검진 기회 확대 및 조기 진단을 강화하는 예방적 접근이 핵심이다.
이에 따라 차세대 암 진단 기술인 액체생검(Liquid Biopsy)과 혁신 바이오·생명공학 기업에 투자하는 ETF인 ARKG를 주목할 필요가 있다.

POINT KEYWORD

1. Cancer Moonshot
2. 액체생검
3. ARKG

미국 바이든 정부의 암 정복 프로젝트

올해 바이든 정부는 지난 5년 전 시작한 '암 문샷(Cancer Moonshot)' 정책을 재발표하며 향후 25년간 미국의 암 사망률을 최소 절반 수준으로 줄이겠다는 목표를 제시했다. 기존 정책과 비교해보면 암 조기 진단·검진·치료 강화라는 큰 틀은 유사하나, 암 환자의 전반적인 생활까지 케어를 강화하겠다는 것이 차이점이다. 암 문샷 정책의 핵심은 암 검진과 조기 진단을 통해 국가 차원에서 암을 정복하는 것으로, 중장기적으로 헬스케어 산업 관련 업체들의 큰 실적 성장이 전망된다.

차세대 암 진단 기술, '액체생검'

전통적인 암 진단 방식에는 조직 채취를 기반으로 하는 조직생검(Tissue Biopsy)과 CT를 활용한 영상 진단이 있다. 최근 차세대 진단 방식으로 혈액을 통해 암을 간편하게 진단하는 액체생검에 대한 관심이 높아지고 있다. 액체생검은 차세내 염기서열분석(NGS) 기술을 사용해 암세포에서 유래한 DNA의 흔적을 분석해 암을 진단하는 기술로, 기존 단백질 기반 기술에 비해 높은 민감도의 검진 결과를 보여주고 있다. 다만 본격적으로 상용화하기까지는 많은 기술적 보완과 시간이 소요될 것으로 전망하며, 관련 기술을 선도하고 있는 글로벌 기업들의 행보를 주목하는 것이 바람직하다.

글로벌 액체생검 기업의 시장 확대 노력

암 액체생검 시장은 크게 세 가지로 나뉜다. 현재 개화한 시장으로 암 환자 맞춤 치료를 가능하게 하는 '동반 진단'과 암 치료 후 환자의 추가 치료 여부를 판단하는 '예후 진단', 그리고 초기에 암을 진단하는 '조기 진단' 시장이다. 글로벌 액체생검 기업 가던트헬스(Guardant Health)에 따르면 동반 진단 예상 시장규모는 100억 달러이고, 예후 진단과 조기 진단의 예상 시장규모는 각각 200억 달러, 500억 달러로 추산한다. 글로벌 기업들 역시 기존 동반 진단 시장에서의 역량을 가지고 기술적으로 더 난이도가 있는 예후 진단과 조기 진단 시장 확대를 목표로 하고 있다.

ARK Genomic Revolution ETF

ARKG는 캐시 우드의 아크인베스트(ARK Invest)에서 운영하는 ETF로, 유전공학 관련 기술력을 가진 기업들 위주로 포트폴리오를 구성하고 있다. 2022년 3월 17일 현재 포트폴리오에 속한 기업은 총 50여 개로, 대장암 조기 진단 기업인 미국 이그젝트사이언시스의 보유 비중이 가장 높다.

ARKG의 최근 주가 흐름을 보면 비우호적인 매크로의 영향으로 2021년 초 고점 대비 50% 이상 하락했다. 중장기 바이오 혁신 기업에 투자하는 ETF로, 바이오업종 내에서도 높은 변동성을 보이기 때문에 투자에 더욱 신중한 접근이 필요하다.

INVESTMENT TIP

기존의 암 진단 방식보다 쉽고 높은 민감도를 지닌 액체생검에 대한 관심이 높아지고 있다. 그러나 본격적으로 상용화되기까지는 많은 시일이 걸릴 것으로 보인다. 캐시 우드의 ARKG 역시 2021년 초 고점 대비 50% 이상 하락한 바 있어 신중한 투자 결정이 필요하다.

액체생검 시장 구성 및 규모

동반 진단

100억 달러

예후 진단

200억 달러

조기 진단

500억 달러

주목! 글로벌 바이오 헬스케어 기업

기업	내용
Guardant Health	암 액체생검 중 동반 진단 시장에서 강점을 가진 기업으로, 미국에서 유일하게 미국 공보험 승인을 받은 제품 보유. 조기 진단 및 예후 진단 시장 진출 가속화 노력 중.
Illumina	차세대 염기서열분석(NGS) 분야의 시장 선두 업체로, 2016년 스핀오프를 진행한 액체생검 기반의 다중암(Pan-cancer) 조기 진단업체 그레일(Grail)을 80억 달러에 재인수(2020년).
Exact Sciences	대장암 조기 진단(Cologuard) 기업으로, 액체생검 기반의 조기 진단 및 예후 진단 시장 확대 중.

테마형 ETF  헬스케어

ARKG
ARK Genomic Revolution ETF

- ✓ 기초 지수를 추종하지 않는 액티브 ETF
- ✓ 미국(94%)에 편중되어 있음
- ✓ 분자진단 기술이 가장 높은 비중(19%)

상장 국가/거래 통화	미국/USD
시가총액(억원)	40,738
종가	$42.62
보유 종목 수	52
기초 지수	-
상장 일자	2014년 10월 31일
운용 보수(%)	0.75

섹터 비중 (단위 %)

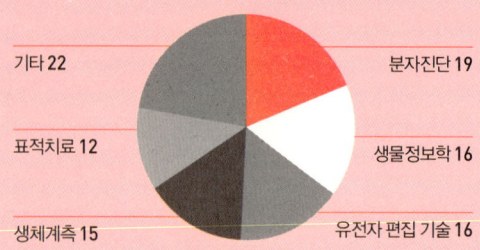

기타 22, 표적치료 12, 생체계측 15, 분자진단 19, 생물정보학 16, 유전자 편집 기술 16

국가 비중(%)	미국	93.6	수익률(%)	1M	-14.4
	스위스	4.0		3M	-31.1
	캐나다	1.1		6M	-47.0
	중국	0.5		1Y	-54.2
	기타	0.8		YTD	-30.4

1Y 변동성(%) 41.69

Top 5 종목 (단위 %)

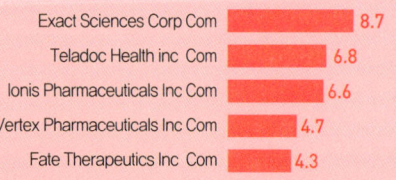

Exact Sciences Corp Com	8.7
Teladoc Health inc Com	6.8
Ionis Pharmaceuticals Inc Com	6.6
Vertex Pharmaceuticals Inc Com	4.7
Fate Therapeutics Inc Com	4.3

※ 네 가지 종목 모두 2022년 3월 14일 종가 기준

EDOC
Global X Telemedicine & Digital Health ETF

- ✓ 시가 총액 비중, 종목당 최대 4% 비중 제한, 반기 리밸런싱
- ✓ 미국(92%)에 편중되어 있으며 중국과 홍콩에도 6%가량 투자
- ✓ 원격의료 등 의료시설 디지털화 기술에 35% 투자

상장 국가/거래 통화	미국/USD
시가총액(억원)	3,541
종가	$13.76
보유 종목 수	39
기초 지수	Solactive Telemedicine & Digital Health Index-TR Net
상장 일자	2020년 7월 29일
운용 보수(%)	0.68

섹터 비중 (단위 %)

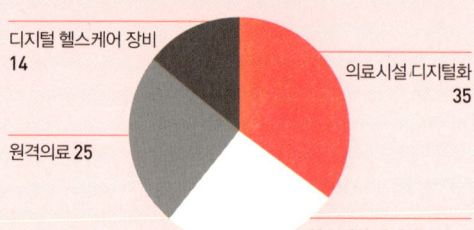

디지털 헬스케어 장비 14, 원격의료 25, 의료시설.디지털화 35, 헬스케어 데이터분석 26

국가 비중(%)	미국	91.8	수익률(%)	1M	-6.9
	중국	3.9		3M	-15.5
	독일	2.2		6M	-26.1
	홍콩	1.9		1Y	-30.0
	기타	0.2		YTD	-16.8

1Y 변동성(%) 23.57

Top 5 종목 (단위 %)

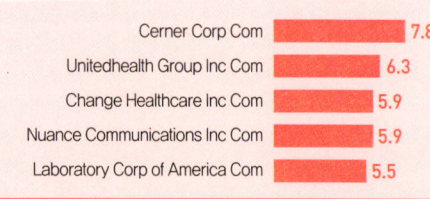

Cerner Corp Com	7.8
Unitedhealth Group Inc Com	6.3
Change Healthcare Inc Com	5.9
Nuance Communications Inc Com	5.9
Laboratory Corp of America Com	5.5

PBE
Invesco Dynamic BioTech & Genome ETF

✓ 동일 비중 기반으로 자체 평가에 따라 조절, 분기 리밸런싱
✓ 국가별 비중은 북미(91%)와 유럽(9%)에 편중

상장 국가/거래 통화	미국/USD
시가총액(억원)	2,750
종가	$59.85
보유 종목 수	29
기초 지수	Dynamic Biotech & Genome Intellidex Index(AMEX)
상장 일자	2005년 6월 23일
운용 보수(%)	0.59

섹터 비중 (단위 %)

- 바이오기술 76
- 생명과학 16
- 제약 5
- 헬스케어 서비스 3

국가 비중(%)		수익률(%)	
미국	87.4	1M	-2.7
아일랜드	5.9	3M	-14.4
캐나다	3.7	6M	-21.6
네덜란드	2.9	1Y	-21.0
		YTD	-16.0

1Y 변동성(%) 24.38

Top 5 종목 (단위 %)

Amgen Inc Com	7.4
Regeneron Pharmaceuticals Com	6.7
Gilead Sciences Inc Com	5.4
Bio-Techne Corp Com	5.2
Biogen Inc Com	5.0

IDNA
iShares Genomics Immunology and Healthcare ETF

✓ 시가총액 비중, 종목별 최대 4% 제한, 반기 리밸런싱
✓ 국가별 비중이 비교적 잘 분산되어 있으며 미국(60%) 외에도 일본(12%), 프랑스(8%)에 투자

상장 국가/거래 통화	미국/USD
시가총액(억원)	2,790
종가	$33.48
보유 종목 수	50
기초 지수	NYSE FactSet Global Genomics and Immuno Biopharma Index
상장 일자	2019년 6월 11일
운용 보수(%)	0.47

섹터 비중 (단위 %)

- 바이오기술 75
- 제약 17
- 생명과학 8

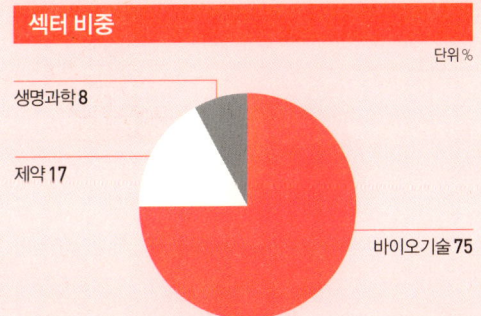

국가 비중(%)		수익률(%)	
미국	59.1	1M	-6.7
일본	11.9	3M	-26.5
프랑스	7.5	6M	-37.7
독일	6.7	1Y	-29.5
기타	14.8	YTD	-23.6

1Y 변동성(%) 29.93

Top 5 종목 (단위 %)

Exelixis Inc Com	6.9
Ono PharmaceuticaL Co Ltd Ord	6.1
Sanofi(Sanofi Aventis) Ord	6.0
Takeda Pharmaceutical Co Ltd Ord	5.9
Regeneron Pharmaceuticals Com	5.7

SECTION 3   테마형 ETF

고배당

주식시장 부진한 시기에
빛 발하는 고배당 ETF

What's ? 고배당

주식투자에서 배당은 몇 안 되는 확실한 수익 원천이다.
높은 배당을 지급하는 주식에 투자하는 고배당주 투자의 성과는 역사적으로 안정성과 수익성이 검증된 투자전략이다.
2010년 이후 주식시장에서는 성장성이 높은 나스닥이 각광받고 있으나, 과거 닷컴버블 붕괴 이후 2000년대 나스닥을 비롯한 성장주의 성과는 부진했다. 2021년 이후에도 고배당 투자의 성과는 시장을 앞서고 있다. 2022년에도 인플레이션 환경이 지속되고 있는 만큼 고배당 투자의 매력은 여전할 전망이다.

POINT KEYWORD

1. 배당주 펀드
2. 금융·에너지·소비재업종 등 가치주
3. 신흥국 시장

1940년 이후 10년 단위 연평균 S&P500의 배당수익률과 주가수익률

자료 Fidelity, NH투자증권 리서치본부

배당 투자의 장점과 리스크

1940년 이후 미국 S&P500의 성과 중 약 30%는 배당에서 발생했다. 앞서 언급한 닷컴버블 붕괴 이후 주가 하락이 있었던 2000년대에는 배당을 제외한 S&P500의 주가수익률은 마이너스(-)를 기록했다. 배당 투자는 장기적으로 검증된 테마이며, 주식시장이 부진한 시기에 빛을 발한다. 배당 투자에서 중요한 점은 꾸준히 배당을 줄 수 있는 실적의 지속성이다. 일시적인 폭탄 배당과 단기 실적 호조로 인한 고배당은 지속성을 유지하기 어렵다. 이에 단순히 최근 배당수익률이 높은 종목에 투자할 경우 배당의 지속성에 대한 리스크와 함께 향후 실적 악화에 따른 주가 하락 리스크도 높다. 배당주 펀드나 ETF에 투자할 경우 개별 배당주 선정의 어려움을 상당 부분 해소할 수 있다.

인플레이션과 고배당 투자

글로벌 주식시장에서 고배당주는 금융업종과 에너지·소비재업종 등 가치주에 속하는 종목의 비중이 높은 편이다. 글로벌 금융시장에서 인플레이션이 화두가 되고 있다. 과거 대비 높은 물가 수준이 이어지고, 코로나19 사태 이후 초저금리 환경에서 금리 상승 추세가 나타나고 있는 만큼 당분간 가치주 비중이 높은 고배당 투자의 성과가 우수할 가능성이 높다.

INVESTMENT TIP

배당 투자의 중요한 점은 실적의 지속성이다. 그러나 단순히 최근 배당수익률이 높은 종목에 투자할 경우 배당의 지속성에 대한 리스크와 함께 향후 실적 악화에 따른 주가 하락 리스크도 높다. 배당주 펀드나 ETF에 투자할 경우 개별 배당주 선정의 어려움을 상당 부분 해소할 수 있다. 미국 이외 유럽 등 선진국과 신흥국 주식시장에 투자하는 ETF 역시 장기적으로 주식시장 대비 우수한 성과를 기록하고 있다.

주요 고배당주 투자 ETF

미국 주식시장에는 고배당주에 투자하는 ETF가 다수 상장돼 있다. 주요 고배당주 ETF는 배당수익률뿐만 아니라 배당의 지속성도 감안해 종목을 선정한다. 배당주 선정 방식과 비중에 따라 업종 분포와 성과의 차이도 발생한다. 한편 일반적인 고배당주 ETF에서 리츠는 편입하지 않으나, 일부 ETF에서는 리츠도 편입하고 있다.

미국 이외 유럽 등 선진국과 신흥국 주식시장에 투자하는 ETF 역시 장기적으로 주식시장 대비 우수한 성과를 기록하고 있다. 선진국 대비 투자 위험이 높은 신흥국의 경우에도 배당을 통해 기업의 안정성을 간접적으로 확인할 수 있다. 이러한 미국 이외 지역의 고배당 ETF는 미국 대비 배당수익률이 높은 편이다. 다만 신흥국 고배당 ETF의 변동성은 선진국 대비 높은 편이다.

미국 iShares 고배당 ETF의 최근 12개월 배당수익률

티커	ETF	지역	배당수익률(%)
DVY	iShares Select Dividend ETF	미국	3.09
IDV	iShares International Select Dividend ETF	전 세계(미국 제외)	5.66
DVYE	iShares Emerging Markets Dividend ETF	신흥국	8.28

자료 Morningstar, NH투자증권 리서치본부 ※ 2022년 2월 28일 기준

테마형 ETF  고배당

VYM
Vanguard High Dividend Yield Index Fund

✓ 시가총액 비중, 반기 리밸런싱
✓ 국가별 비중은 미국에 편중(96%), 금융(21%) 및 헬스케어(13%) 섹터 비중이 높은 편

상장 국가/거래 통화	미국/USD
시가총액(억원)	537,274
종가	$110.82
보유 종목 수	409
기초 지수	FTSE Custom High Dividend Yield
상장 일자	2006년 11월 10일
운용 보수(%)	0.06

섹터 비중
단위 %

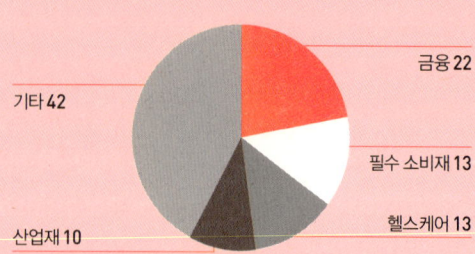

금융 22
필수 소비재 13
헬스케어 13
산업재 10
기타 42

국가 비중(%)			수익률 (%)	
미국	96.4		1M	-0.8
영국	1.5		3M	0.0
아일랜드	0.9		6M	6.6
스위스	0.8		1Y	12.7
기타	0.4		YTD	-1.2

1Y 변동성(%) 12.57

Top 5 종목
단위 %

Johnson & Johnson Com	3.3
J.P.Morgan Chase & Co Com	2.8
Procter & Gamble Co Com	2.6
Exxon Mobil Corp Com	2.6
Home Depot Inc Com	2.5

※ 네 가지 종목 모두 2022년 3월 14일 종가 기준

SDY
SPDR S&P Dividend ETF

✓ 배당수익률 가중, 분기 리밸런싱, 연간 단위로 종목 편·출입
✓ 미국에 주로 투자(96%)하며, 산업별 비중 고르게 분포
✓ 최근 20년간 배당금을 증액해온 기업들만 고려

상장 국가/거래 통화	미국/USD
시가총액(억원)	252,122
종가	$125.88
보유 종목 수	119
기초 지수	S&P High Yield Dividend Aristocrats
상장 일자	2005년 11월 8일
운용 보수(%)	0.35

섹터 비중
단위 %

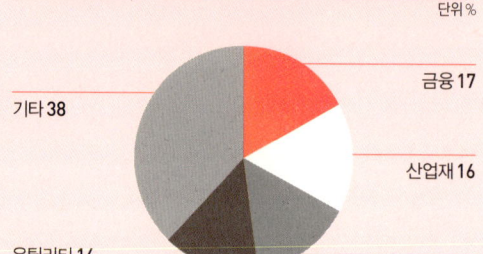

금융 17
산업재 16
필수 소비재 15
유틸리티 14
기타 38

국가 비중(%)			수익률 (%)	
미국	95.5		1M	0.3
영국	2.5		3M	-0.8
아일랜드	1.0		6M	5.6
스위스	0.7		1Y	8.9
기타	0.3		YTD	-2.5

1Y 변동성(%) 13.41

Top 5 종목
단위 %

Exxon mobil Corp Com	2.7
Chevron Corp Com	2.5
Abbvie Inc Com	2.0
South Jersey Industries Inc Com	2.0
International Business Machines Com	2.0

VYMI
Vanguard Internatl High Div Yield Index Fund

- ✓ 시가총액 비중, 반기 리밸런싱
- ✓ 미국 제외 글로벌 기업에 투자하며, 유럽 지역(45%)과 금융 섹터(33%)에 편중되어 있음

상장 국가/거래 통화	미국/USD
시가총액(억원)	45,747
종가	$66.47
보유 종목 수	1,119
기초 지수	FTSE Custom All-World ex US High Dividend Yield Net Tax (US RIC) Index
상장 일자	2016년 2월 25일
운용 보수(%)	0.22

섹터 비중
단위 %

- 금융 33
- 에너지 10
- 소재 9
- 산업재 9
- 기타 39

국가 비중 (%)			수익률	
영국	13.0		1M	-6.0
일본	11.4		3M	0.5
스위스	10.2		6M	-0.2
캐나다	9.5		1Y	4.4
기타	55.9		YTD	-1.0

1Y 변동성(%) 13.84

Top 5 종목
단위 %

- Nestle Sa Ord Reg — 2.9
- Roche Holding Ag Ord Drc — 1.9
- Toyota Motor Corp Ord — 1.7
- Shell Plc Ord — 1.7
- Astrazeneca Plc Ord — 1.6

DVYE
iShares Emerging Markets Dividend ETF

- ✓ 최근 3년간 배당을 실시한 신흥국 고배당 기업 100여 개에 투자
- ✓ 섹터별 비중은 비교적 균등하지만, 국가별로는 중국(23%)의 비중이 가장 높음

상장 국가/거래 통화	미국/USD
시가총액(억원)	8,237
종가	$32.01
보유 종목 수	91
기초 지수	Dow Jones Emerging Markets Select Dividend
상장 일자	2012년 02월 23일
운용 보수(%)	0.49

섹터 비중
단위 %

- 금융 18
- 에너지 18
- 유틸리티 15
- 부동산 10
- 기타 39

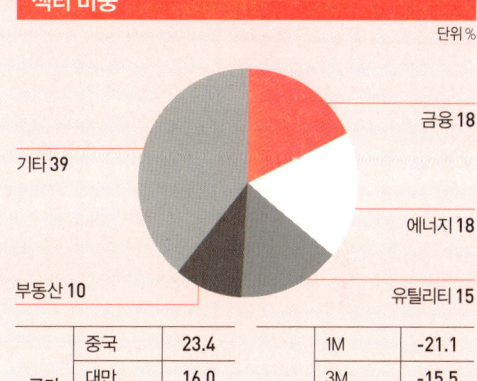

국가 비중 (%)			수익률	
중국	23.4		1M	-21.1
대만	16.0		3M	-15.5
브라질	14.1		6M	-16.2
러시아	10.7		1Y	-13.4
기타	35.7		YTD	-16.9

1Y 변동성(%) 17.72

Top 5 종목
단위 %

- Pt Adaro Energy Indonesia Tbk Ord — 4.1
- Pt Bukit Asam (Tambang) Ord — 2.9
- Transmissora Alianca (Terna) Unit — 2.6
- Yankuang Energy Group Co Ltd Ord H — 2.5
- Cia Transmissao Energia Paulista Pfd — 2.3

SECTION 3 　 테마형 ETF

소비재

명품 매장에 입장하기기 위해 서울 명동 신세계백화점 앞에 길게 줄을 선 고객들.

불황을 이기는 명품 시장

What's ? 소비재

명품 ETF는 전 세계적으로 인지도가 압도적으로 높거나 충성도가 높은 고객을 확보하고 있는 브랜드와 관련한 테마다. 여기에는 자동차·전자기기·화장품·스포츠용품·의류·주류 등 다양한 제품군이 포함돼 있으며, 경쟁 업체 대비 프리미엄 가격이 정당화되는 브랜드 파워가 핵심이다. 코로나19 이후 보복 소비에 따라 오히려 명품 ETF 주가는 강세를 보여왔다. 최근 글로벌 주요 수요처인 중국의 공동부유 언급으로 주가 조정이 나타났으나, 소비자 수요는 계속해서 증가하고 있기 때문에 중장기 관점에서 주가 상승 흐름은 지속될 것으로 전망한다.

POINT KEYWORD

1 보복 소비
2 MZ세대
3 중국 정부 규제

코로나19에도 명품 완판, 불황에 더 팔린다

일반적인 경제 논리에 따르면 사치재에 속하는 재화의 경우 소득이 불안정할수록 소비가 줄어들게 된다. 그러나 코로나19라는 불안정한 상황에서도 명품 산업의 매출 성장은 돋보였다. 롯데그룹의 조사 결과에 따르면 2020~2021년 국내의 명품 판매량은 코로나19 확산 전인 2018~2019년 대비 23.0% 증가했다. 코로나19 이후 명품 소비는 보복 소비와 베블런 효과(비쌀수록 갖고 싶어 하는 심리) 등에 힘입어 확대됐다. 보복 소비는 코로나19 장기화로 이전의 일상생활로 복귀하지 못해 우울한 마음을 쇼핑으로 풀고 싶은 보상 심리가 반영되며 나타난 행태다. 또한 해외여행이 막히자 모아둔 여행 자금의 소비가 제한되면서 생겨난 금전적 여유가 평소 구매하기 어려운 명품을 소비하는 흐름으로 이어진 것으로 보인다.

MZ세대가 이끄는 명품 시장

명품은 중장년층의 전유물로 여겨졌으나, 이제는 MZ세대(1980년대 초~2000년대 초 출생)가 명품 산업을 이끌어가고 있다. 실제로 유튜브나 인스타그램 등 SNS에서 명품 해시태그를 쉽게 찾아볼 수 있는데, 이 콘텐츠의 주 소비층 역시 MZ세대다. 온라인과 모바일 환경에 익숙한 MZ세대는 SNS를 통해 명품 정보와 팁을 얻고 명품을 구매하는 것이다. 이렇게 명품을 많이 구매하는 10~30대의 소비 패턴은 세월이 지나도 지속될 가능성이 있다. 실제로 신세계백화점의 명품 매출에서 2030 세대가 차지하는 비중은 2021년 50.5%로, 과반을 넘어서는 것으로 집계됐다. 롯데백화점의 명품 매출에서도 2030 세대가 차지한 비중은 지난 2018년 38.1%, 2019년 41%, 2020년 46%로 매년 증가세를 이어갔다. 갤러리아백화점 역시 2030 세대의 명품 구매 금액이 전년 대비 33% 증가하며 개장 이래 처음으로 해당 세대가 전체 명품 매출에서 차지하는 비중이 30%를 넘어서기도 했다. MZ세대는 2025년까지 전체 명품 소비의 55%를 차지하는 최대 소비자층으로 떠오를 전망이다.

중국, 명품업계의 큰손

글로벌 명품 시장에서 중국은 가장 중요한 수요처 중 하나다. 코로나19 영향으로 중국의 명품 소비는 대부분 중국 내에서 이뤄지고 있다. 컨설팅업체 베인앤컴퍼니에 따르면 지난해 중국의 사치품 판매 규모는 전년 동기 대비 36% 증가한 4710억 위안(약 88조8800억원)으로, 코로나19 확산 전인 2019년 판매액 2340억 위안(약 44조1500억원) 대비 2배 증가했다. 이에 따라 세계시장에서 중국의 점유율은 2년 만에 거의 2배 상승해 2021년에는 약 21% 수준에 달한 것으로 추정되며, 중국은 2025년 세계 최대 명품 시장으로 부상할 전망이다. 따라서 명품 브랜드 또는 기업들의 중국 내 실적과 인기가 중요한 투자 지표가 되고 있다.

한편 중국 시진핑 국가주석을 중심으로 중국 지도부의 '공동부유(共同富裕: '함께 잘 살자'라는 뜻의 분배 중심 경제정책)' 강조, 사치세 강화 등의 움직임이 나타나면서 명품 산업에 긴장감을 주고 있다. 시진핑 주석의 발언 이후에도 2021년 실제 중국의 명품 구매는 증가했으나, 향후 중국 정부의 규제와 정책은 지켜봐야 할 부분이다.

INVESTMENT TIP

코로나19 대유행과 러시아·우크라이나 전쟁 등으로 인한 인플레이션 장기화 우려가 제기되고 있다. 그러나 명품 소비는 글로벌 경기둔화 및 인플레이션과 무관하게 우상향 흐름을 이어갈 전망이다. 실제로 세계적 명품 대기업들은 핸드백·의류·신발·보석 등의 가격을 인상하고 있지만, 소비자들의 반발은 크지 않으며 오히려 수요가 증가하는 추세다.

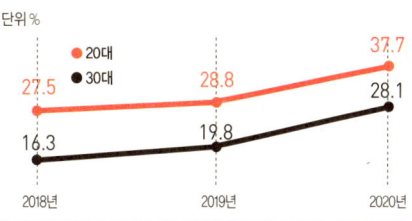

2030 세대 명품 매출 신장률
단위 %
- 20대: 2018년 27.5, 2019년 28.8, 2020년 37.7
- 30대: 2018년 16.3, 2019년 19.8, 2020년 28.1

자료 현대백화점

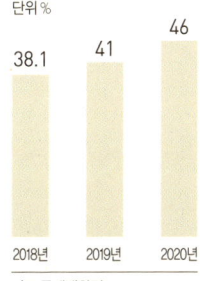

2030세대 명품 매출 비중
단위 %
- 2018년 38.1
- 2019년 41
- 2020년 46

자료 롯데백화점

테마형 ETF  소비재

MILN
Global X Millennial Consumer ETF

- ✓ 종목별 최대 3% 비중 제한, 연간 리밸런싱
- ✓ MZ세대의 소비 트렌드를 공략하는 기업에 투자
- ✓ 주로 미국(95%)에 투자하며 자유 소비재(40%) 섹터에 편중

상장 국가/거래 통화	미국/USD
시가총액(억원)	2,021
종가	$35.09
보유 종목 수	82
기초 지수	Indxx Millennials Thematic Index
상장 일자	2016년 5월 4일
운용 보수(%)	0.5

섹터 비중 (단위 %)

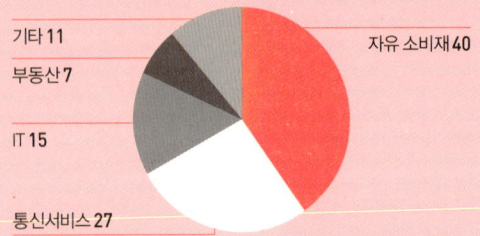

- 자유 소비재 40
- 통신서비스 27
- IT 15
- 부동산 7
- 기타 11

국가 비중(%)		수익률(%)	
미국	94.5	1M	-6.2
캐나다	2.0	3M	-15.0
싱가포르	1.5	6M	-21.4
룩셈부르크	1.3	1Y	-14.7
기타	0.7	YTD	-17.6

1Y 변동성(%) 21.14

Top 5 종목 (단위 %)

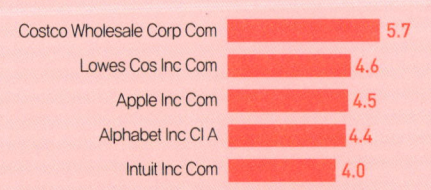

- Costco Wholesale Corp Com 5.7
- Lowes Cos Inc Com 4.6
- Apple Inc Com 4.5
- Alphabet Inc Cl A 4.4
- Intuit Inc Com 4.0

※ 네 가지 종목 모두 2022년 3월 14일 종가 기준

GBUY
Goldman Sachs Future Consumer Equity ETF

- ✓ 기초 지수를 추종하지 않는 액티브 ETF
- ✓ MZ세대의 성장에 따라 변화하는 소비 트렌드에 투자
- ✓ 통신서비스(32%)와 IT(17%) 비중이 높은 편

상장 국가/거래 통화	미국/USD
시가총액(억원)	215
종가	$30.48
보유 종목 수	45
기초 지수	–
상장 일자	2021년 11월 9일
운용 보수(%)	0.75

섹터 비중 (단위 %)

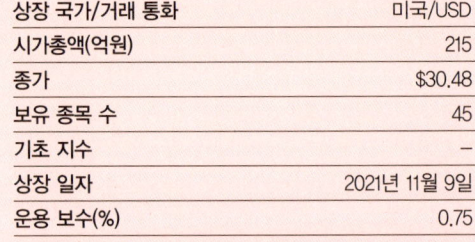

- 통신서비스 32
- 자유 소비재 26
- IT 17
- 유틸리티 6
- 기타 19

국가 비중(%)		수익률(%)	
미국	60.2	1M	-8.4
중국	7.4	3M	-17.1
대만	7.0	6M	-
이탈리아	4.7	1Y	-
기타	20.7	YTD	-19.8

1Y 변동성(%) –

Top 5 종목 (단위 %)

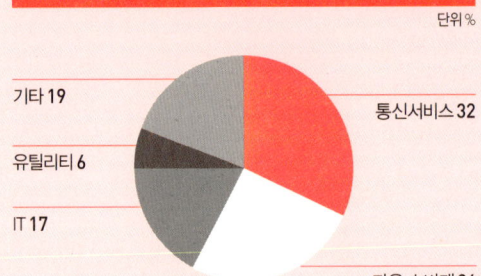

- Amazon.com Inc 7.6
- Alphabet Inc Cl C 7.4
- LVMH Louis Vuitton Moet Hen Ord 4.0
- Taiwan Semiconductor Mfg Co Ltd Ord 3.9
- NVIDIA Corp Com 3.8

GLUX
Amundi S&P Global Luxury UCITS ETF - EUR(C)

- ✓ 종목별 최대 8% 비중 제한, 연간 리밸런싱
- ✓ 전 세계 럭셔리 제품 및 서비스 기업 80여 개에 투자
- ✓ 미국(38%)과 유럽(56%) 지역에 편중

상장 국가/거래 통화	프랑스/Euro
시가 총액(억원)	4,807
종가	$189.26
보유 종목 수	180
기초 지수	S&P Global Luxury Index
상장 일자	2018년 1월 31일
운용 보수(%)	0.25

섹터 비중 (단위 %)

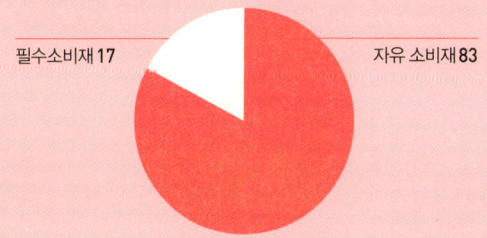

필수소비재 17 자유 소비재 83

국가 비중(%)		수익률(%)	
미국	38.0	1M	-8.4
프랑스	24.0	3M	-13.0
독일	10.5	6M	-2.6
스위스	7.9	1Y	0.5
기타	19.6	YTD	-14.7

1Y 변동성(%) 22.83

Top 5 종목 (단위 %)

Volkswagen Ag Ord Pfd	5.6
Amazon.com Inc	5.3
Tesla Inc Com	4.6
Broadcom Inc Com	4.2
Merck & Co INc Com	3.6

KXI
iShares Global Consumer Staples ETF

- ✓ 종목별 최대 10% 비중 제한, 분기 리밸런싱
- ✓ 글로벌 필수 소비재 기업에 투자하며, 국가별로는 미국(55%)에 편중

상장 국가/거래 통화	미국/USD
시가총액(억원)	12,101
종가	$60.40
보유 종목 수	89
기초 지수	S&P Global 1200 Consumer Staples (Sector) Capped Index
상장 일자	2006년 9월 12일
운용보수(%)	0.43

섹터 비중 (단위 %)

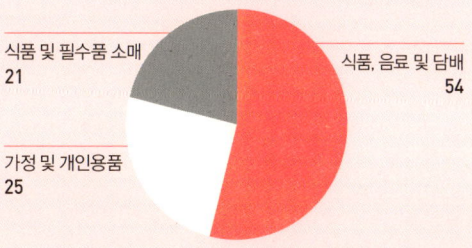

식품 및 필수품 소매 21
가정 및 개인용품 25
식품, 음료 및 담배 54

국가 비중(%)		수익률(%)	
미국	55.5	1M	-4.0
영국	12.2	3M	-5.2
스위스	9.7	6M	-1.3
일본	5.8	1Y	8.4
기타	16.7	YTD	-6.7

1Y 변동성(%) 22.83

Top 5 종목 (단위 %)

Procter & Gamble Co Com	9.2
Nestle Sa Ord Reg	9.0
Coca Cola Co Com	5.0
Walmart Inc Com	5.0
Costco Wholesale Corp Com	4.7

SECTION 3
기타 유형 ETF
리츠

인플레 피난처로 떠오른 '리츠ETF'

미국 리츠는 지난해 S&P500지수보다 높은 주가 상승률을 보였으며, 올해 주식시장 변동성이 확대된 상황에서 상대적으로 높은 투자 매력도를 유지할 것으로 기대하고 있다. 높은 인플레이션으로 인해 인플레이션 헤지 필요성이 커짐에 따라 실물자산 투자를 늘릴 필요성도 커졌으며, 그 대표적 수단으로 부동산 리츠를 고려할 수 있다.

Vanguard Real Estate ETF

대표 ETF로는 뱅가드에서 발행한 Vanguard Real Estate ETF(VNQ)가 있으며, ETF로 시가총액 기준 미국 내 부동산 및 리츠 기업에 투자하는 상품이다. MSCI US IMI Real Estate 25/50 Index를 추종하며, 섹터 투자 편입 비중은 특수 목적(39.7%), 주거(14%), 산업(11%), 리테일(9.6%), 헬스케어(8.4%) 순으로 구성돼 있다. 2004년 9월 23일에 상장했으며, 규모는 약 46조7000억원, 수수료는 0.12%, 하루 평균 거래량은 681.69M이다. 배당률은 3.07%로, 상대적으로 높은 배당률을 보이고 있다. 약 170개 종목으로 구성돼 있으며, Vanguard Real Estate의 편입 비중(11.3%)이 가장 높다는 것이 특징이다.

> 주식 기대수익률이 낮아지는 시기에 배당 투자 확대 콘셉트에도 리츠는 유효하다.

Schwab US REIT ETF

두 번째 상품은 Schwab US REIT ETF(SCHH)로 찰스 슈왑에서 발행한 ETF다. 미국 내 최소한의 유동성 및 규모를 통과하는 리츠로 구성돼 소형 리츠도 편입돼 있으며, 약 130개 종목으로 이뤄져 있다.

모기지 리츠와 하이브리드 리츠를 제외한 미국 부동산 투자신탁회사의 시가총액 가중 지수인 Dow Jones Equity All REIT Capped Index를 추종한다.

2011년 1월 13일에 상장했으며, 규모는 약 7조2000억원, 수수료는 0.07%, 하루 평균 거래량은 681.69M이다. 배당률은 3.07%로, 상대적으로 높은 배당률을 보이면서 분기별로 지급하는 것이 특징이다.

주요 리츠 ETF

ETF/상위 구성 종목	티커	시가총액 (USD bn)	수익률(%)			배당수익률 (%)	일간 수익률 표준편차	PER (X)	PBR (X)	종목 수	Top 10 비중(%)	20D 거래대금 (USD mn)	수수료
			2W	1M	3M								
Vanguard Real Estate	VNQ	46.1	-0.2	-8.6	-4.0	4.0	1.2	50.7	3.4	176	45.6	762.78	0.12
Schwab US REIT	SCHH	6.7	-0.1	-8.5	-3.2	2.8	1.2	53.8	3.1	142	42.2	70.71	0.07
Real Estate Select Sector SPDR	XLRE	5.5	-0.4	-8.7	-3.0	3.6	1.3	41.6	4.2	32	61.5	376.47	0.10

자료 Bloomberg, 미래에셋증권 리서치센터 ※2022년 2월 4일 기준

미래에셋글로벌리츠는 현재 미국 인디애나주 인디애나폴리스에 위치한 물류센터를 보유하고 있다.

VNQ 상위 구성 종목

ETF/상위 구성 종목	티커	편입 비중 %	시가총액 (USD bn)	수익률(%) 2W	1M	3M	FFO Growth (FY1)	P/FFO (FY1)	최근 12M 배당수익률	비고
Vanguard Real Estate II Index	VRTPX US	11.3	–	-0.2	-8.7	-4.1	–	–	-9.4	–
American Tower Corp	AMT US	6.9	112.2	0.7	-12.9	-11.7	5.8	45.5	-15.8	특수 REIT
Prologis Inc	PLD US	6.4	113.5	-1.2	-4.7	3.8	3.4	6.0	-8.8	산업 REIT
Crown Castle International Corp	CCI US	4.0	77.0	-1.1	-10.8	-0.4	3.9	21.2	-13.6	특수 REIT
Equinix Inc	EQIX US	3.9	63.2	-2.7	-13.8	-12.6	5.6	4.8	-17.0	특수 REIT
Public Storage	PSA US	3.1	63.6	2.7	-0.6	9.1	8.8	27.7	-3.1	특수 REIT
Simon Property Group Inc	SPG US	2.6	47.7	-1.2	-10.9	-12.4	6.2	66.4	-9.1	소매점 REIT
Digital Realty Trust Inc	DLR US	2.5	42.2	-6.3	-14.2	-7.0	2.5	3.2	-17.9	특수 REIT
SBA Communications Corp	SBAC US	2.2	35.0	2.9	-13.0	-7.2	2.4	-6.5	-17.3	특수 REIT
Realty Income Corp	O US	2.0	38.6	0.4	-5.6	-1.2	1.4	3.9	-4.7	소매점 REIT

자료: Bloomberg, 미래에셋증권 리서치센터 ※2022년 2월 4일 기준

SCHH 구성 종목

ETF/상위 구성 종목	티커	편입 비중 %	시가총액 (USD bn)	수익률(%) 2W	1M	3M	EPS Growth	ROE	최근 12M 배당수익률	비고
Prologis Inc	PLD US	7.5	113.5	-1.2	-4.7	3.8	3.4	6.0	-8.8	산업 REIT
American Tower Corp	AMT US	7.1	112.2	0.7	-12.9	-11.7	5.8	45.5	-15.8	특수 REIT
Crown Castle International Corp	CCI US	5.2	77.9	-1.1	-10.8	-0.4	3.9	21.2	-13.6	특수 REIT
Equinix Inc	EQIX US	4.1	63.2	-2.7	-13.8	-12.6	5.6	4.8	-17.0	특수 REIT
Public Storage	PSA US	3.9	63.6	2.7	-0.6	9.1	8.8	27.7	-3.1	특수 REIT
Simon Property Group Inc	SPG US	3.8	47.7	-1.2	-10.9	-12.4	6.2	66.4	-9.1	소매점 REIT
Digital Realty Trust Inc	DLR US	3.5	42.2	-6.3	-14.2	-7.0	2.5	3.2	-17.9	특수 REIT
Realty Income Corp	O US	3.3	38.6	0.4	-5.6	-1.2	1.4	3.9	-4.7	소매점 REIT
Welltower Inc	WELL US	3.1	35.0	-8.1	-8.7	0.0	0.8	2.1	-6.2	건강관리 REIT
SBA Communications Corp	SBAC US	2.2	35.0	2.9	-13.0	-7.2	2.4	-6.5	-17.3	특수 REIT

자료: Bloomberg, 미래에셋증권 리서치센터 ※2022년 2월 4일 기준

SECTION 3 기타 유형 ETF

롤러코스터 유가에 날개 단 '원자재 ETF'

원자재 투자에 대한 관심이 높아지는 만큼 원자재 시장과 지수 그리고 관련 ETF에 대한 파악이 중요한 시점이다. 2022년 이후에도 전기차 전환 및 인프라 투자 확대로 구리 등 산업용 금속의 수요 증가는 계속될 전망이다. 여기에 인플레이션 압력이 장기화되면서 인플레이션 헤지 자산으로서의 원자재 투자 매력도 부각되고 있다.

친환경 경제(택소노미)가 원자재 수요 견인

원자재 가격 변화는 수요가 공급보다 빠르게 증가하거나 공급에 중요한 장애 요인이 발생했을 때 일어난다. 통상 원자재 가격이 급등하는 경우는 새로운 수요가 발생할 때다. 2000년대 원자재 가격 상승은 중국 등 신흥공업국의 경제 고성장에 따른 원자재 수요 압력이 크게 작용했으며, 최근 친환경 경제로의 전환은 원자재의 새로운 수요로 이어졌다. 한편 우리나라를 포함한 유럽연합, 영국 등이 2050년까지 탄소중립을 공식적으로 선언했다. 2050년까지 탄소 경제구조의 저탄소화를 위해 에너지 주 공급원을 화석연료에서 신재생에너지로 전환해야 하는 것이다. 이에 따라 탄소배출권도 새로운 원자재로 간주되며, 이에 대한 투자 관심도 역시 높아지는 중이다.

글로벌 각국의 탄소중립 정책 강화는 전통적인 에너지원에 대한 투자 감소를 유발하며, 동시에 공급 여력을 제한한다. 즉 화석연료 중심의 에너지 시스템에서 친환경 에너지 시스템으로 전환하기 위한 인프라 투자 확대가 이뤄지고 있으며, 전통적 에너지원을 대체하는 전기차 및 배터리 시장의 성장도 빠르게 진행되고 있다. 이에 따라 친환경 경제에 필요한 비철금속 관련 원자재 수요가 급증하고 있는데, 전기차·배터리 등 친환경 산업의 핵심 소재인 알루미늄, 구리, 니켈 가격은 2021년 한 해 동안 각각 41%, 25%, 24% 상승했다. 이러한 상승 배경은 2022년 원자재 시장에 접근할 때 반드시 짚고 넘어가야 할 부분이다.

인플레이션 시대 투자 대안은 원자재

원자재에 더 관심을 가져야 하는 두 번째 이유

미국 인플레이션과 원자재 가격 추이

자료 Bloomberg
※참고 S&P GSCI Index(S&P Goldman Sachs Commodity Index): 대표적 원자재 지수로, 1970년부터 발표함. 원래는 골드만삭스에서 개발했으나 2007년 스탠더드앤드푸어스(Standard & Poor's)로 소유권이 이전됨. 2022년 섹터 비중은 에너지 53.93%, 농산물 19.29%, 축산물 7.99%, 산업용 금속 11.91%, 귀금속 6.89%로 구성.

원자재 관련 투자 가능한 ETF

코드	ETF명	기초 지수	ETF 운용사
GLD	SPDR Gold Shares	LBMA Gold Price PM USD	스테이트스트리트코퍼레이션
GSG	iShares S&P GSCI Commodity Indexed Trust	S&P GSCI Total Return CME	블랙록
132030	KODEX 골드선물(H)	S&P GSCI Gold Index(TR)	삼성자산운용
261220	KODEX WTI원유선물(H)	S&P GSCI Crude Oil Index ER	삼성자산운용
138910	KODEX 구리선물(H)	S&P GSCI North American Copper Index(TR)	삼성자산운용
400570	KODEX 유럽탄소배출권선물ICE(H)	ICE EUA Carbon Futures Index(Excess Return)	삼성자산운용
400570	KODEX 유럽탄소배출권선물ICE(H)	ICE EUA Carbon Futures Index(Excess Return)	삼성자산운용

자료 Bloomberg

는 인플레이션이다. 물가 상승 우려가 높아질 때 금융시장 변동성이 커지는 이유는 물가안정이 목표인 중앙은행과 함께 살아온 현대 투자자들에게 인플레이션 상승은 곧 금리 상승을 의미하기 때문이다. 금리 상승은 기업의 이자비용 증가와 주식시장의 할인율 상승으로 이어져 금융시장에 부담으로 작용한다.

이에 인플레이션 헤지 방법에 대한 고민이 크다. 인플레이션은 돈의 가치가 떨어지는 것을 의미하고, 실물자산의 가격은 오를 가능성이 높아 실물자산이 중요 투자 대안이 된다. 또한 경기회복으로 수요 확대를 동반한 인플레이션은 원자재 수요도 증가시켜 가격을 올릴 가능성이 높다는 점도 원자재에 투자해야 하는 이유다.

원자재 지수와 ETF

요약하면, 인플레이션 압력이 지속되고 2050년까지 친환경 정책 기조가 확대될 것으로 보인다는 점이 2022년 원자재 투자의 매력이라고 할 수 있다. 원자재 상승에 투자하고 싶다면 원자재 종합지수와 원유·콩·금 등 섹터별 원자재 관련 ETF에 투자하거나 실물자산을 직접 매매하면 된다. 그리고 간접적으로 원자재 생산 기업이나 관련 국가의 대표지수를 매수해도 된다. 다만 원자재 가격이 상승하더라도 관련 기업이나 대표지수는 비용이나 정치적 요인으로 원자재 가격과 괴리가 커질 수 있으며, 실

> 친환경 경제에 필요한 비철금속 관련 원자재 수요가 급증하고 있는데, 전기차·배터리 등 친환경 산업의 핵심 소재인 알루미늄, 구리, 니켈 가격은 2021년 한 해 동안 각각 41%, 25%, 24% 상승했다.

원자재 투자에 관심을 가져야 하는 이유
❶ 탄소중립 정책 강화
❷ 인플레이션

물자산은 인수 및 보관 등의 이슈가 있다. 따라서 원자재 투자는 소액 분산투자가 가능하고, 실시간 매매가 가능한 ETF를 추천한다.

원자재 투자의 리스크

마지막으로 원자재 ETF 투자에서 고려할 것은 리스크 요인이다. 원자재 시장은 세계경제의 흐름을 보여주는 지표 역할을 한다. 실물경제와 밀접한 상관관계가 있기 때문에 일반적으로 경기 침체기에 원자재 수요가 감소하거나 둔화되어 원자재 가격이 내릴 가능성이 높다. 금융위기가 진행되었던 2008년과 코로나19가 확산된 2020년 3월이 그 예다. 원자재 수요 감소 우려와 투기적 수요의 자금 유출 및 투자심리 위축으로 원자재 가격이 폭락하는 경우인데, 해당 시기에는 슈퍼콘탱고가 발생하는 등 선물 롤오버 위험을 잘 인지하고 투자해야 한다. 또한 달러로 결제하는 상품은 달러 가치가 오르면 원자재 가격이 하락할 가능성이 있다. 미국 연방준비제도(Federal Reserve System)의 금리인상과 양적 긴축을 대비해야 하며, 이에 따른 원자재 섹터에서도 가격 변동성이 커질 수 있다는 점 역시 불안 요인이다. 다만 견조한 수요, 고용 호조 등으로 경기회복이 지속되고 있는 데다 앞서 언급한 대로 글로벌 친환경 정책과 인플레이션 환경은 원자재 투자에 우호적인 환경을 만들고 있다는 점을 참고하면 좋을 것이다.

SECTION 3 · 기타 유형 ETF

안정적 운용 추구하는 '채권형 ETF'

회사채 ETF는 국채에 비해 상대적으로 리스크가 높은 대신 금리가 높은 것이 장점이며, 만기 시 정해진 이자를 지급하는 쿠폰채로 현금 흐름을 창출할 수 있다는 특징이 있다.

채권시장 지수를 추종하는 최초의 ETF

대표 ETF로는 iShares iBoxx $ Investment Grade Corporate Bond ETF(LQD US)가 있으며, 블랙록에서 발행한 채권시장 지수를 추종하는 최초의 ETF다.

LQD 구성 업종

25%
은행

19%
필수 소비재

11%
커뮤니케이션

10%
아이콘 기술

미국 중장기 투자등급 크레디트에 투자하며, 듀레이션은 10.3년이다. A등급 이상의 크레디트를 44% 이상 편입하고, BBB등급 크레디트를 53% 편입하고 있다. 긴 듀레이션으로 투자등급 회사채에 투자하는 다른 ETF 대비 성과가 상대적으로 우수한 점이 특징이다. 2002년 7월 22일에 상장했으며, 규모는 약 35조9000억원, 수수료는 0.14%, 하루 평균 거래량은 2.03B이다. 배당률은 평균 3.58%로, 매월 배당을 지급하고 있다.

JP모건체이스·BOA·AT&T 등 1000개 이상의 기업 회사채를 보유하고 있으며, 은행

LQD 구성 종목

ETF/상위 구성 종목	티커	편입 비중 (%)	시가총액 (USD bn)	수익률(%) 2W	1M	3M	EPS Growth	ROE	최근 12M 배당수익률	비고
BlackRock Cash Funds – Treas	XTSLA US	7.5	–	0.0	0.0	0.0	–	–	–	–
Anheuser–Busch Cos LLC	ZS212658	7.1	–	–3.7	–5.8	–8.7	–	–	–7.9	–
CVS Health	AR633603	5.2	143.2	–4.4	–6.8	–9.3	–	–	–8.8	건강관리 서비스
GE Capital International Funding	LW337799	4.1	108.7	–2.2	–5.0	–8.8	–	–	–6.4	–
Goldman Sachs Group Inc/The	EG876383	3.9	128.4	–2.6	–5.2	–7.4	–	–	–6.4	투자은행 & 중개업
T–Mobile USA Inc	BP264394	3.8	–	–1.7	–3.7	–5.0	–	–	–4.8	–
AT&T Inc	BR200363	3.5	172.0	–3.1	–5.5	–9.1	–	–	–8.7	통합 정보통신 서비스
AT&T Inc	BQ896049	3.3	172.0	–2.9	–5.2	–8.3	–	–	–8.5	통합 정보통신 서비스
Boeing Co/The	BJ223881	3.1	120.4	–5.9	–7.4	–10.8	–	–	–9.7	우주항공 & 국방
AbbVie Inc	BM049341	2.2	248.7	–3.5	–5.9	–8.8	–	–	–8.4	생명공학

자료 Bloomberg, 미래에셋증권 리서치센터 ※2022년 2월 4일 기준

VCLT 구성 종목

ETF/상위 구성 종목	티커	편입 비중 (%)	시가총액 (USD bn)	수익률(%) 2W	1M	3M	EPS Growth	ROE	최근 12M 배당수익률	비고
Anheuser–Busch Cos LLC/	ZS212658	7.5	–	–3.7	–5.8	–8.7	–	–	–7.9	–
CVS Health Corp	AR633603	7.1	143.2	–4.4	–6.8	–9.3	–	–	–8.8	건강관리 서비스
Goldman Sachs Group Inc/The	EG876383	5.2	128.4	–2.6	–5.2	–7.4	–	–	–6.4	투자은행 & 중개업
GE Capital International Funding	LW337799	4.1	108.7	–2.2	–5.0	–8.8	–	–	–6.4	–
AT&T Inc	BR200363	3.9	172.0	–3.1	–5.5	–9.1	–	–	–8.7	통합 정보통신 서비스
AT&T Inc	BQ896049	3.8	172.0	–2.9	–5.2	–8.3	–	–	–8.5	통합 정보통신 서비스
AT&T Inc	BQ896044	3.5	172.0	–4.0	–6.0	–8.9	–	–	–9.5	통합 정보통신 서비스
Microsoft Corp	BO421362	3.3	2293.6	–3.6	–6.7	–9.5	–	–	–10.0	시스템 소프트웨어
Bank of America Corp	BG992268	3.1	390.0	–4.0	–6.8	–9.8	–	–	–9.4	다양한 은행
AT&T Inc	BQ896058	2.2	172.0	–3.5	–5.6	–9.3	–	–	–9.2	통합 정보통신 서비스

자료 Bloomberg, 미래에셋증권 리서치센터 ※2022년 2월 4일 기준

(25%), 필수 소비재(19%), 커뮤니케이션(11%), 기술(10%) 등 다양한 업종의 기업으로 구성돼 있다.

신용등급이 높은 대기업 중심 ETF

두 번째 상품은 Vanguard Long-Term Corporate Bond ETF(VCLT)로, 뱅가드에서 발행한 장기 회사채 ETF다. S&P500지수 내 대기업 중심으로 특히 신용등급이 높은 종목으로 구성돼 있다.

회사 신용등급이 A등급(38.9%)에서 BBB등급(49.3%) 사이인 기업 회사채 등 주로 신용등급이 높은 회사채에 투자하는 것이 특징이다. 듀레이션은 13.99년, 만기수익률은 3.58%다. 2009년 11월 19일에 상장했으며, 규모는 약 4조7000억원, 수수료는 0.04%로 낮은 편이고, 하루 평균 거래량은 104.99M이다.

배당률은 3.08%이며, 매월 배당을 지급하고 있다. 2500개 이상의 회사채를 보유하고 있는데, 회사채 비중은 미국(88%)이 가장 높고 캐나다(3.3%), 영국(2.7%), 네덜란드(1.7%)가 그 뒤를 잇는다. 업종별로는 산업재(54.9%), 기타 기업(23.66%), 금융(11.8%), 유틸리티(8.7%) 순으로 구성돼 있다.

VCLT 구성 업종
- 산업재 54.9%
- 기타 기업 23.66%
- 금융 11.8%
- 유틸리티 8.7%

GLO ETF LIST

BAL UP

투자하기로 결심한 ETF 종목의 관련 정보를 숙지하는 것은 기본 중 기본이다. 투자하기 1분 전, 당신의 종목 선택에 도움이 되도록 한국거래소에 상장한 ETF 종목부터 미국 증시에 상장한 ETF 종목을 1개월 수익률이 높은 순서로 총정리했다.

한국거래소 상장 해외 ETF 목록

한국거래소에 상장된 180개 해외 ETF 종목을 한데 모았다.

종목 코드	종목명	1개월 수익률(%)	3개월 수익률(%)	1년 수익률(%)	AUM 순자산 총액(단위 : 원)
419650	ARIRANG 글로벌수소&차세대연료전지MV	19.86	-	-	8,912,628,656
219390	KBSTAR 미국S&P원유생산기업(합성 H)	19.6	33.48	66.85	39,094,680,392
418660	TIGER 미국나스닥100레버리지(합성)	18.45	-	-	117,130,513,703
105010	TIGER 라틴35	16.6	33.18	42.01	5,812,517,584
391600	KINDEX 미국친환경그린테마NDXX	16.38	3.34	-	66,467,340,304
399580	KBSTAR 글로벌클린에너지S&P	15.06	5.23	-	11,356,896,564
409820	KODEX 미국나스닥100레버리지(합성 H)	14.77	-20.35	-	106,938,192,034
417450	KBSTAR 글로벌수소경제Indxx	14.69	-	-	10,052,871,465
415920	ARIRANG 글로벌희토류전략자원기업MV	12.88	-	-	9,405,825,709
225040	TIGER 미국S&P500레버리지(합성 H)	12.12	-11.82	24.46	88,973,637,671
291130	KINDEX 멕시코MSCI(합성)	11.94	13.1	33.09	9,575,584,537
381170	TIGER 미국테크TOP10 INDXX	11.52	-6.22	-	1,409,742,772,061
218420	KODEX 미국S&P에너지(합성)	11.26	39.72	68.4	31,551,655,621
236350	TIGER 인도니프티50레버리지(합성)	10.15	1.29	40.81	30,641,159,108
269420	KODEX S&P글로벌인프라(합성)	10.06	9.89	23.61	16,286,522,352
371450	TIGER 글로벌클라우드컴퓨팅INDXX	10	-14.71	-6.97	53,114,430,491
418670	TIGER 글로벌사이버보안INDXX	9.92	-	-	12,395,572,746
276000	TIGER 글로벌자원생산기업(합성 H)	9.7	20.66	34.58	16,091,457,935
407830	에셋플러스 글로벌플랫폼액티브	9.01	-13.2	-	34,607,409,227
133690	TIGER 미국나스닥100	8.87	-7.4	22.04	2,169,993,699,476
367380	KINDEX 미국나스닥100	8.84	-7.26	22.48	404,962,929,435
368590	KBSTAR 미국나스닥100	8.84	-7.32	22.18	211,456,041,802
379810	KODEX 미국나스닥100TR	8.83	-7.44	-	337,355,312,802
314250	KODEX 미국FANG플러스(H)	8.54	-10.42	1.02	468,564,123,671
375270	KBSTAR 글로벌데이터센터리츠나스닥(합성)	8.54	-7.65	13.81	7,944,967,720
269530	ARIRANG S&P글로벌인프라	8.54	11.64	19.44	6,816,569,605
269370	TIGER S&P글로벌인프라(합성)	8.53	9.88	23.31	7,443,213,192
373790	KOSEF 미국방어배당성장나스닥	8.08	3.46	24.57	12,039,549,317
267500	KBSTAR 미국장기국채선물인버스2X(합성 H)	8.05	15.92	-1.79	3,720,595,634
248270	TIGER S&P글로벌헬스케어(합성)	8.03	-1.39	22.9	26,849,492,110

자료 코스콤CHECK ※ 2022년 4월 1일 기준, 1개월 수익률 높은 순 정렬

종목 코드	종목명	1개월 수익률(%)	3개월 수익률(%)	1년 수익률(%)	AUM 순자산 총액(단위 : 원)
316300	KINDEX 싱가포르리츠	7.78	4.27	8.97	11,497,254,153
304940	KODEX 미국나스닥100선물(H)	7.67	-9.37	13.34	100,010,767,697
203780	TIGER 미국나스닥바이오	7.54	-9.39	-4.65	40,293,320,974
379800	KODEX 미국S&P500TR	7.41	-2.47	-	386,337,195,963
360200	KINDEX 미국S&P500	7.26	-2.54	23.86	557,393,416,959
200030	KODEX 미국S&P산업재(합성)	7.25	-0.84	11.27	12,546,870,651
360750	TIGER 미국S&P500	7.24	-2.63	23.67	1,544,625,149,290
379780	KBSTAR 미국S&P500	7.16	-2.73	-	161,843,904,514
399110	SOL 미국S&P500ESG	7.06	-2.25	-	25,892,159,932
137610	TIGER 농산물선물Enhanced(H)	7.05	18.89	40.24	33,483,357,331
196030	KINDEX 일본TOPIX레버리지(H)	6.97	-4.58	-1.48	12,703,503,139
269540	ARIRANG 미국S&P500(H)	6.55	-3.98	17.34	45,460,312,354
352540	KODEX TSE일본리츠(H)	6.52	-2.78	3.62	10,272,389,252
352560	KODEX 다우존스미국리츠(H)	6.31	-4.73	22.04	19,473,502,609
261220	KODEX WTI원유선물(H)	6.21	36.69	81.7	130,436,772,471
182480	TIGER 미국MSCI리츠(합성 H)	6.18	-3.68	22.96	202,344,362,635
143850	TIGER 미국S&P500선물(H)	6.17	-4.74	15.21	320,903,073,016
219480	KODEX 미국S&P500선물(H)	6.08	-4.76	15.25	145,806,614,355
251350	KODEX 선진국MSCI World	6.04	-2.14	18.83	390,572,747,227
130680	TIGER 원유선물Enhanced(H)	5.95	36.3	80.15	42,413,866,622
271060	KODEX 3대농산물선물(H)	5.79	21.88	35.99	14,338,600,185
275980	TIGER 글로벌4차산업혁신기술(합성 H)	5.61	-10.79	-0.31	202,754,753,028
387270	TIGER 글로벌BBIG액티브	5.55	-9.29	-	59,923,866,903
411420	KODEX 미국메타버스나스닥액티브	5.45	-16.07	-	138,733,323,534
217780	TIGER 차이나CSI300인버스(합성)	5.34	11.43	2.76	25,695,033,049
256440	KINDEX 인도네시아MSCI(합성)	5.31	10.61	24.12	48,405,229,441
208470	SOL 선진국MSCI World(합성 H)	5.16	-6.37	8.27	1,845,243,068
276970	KODEX 미국S&P고배당커버드콜(합성 H)	5.13	-1.17	4.53	42,440,802,278
287180	ARIRANG 미국나스닥테크	5.07	-11.26	14.14	31,989,112,408
181480	KINDEX 미국다우존스리츠(합성 H)	5.07	-6.49	16.65	27,648,633,327

한국거래소 상장 해외 ETF 목록

종목 코드	종목명	1개월 수익률(%)	3개월 수익률(%)	1년 수익률(%)	AUM 순자산 총액(단위 : 원)
390390	KODEX 미국반도체MV	5.03	-10.81	-	64,687,712,969
411050	KINDEX 글로벌메타버스테크액티브	5.03	-15.1	-	18,234,152,683
195920	TIGER 일본TOPIX(합성 H)	5.01	-2	-0.15	10,353,133,288
402970	KINDEX 미국고배당S&P	4.97	0.97	-	26,413,609,750
275280	KODEX MSCI모멘텀	4.88	-7.37	-13.9	7,089,202,562
245340	TIGER 미국다우존스30	4.84	-2.21	14.35	92,779,246,283
139310	TIGER 금속선물(H)	4.84	18.16	40.71	8,639,009,502
280930	KODEX 미국러셀2000(H)	4.82	-7.16	-6.68	27,598,053,585
391590	KINDEX 미국스팩&IPO INDXX	4.74	-13.31	-	9,731,161,904
394660	TIGER 글로벌자율주행&전기차SOLACTIVE	4.71	-6.84	-	247,741,455,644
238720	KINDEX 일본Nikkei225(H)	4.57	-3.68	-5.62	14,721,727,289
304670	KODEX 미국채울트라30년선물인버스(H)	4.49	10.52	-0.06	5,583,370,539
309230	KINDEX 미국WideMoat가치주	4.36	-0.95	15.92	119,195,785,149
419170	HANARO 미국메타버스iSelect	4.1	-	-	7,780,628,937
381180	TIGER 미국필라델피아반도체나스닥	3.99	-11.41	-	1,231,119,608,073
215620	HK S&P코리아로우볼	3.77	1.27	10.92	5,603,996,543
267450	KBSTAR 미국장기국채선물인버스(H)	3.72	8.42	-0.06	4,219,828,354
138910	KODEX 구리선물(H)	3.63	6.26	17.14	15,691,039,828
213630	ARIRANG 미국다우존스고배당주(합성 H)	3.61	4.89	11.59	26,058,028,550
195970	ARIRANG 선진국MSCI(합성 H)	3.56	-7.11	-0.86	7,354,923,935
276650	KBSTAR 글로벌4차산업IT(합성 H)	3.55	-12.71	9.49	29,141,153,502
160580	TIGER 구리실물	3.52	8.69	21.64	27,172,198,803
394670	TIGER 글로벌리튬&2차전지SOLACTIVE(합성)	3.45	-6.74	-	720,477,019,847
189400	ARIRANG 글로벌MSCI(합성 H)	3.19	-6.72	5.29	8,758,283,424
412770	TIGER 글로벌메타버스액티브	2.87	-16.46	-	210,224,860,909
280320	KINDEX 미국IT인터넷S&P(합성 H)	2.75	-18.07	-14.76	12,976,441,171
411720	KBSTAR 글로벌메타버스Moorgate	2.69	-11.51	-	15,050,803,750
200250	KOSEF 인도Nifty50(합성)	2.65	1.02	20.2	63,836,863,431
291680	KBSTAR 차이나H선물인버스(H)	2.62	3.04	32.97	6,151,093,657
144600	KODEX 은선물(H)	2.31	9.71	0.99	88,099,486,621

자료 코스콤CHECK ※ 2022년 4월 1일 기준, 1개월 수익률 높은 순 정렬

종목 코드	종목명	1개월 수익률(%)	3개월 수익률(%)	1년 수익률(%)	AUM 순자산 총액(단위 : 원)
379790	KBSTAR 유로스탁스50(H)	2.27	-8.2	-	6,555,214,302
390400	KODEX 미국스마트모빌리티S&P	2.21	-13.18	-	12,999,089,436
275300	KODEX MSCI퀄리티	2.21	-10.84	-15.36	7,395,114,140
411860	KOSEF 독일DAX	2.19	-9.02	-	6,972,327,641
185680	KODEX 미국S&P바이오(합성)	2.01	-18.24	-28.4	8,230,856,027
394340	KOSEF 릭소글로벌디지털경제MSCI	1.86	-13.55	-	7,051,402,267
289260	TIGER MSCI KOREA ESG리더스	1.82	-7.26	-13.81	18,615,956,133
276990	KODEX 글로벌4차산업로보틱스(합성)	1.8	-14.62	-0.7	18,196,727,059
225130	KINDEX 골드선물 레버리지(합성 H)	1.72	13.39	21.13	17,547,174,303
289250	TIGER MSCI KOREA ESG유니버설	1.61	-7.69	-12.76	13,322,221,029
132030	KODEX 골드선물(H)	1.59	7.79	12.18	205,264,862,645
139320	TIGER 금은선물(H)	1.55	7.67	10.65	8,204,999,259
319640	TIGER 골드선물(H)	1.53	7.75	12.34	27,415,801,824
385590	KINDEX ESG액티브	1.45	-7.51	-	28,873,327,598
373530	ARIRANG 신흥국MSCI인버스(합성 H)	1.44	3.51	7.21	7,131,772,079
354350	HANARO 글로벌럭셔리S&P(합성)	1.34	-10.16	7.37	52,984,178,784
371130	KINDEX 베트남VN30선물블룸버그레버리지(H)	1.33	-1.77	51.47	10,363,659,522
414270	KINDEX G2전기차&자율주행액티브	1.18	-	-	57,233,984,982
329750	TIGER 미국달러단기채권액티브	1.07	1.92	6.8	304,990,201,171
289040	KODEX MSCI KOREA ESG유니버설	1.05	-7.52	-11.9	16,654,337,861
275290	KODEX MSCI밸류	1.04	-4.61	-4.46	8,528,428,218
195930	TIGER 유로스탁스50(합성 H)	0.99	-8.71	0.11	75,260,967,497
225050	TIGER 유로스탁스레버리지(합성 H)	0.94	-20.07	-6.52	12,006,321,441
342140	KINDEX 싱가포르리츠채권혼합모닝스타	0.72	-3.27	-1.41	5,822,806,813
334700	KBSTAR 팔라듐선물인버스(H)	0.72	-22.39	-11.4	3,054,671,653
394350	KOSEF 릭소글로벌퓨처모빌리티MSCI	0.6	-9.85	-	45,273,153,829
245710	KINDEX 베트남VN30(합성)	0.28	0.92	34.67	217,798,163,649
354240	KBSTAR 미국고정배당우선증권ICE TR	0.15	-6.41	0.69	9,704,754,472
310970	TIGER MSCI Korea TR	-0.1	-8.26	-13.95	1,301,211,905,717
278540	KODEX MSCI Korea TR	-0.13	-8.79	-13.88	1,510,078,828,097

한국거래소 상장 해외 ETF 목록

종목 코드	종목명	1개월 수익률(%)	3개월 수익률(%)	1년 수익률(%)	AUM 순자산 총액(단위 : 원)
332940	HANARO MSCI Korea TR	-0.17	-8.74	-14.25	296,653,123,456
241180	TIGER 일본니케이225	-0.25	-7.03	-7.12	14,741,114,078
332610	ARIRANG 미국단기우량회사채	-0.27	0	4.13	23,064,897,636
101280	KODEX 일본TOPIX100	-0.49	-5.26	0.69	9,727,994,126
245350	TIGER 유로스탁스배당30	-0.54	-8.07	-1.11	15,653,457,053
182490	TIGER 단기선진하이일드(합성 H)	-1.05	-3.01	-0.53	14,767,372,759
138920	KODEX 콩선물(H)	-1.62	18.79	17.14	9,918,485,390
332620	ARIRANG 미국장기우량회사채	-1.7	-10.52	1.6	28,048,436,896
280940	KODEX 골드선물인버스(H)	-1.7	-7.44	-12.94	3,972,532,273
291890	KODEX MSCI EM선물(H)	-1.73	-6.99	-14.5	5,448,724,276
298770	KODEX 한국대만IT프리미어	-2.28	-8.65	-3.71	75,235,379,367
195980	ARIRANG 신흥국MSCI(합성 H)	-2.52	-7.2	-15.23	76,174,027,787
308620	KODEX 미국채10년선물	-2.57	-4.01	1.38	14,830,561,609
305080	TIGER 미국채10년선물	-2.61	-4.61	1.76	82,542,107,577
321410	KODEX 멀티에셋하이인컴(H)	-2.67	-5.34	0.19	5,168,257,989
261920	KINDEX 필리핀MSCI(합성)	-2.78	-1.04	12.33	5,942,478,730
277540	KINDEX 아시아TOP50S&P	-2.92	-7.4	-18.92	23,724,456,517
248260	TIGER 일본TOPIX헬스케어(합성)	-3.72	-3.37	-12.51	10,690,405,734
205720	KINDEX 일본TOPIX인버스(합성 H)	-4.04	0	-5.35	7,477,813,107
267440	KBSTAR 미국장기국채선물(H)	-4.11	-7.81	-2.36	5,408,262,918
169950	KODEX 차이나A50	-4.26	-9.65	-11.19	28,426,326,534
371470	TIGER 차이나바이오테크SOLACTIVE	-4.73	-17.72	-30.31	63,172,116,567
117690	TIGER 차이나항셍25	-5	-6.59	-19.91	6,150,217,514
168580	KINDEX 중국본토CSI300	-5.05	-11.01	-5.97	188,065,069,202
245360	TIGER 차이나HSCEI	-5.11	-5.58	-26.8	73,769,818,349
174360	KBSTAR 중국본토대형주CSI100	-5.22	-9.87	-10.46	67,599,095,656
099140	KODEX 차이나H	-5.48	-5.97	-26.67	58,963,203,949
396510	TIGER 차이나클린에너지SOLACTIVE	-5.62	-7.26	-	60,816,275,507
225030	TIGER 미국S&P500선물인버스(H)	-5.63	4.19	-15.18	9,225,527,618
192090	TIGER 차이나CSI300	-5.72	-11.53	-6.82	177,939,367,720

자료 코스콤CHECK ※ 2022년 4월 1일 기준, 1개월 수익률 높은 순 정렬

종목 코드	종목명	1개월 수익률(%)	3개월 수익률(%)	1년 수익률(%)	AUM 순자산 총액(단위 : 원)
304660	KODEX 미국채울트라30년선물(H)	-5.84	-10.1	-2.44	28,216,267,582
283580	KODEX 차이나CSI300	-6.03	-11.22	-6.06	93,283,223,062
256750	KODEX 차이나심천ChiNext(합성)	-6.12	-16.92	3.74	47,354,752,902
225060	TIGER 이머징마켓MSCI레버리지(합성 H)	-6.27	-15.74	-31.11	13,107,937,960
256450	ARIRANG 심천차이넥스트(합성)	-6.27	-18.08	3.7	7,329,971,954
250730	KBSTAR 차이나HSCEI(H)	-6.62	-7.92	-32.04	9,559,997,860
334690	KBSTAR 팔라듐선물(H)	-7.12	17.59	-12.81	5,806,173,275
400590	SOL 글로벌탄소배출권선물IHS(합성)	-7.31	-3.28	-	44,428,856,871
409810	KODEX 미국나스닥100선물인버스(H)	-7.35	7.35	-	16,005,224,265
401590	HANARO 글로벌탄소배출권선물ICE(합성)	-7.57	-2.56	-	17,265,521,769
267490	KBSTAR 미국장기국채선물레버리지(합성 H)	-7.61	-15.28	-6.38	3,317,989,674
220130	SOL 중국본토 중소형 CSI500(합성 H)	-7.62	-12.89	7.42	4,981,961,804
310080	KBSTAR 중국MSCI China(H)	-8.85	-12.77	-35.28	9,865,126,697
371460	TIGER 차이나전기차SOLACTIVE	-10.14	-17.26	38.46	3,200,438,913,121
413220	SOL 차이나태양광CSI(합성)	-10.93	-13.49	-	10,336,266,960
372330	KODEX 차이나항셍테크	-11.2	-16.61	-43.95	137,412,499,003
371160	TIGER 차이나항셍테크	-11.51	-16.79	-44.13	339,206,428,031
371870	KINDEX 차이나항셍테크	-11.69	-17.15	-44.28	4,816,594,859
400570	KODEX 유럽탄소배출권선물ICE(H)	-11.88	-3.42	-	100,053,170,470
400580	SOL 유럽탄소배출권선물S&P(H)	-11.93	-3.04	-	17,081,301,701
416090	KINDEX 중국과창판STAR50	-11.93	-	-	8,528,643,819
396520	TIGER 차이나반도체FACTSET	-12.09	-18.2	-	25,146,952,606
271050	KODEX WTI원유선물인버스(H)	-12.17	-32.69	-53.24	155,045,601,487
414780	TIGER 차이나과창판STAR50(합성)	-12.6	-	-	277,346,813,169
415760	SOL 차이나육성산업액티브(합성)	-12.62	-	-	10,374,163,433
371150	KBSTAR 차이나항셍테크	-12.63	-17.76	-44.44	6,345,051,154
217770	TIGER 원유선물인버스(H)	-12.68	-31.8	-53.67	148,302,624,188
204480	TIGER 차이나CSI300레버리지(합성)	-13.13	-22.43	-17.66	92,190,646,368
219900	KINDEX 중국본토CSI300레버리지(합성)	-13.6	-21.77	-16.48	10,626,737,501
415340	KODEX 차이나과창판STAR50(합성)	-14.18	-	-	202,687,856,729

미국 증시 상장 ETF 목록

서학개미들의 이목을 집중시킬 미국 증시 상장 ETF 리스트를 총정리했다.

종목 코드	종목명	1개월 수익률(%)	3개월 수익률(%)	1년 수익률(%)	AUM 순자산 총액(단위 : 달러)
UGAZF	VelocityShares 3x Long Natural Gas ETN	76.88989	194.48524	188.16059	52,998,374
ZCSH	Grayscale Zcash Trust (ZEC)	62.07245	25.54287	17.51291	65,295,965
ETCG	Grayscale Ethereum Classic Trust (ETC)	55.91857	35.40414	225.97423	569,007,816
BOIL.K	ProShares Ultra Bloomberg Natural Gas	50.63456	125.67192	164.45993	149,259,249
UTSL.K	Direxion Daily Utilities Bull 3X ETF	42.52832	16.95807	63.8817	23,207,036
UBR	ProShares Ultra MSCI Brazil Capped	39.93381	90.07457	55.45958	9,968,299
BRZU.K	Direxion Daily MSCI Brazil Bull 2X ETF	39.77201	89.63883	54.67286	221,605,085
ONG	Direxion Daily Oil Services Bull 2X ETF	39.19832	-	-	14,231,445
MEXX.K	Direxion Dly MSCI Mexico Bull 3X Shs ETF	35.26749	25.84292	82.22573	16,237,542
JJNTF	iPath Bloomberg Nickel SubTR ETN	34.16207	67.31047	119.59773	5,938,377
GUSH.K	Direxion Dly S&P Oil & Gas Ex&Prd Bl 2X ETF	34.03791	102.15796	127.66116	1,025,263,072
DRN	Direxion Daily Real Estate Bull 3X ETF	32.18501	-11.73746	68.91766	126,742,308
MNM	Direxion Daily Mtls & Mng Bll 2X ETF	32.17657	87.8397	-	21,786,453
JJN	iPath B Bloomberg Nickel Ttl Ret ETN	31.71554	61.45248	106.87187	66,678,539
OILU.K	MicroSectorsTM Oil & Gas Exp&Pd 3X Lvg ETNs	30.82079	168.24304	-	54,927,528
NRGU.K	MicroSectors US Big Oil 3X Lvrgd ETN	28.33301	167.33317	195.63307	1,625,734,631
UPW	ProShares Ultra Utilities	26.19311	11.04009	40.24848	24,711,582
HZEN	Grayscale Horizen Trust (ZEN)	25.67686	-22.4736	-8.51463	30,599,068
GDXU.K	MicroSectors Gold Miners 3X Lvrgd ETN	25.47886	56.71551	5.93711	71,810,023
GAZ	iPath Bloomberg Natural Gas SubTR ETN B	24.40012	60.44421	96.39612	21,037,042
UYM	ProShares Ultra Basic Materials	24.13816	6.81379	33.54414	71,582,593
UNG	United States Natural Gas	23.97988	61.1008	105.28589	392,947,227
UNL	United States 12 Month Natural Gas	23.28314	56.68555	129.53231	23,734,490
EWZS.O	iShares MSCI Brazil Small-Cap ETF	23.14545	31.32631	19.80737	128,916,476
XES	SPDR S&P Oil & Gas Equipment & Svcs ETF	22.46814	56.39009	40.6873	344,773,055
BRF	VanEck Brazil Small-Cap ETF	22.24168	28.07339	12.03838	38,738,827
CURE.K	Direxion Daily Healthcare Bull 3X ETF	21.53394	-7.70208	61.77734	253,927,777
IEZ	iShares US Oil Equipment & Services ETF	21.25183	53.13247	43.60217	289,765,928
PXJ	Invesco Dynamic Oil & Gas Services ETF	20.15306	48.11321	37.51924	68,179,050
NUGT.K	Direxion Daily Gold Miners Bull 2X ETF	19.99423	46.43646	28.72465	764,045,942

자료 코스콤CHECK ※ 2022년 4월 1일 기준, 1개월 수익률 높은 순 정렬

종목 코드	종목명	1개월 수익률(%)	3개월 수익률(%)	1년 수익률(%)	AUM 순자산 총액(단위 : 달러)
PILL.K	Direxion Daily Phrmctcl & MdclBl3XShrs ETF	19.70229	-4.79942	-31.25585	21,137,406
OIH	VanEck Oil Services ETF	19.59557	56.23038	48.02053	3,954,234,960
DIG	ProShares Ultra Oil & Gas	18.41352	88.70051	135.40795	217,653,106
URE	ProShares Ultra Real Estate	18.23308	-10.5807	40.77088	127,915,344
TTT	ProShares UltraPro Short 20+ Year Trs	18.19917	31.21363	-7.72215	252,456,487
TYO	Direxion Daily 7-10 Yr Trs Bear 3X ETF	17.84941	22.22091	10.73531	39,313,672
FBZ.O	First Trust Brazil AlphaDEX ETF	17.81254	26.82022	26.96601	12,930,184
ERX	Direxion Daily Energy Bull 2X ETF	17.78972	91.62705	132.90301	711,160,567
TMV	Direxion Daily 20+ Yr Trsy Bear 3X ETF	17.66835	31.27109	-8.39639	382,579,337
EWZ	iShares MSCI Brazil ETF	17.60703	39.71904	30.05952	6,756,709,975
ECH	iShares MSCI Chile ETF	17.48314	27.99021	-9.52375	560,001,950
FLBR.K	Franklin FTSE Brazil ETF	17.4379	37.45724	28.19161	540,133,495
MJXL.K	ETFMG 2X Daily Alternative Harvest ETF	17.37361	-19.06404	-	1,029,235
PSCE.O	Invesco S&P SmallCap Energy ETF	16.83239	48.42227	55.97169	197,464,568
BCHG	Grayscale Bitcoin Cash Trust (BCH)	16.73813	-11.64008	-31.15603	120,226,485
GXLM	Grayscale Stellar Lumens Trust (XLM)	16.71331	-14.17216	-44.69438	17,583,163
XOP	SPDR S&P Oil & Gas Explor & Prodtn ETF	16.59881	45.05964	64.50186	5,765,062,203
ETHE	Grayscale Ethereum Trust (ETH)	16.3869	-7.54455	75.05505	10,741,603,148
UPRO.K	ProShares UltraPro S&P500	16.22179	-15.76934	37.78149	3,326,275,423
SPXL.K	Direxion Daily S&P500 Bull 3X ETF	16.18011	-15.76255	37.89829	3,289,153,174
TQQQ.O	ProShares UltraPro QQQ	16.13507	-30.02934	20.89575	18,643,156,160
LOPX.K	Direxion Low Priced Stock ETF	15.98531	3.21867	-	4,303,204
XME	SPDR S&P Metals and Mining ETF	15.90814	39.49444	55.6923	3,497,537,113
RRH	Advocate Rising Rate Hedge ETF	15.63959	4.29474	-	20,930,323
ILF	iShares Latin America 40 ETF	15.59566	32.10666	22.89716	1,775,817,289
PXE	Invesco Dynamic Engy Explr & Prdtn ETF	15.52015	48.02894	87.39219	259,177,232
WANT.K	Direxion Daily Cnsmr Discret Bull 3X ETF	15.48351	-31.36129	12.9084	45,333,567
FLLA.K	Franklin FTSE Latin America ETF	15.44679	28.80762	24.55255	7,713,669
FLN.O	First Trust Latin America AlphaDEX ETF	15.03034	22.89307	23.27887	54,316,463
MTUL.K	ETRACS 2x Lvrgd MSCI US Mntm Fctr TR ETN	14.80255	-14.45443	4.39644	23,266,000

미국 증시 상장 ETF 목록

종목 코드	종목명	1개월 수익률(%)	3개월 수익률(%)	1년 수익률(%)	AUM 순자산 총액(단위 : 달러)
SVXY.K	ProShares Short VIX Short-Term Futures	14.60864	-9.58112	16.37922	505,721,254
GRNTF	iPath Global Carbon ETN	14.57926	-2.35457	86.8487	8,666,435
BIB.O	ProShares Ultra Nasdaq Biotechnology	14.25412	-20.29127	-23.80883	129,343,215
USML.K	ETRACS 2x Lvrgd MSCI US Mn Vl Fct TR ETN	14.21523	-6.24405	25.75843	33,772,300
GRN	iPath Series B Carbon ETN	14.19483	-2.29414	83.81794	90,670,198
SLX	VanEck Steel ETF	14.18662	29.84038	33.88503	159,013,698
REMX.K	VanEck Rare Earth/Strat Mtls ETF	13.90189	8.90619	68.93745	1,122,409,771
PXI.O	Invesco DWA Energy Momentum ETF	13.68369	43.69232	69.87235	246,146,704
FBGX.K	UBS AG FI Enhanced Large Cap Growth ETN	13.66425	-17.88804	23.07007	174,609,687
RXL	ProShares Ultra Health Care	13.61586	-6.65912	31.6729	148,612,848
YCS	ProShares UltraShort Yen	13.57753	13.22178	21.17329	28,127,999
UDOW.K	ProShares UltraPro Dow30	13.5189	-13.15854	13.39095	792,864,514
RYU	Invesco S&P500 Equal Weight Utilts ETF	13.32239	8.10098	21.75703	310,430,615
SMHB.K	ETRACS 2xMnthly Py Lvrgd US SmCpHiDiv ETN	13.08351	0.18473	15.77565	43,847,590
IWFL.K	ETRACS 2x Leveraged US Gr Fctr TR ETN	12.99146	-17.1419	24.56512	30,261,600
KCCA.K	KraneShares California Carbon Allw ETF	12.96296	-6.08665	-	141,659,260
FCG	First Trust Natural Gas ETF	12.93565	46.41512	89.43862	678,133,029
XLU	Utilities Select Sector SPDR ETF	12.84462	6.23121	21.57222	15,115,040,672
TECL.K	Direxion Daily Technology Bull 3X ETF	12.78152	-29.50468	39.05519	2,830,640,587
JHMU.K	JHancock Multifactor Utilities ETF	12.71098	7.64715	22.1783	19,783,721
LTCN	Grayscale Litecoin Trust (LTC)	12.70582	-15.56598	-38.1217	195,968,351
VEGI.K	iShares MSCI Global Agricltr Prdcrs ETF	12.62268	16.97759	21.52411	210,204,052
GRZZ.K	Grizzle Growth ETF	12.5726	3.67245	-	1,038,854
FTXN.O	First Trust Nasdaq Oil & Gas ETF	12.57079	40.15132	69.81356	1,173,277,603
FXZ	First Trust Materials AlphaDEX ETF	12.53749	16.32316	30.51225	1,808,190,603
ESUS.K	ETRACS 2x Lgd MSCI US ESG Fcs TR ETN	12.53311	-10.99715	-	24,895,700
INDL.K	Direxion Daily MSCI India Bull 2X ETF	12.52324	-3.9177	23.77764	77,589,551
DOZR.K	Direxion Daily US Infrstrctr Bll 2X ETF	12.45676	1.58993	-	7,513,051
FUTY.K	Fidelity MSCI Utilities ETF	12.43614	5.69847	20.51642	1,370,176,562
VPU	Vanguard Utilities ETF	12.4089	5.65071	20.3857	6,373,908,530

자료 코스콤CHECK ※ 2022년 4월1일 기준, 1개월 수익률 높은 순 정렬

종목 코드	종목명	1개월 수익률(%)	3개월 수익률(%)	1년 수익률(%)	AUM 순자산 총액(단위 : 달러)
IDU	iShares US Utilities ETF	12.3485	4.88924	18.94124	991,045,771
TBT	ProShares UltraShort 20+ Year Treasury	12.23543	20.79404	-3.43037	1,309,788,441
JJETF	iPath Bloomberg Energy SubTR ETN	12.1995	66.80326	132.05888	515,111
EPOL.K	iShares MSCI Poland ETF	12.17326	-8.32577	7.00387	251,444,978
QULL.K	ETRACS 2x Lvrgd MSCI US Qlty Fctr TR ETN	12.1623	-13.95156	19.3373	32,939,600
DUSL.K	Direxion Dly Industrials Bull 3X Shs ETF	12.07199	-11.64725	4.76559	35,113,034
WEIX.K	Dynamic Short Short-Term Volatil Fut ETF	12.06657	-	-	2,735,778
PUI.O	Invesco DWA Utilities Momentum ETF	12.0639	5.06383	15.0818	54,865,824
IYM	iShares US Basic Materials ETF	11.90711	8.05359	20.8513	1,079,804,909
SKYU.O	ProShares Ultra Cloud Computing	11.85785	-25.93281	-18.41556	3,231,106
UTES.K	Virtus Reaves Utilities ETF	11.85148	5.01409	22.772	44,723,884
JHME.K	JHancock Multifactor Energy ETF	11.8163	43.08347	66.77009	33,163,776
FXN	First Trust Energy AlphaDEX ETF	11.80595	35.74425	55.9585	1,666,469,146
FXU	First Trust Utilities AlphaDEX ETF	11.72133	5.87724	18.32846	260,343,815
PYZ.O	Invesco DWA Basic Materials Momentum ETF	11.71633	4.98501	19.00698	194,399,068
DYYXF	DB Commodity Double Long ETN	11.64309	59.35907	138.22855	874,945
RYE	Invesco S&P500 Equal Weight Energy ETF	11.63282	43.32093	67.3855	561,957,035
JNUG.K	Direxion Daily Jr Gld Mnrs Bull 2X ETF	11.62346	26.40477	-3.71861	478,061,909
PST	ProShares UltraShort 7-10 Year Treasury	11.62133	14.51377	7.51714	108,724,754
KBWP.O	Invesco KBW Property & Casualty Ins ETF	11.5576	11.72612	20.76751	123,630,812
QLD	ProShares Ultra QQQ	11.48992	-19.20941	18.48068	5,148,948,194
SCDL.K	ETRACS 2x Leveraged US Div Fctr TR ETN	11.41587	-3.30776	20.2155	37,431,500
EWA	iShares MSCI Australia ETF	11.37626	7.25917	12.86083	1,818,527,747
AGT	iShares MSCI Argentina & Glb Exps ETF	11.37536	16.08042	25.21911	7,762,878
KRBN.K	KraneShares Global Carbon ETF	11.35135	-6.40063	67.83314	1,388,286,505
EWW	iShares MSCI Mexico ETF	11.28287	9.05572	27.91764	862,543,470
ICOL.K	iShares MSCI Colombia ETF	11.27404	24.6805	24.42268	42,603,327
ARGT.K	Global X MSCI Argentina ETF	11.18945	16.064	24.81392	35,359,688
BDDXF	DB Base Metals Double Long ETN	11.16856	38.75041	94.067	1,069,977
IAK	iShares US Insurance ETF	11.05025	10.60404	25.287	188,788,951

미국 증시 상장 ETF 목록

종목 코드	종목명	1개월 수익률(%)	3개월 수익률(%)	1년 수익률(%)	AUM 순자산 총액(단위 : 달러)
FEDL.K	ETRACS 2x Lgd IFED lv with the Fd TR ETN	11.05025	17.10376	-	35,132,300
CRAK.K	VanEck Oil Refiners ETF	11.04993	11.4591	11.67541	18,903,942
SSO	ProShares Ultra S&P500	11.03661	-9.79269	26.53679	4,336,682,944
FTAG.O	First Trust Indxx Global Agriculture ETF	11.02526	10.11611	12.449	16,449,295
ACES.K	ALPS Clean Energy ETF	11.01583	-1.49435	-18.72435	832,473,497
SPUU.K	Direxion Daily S&P500 Bull 2X ETF	11.00975	-9.77334	26.87912	61,247,461
URTY.K	ProShares UltraPro Russell2000	11.00908	-23.21343	-29.75706	322,642,142
TNA	Direxion Daily Small Cap Bull 3X ETF	10.96591	-23.22963	-30.02383	1,616,400,938
RING.O	iShares MSCI Global Gold Miners ETF	10.96096	18.32946	15.46146	594,082,513
IPDP.K	Dividend Performers ETF	10.71785	-3.62756	14.07631	17,698,164
HDLB.K	ETRACS Mny Py 2xLgd US Hg Dv Lw VI ETN B	10.68847	5.16327	26.71111	17,442,400
GDX	VanEck Gold Miners ETF	10.66517	23.21875	19.4377	15,745,747,896
NANR.K	SPDR S&P North American Natural Res ETF	10.64946	33.96364	53.43523	622,926,377
FLMX.K	Franklin FTSE Mexico ETF	10.61029	10.78706	28.57665	12,479,559
UGE	ProShares Ultra Consumer Goods	10.58209	-11.27516	22.45491	13,680,139
IEO	iShares US Oil & Gas Explor & Prod ETF	10.54418	40.54692	73.63849	811,905,336
IWDL.K	ETRACS 2x Leveraged US Value Fctr TR ETN	10.50861	-1.32678	20.00757	35,177,100
BSEA.K	ETFMG Breakwave Sea Dcrbnztn Tch ETF	10.49444	-0.42941	-	2,522,818
REZ	iShares Residential & Multisector RE ETF	10.47254	0.04908	32.02285	1,316,812,773
ICF	iShares Cohen & Steers REIT ETF	10.35694	-4.34964	25.78127	2,918,122,311
UMDD.K	ProShares UltraPro MidCap400	10.34689	-16.54271	-1.30053	43,890,258
QCLN.O	First Trust NASDAQ Cln Edge GrnEngy ETF	10.34014	-4.53208	-6.15162	2,436,305,516
MOO	VanEck Agribusiness ETF	10.3282	10.31663	21.52299	1,736,106,254
JJMTF	iPath Bloomberg Ind Metals SubTR ETN	10.30705	25.65755	54.29081	2,836,186
MIDU.K	Direxion Daily Mid Cap Bull 3X ETF	10.30088	-16.50515	-1.4644	75,497,036
FENY.K	Fidelity MSCI Energy ETF	10.25278	40.72447	61.68578	1,513,025,728
VDE	Vanguard Energy ETF	10.23228	40.72055	61.54449	8,383,960,957
BALTF	iPath Bloomberg Cotton SubTR ETN	10.22493	23.52307	84.06043	3,325,719
XLRE.K	Real Estate Select Sector SPDR	10.21134	-4.3491	26.1513	5,846,002,821
HAP	VanEck Natural Resources ETF	10.1732	16.65261	25.83132	157,725,505

자료 코스콤CHECK ※ 2022년 4월 1일 기준, 1개월 수익률 높은 순 정렬

종목 코드	종목명	1개월 수익률(%)	3개월 수익률(%)	1년 수익률(%)	AUM 순자산 총액(단위 : 달러)
KIE	SPDR S&P Insurance ETF	10.15296	5.50985	16.50554	464,636,528
PSR	Invesco Active US Real Estate	10.09929	-4.34177	22.81045	133,361,513
FLAU.K	Franklin FTSE Australia ETF	10.07698	6.75263	13.21755	29,887,101
USAI.K	Pacer American Energy Independence ETF	10.05343	26.41185	42.08528	35,005,672
PBW	Invesco WilderHill Clean Energy ETF	10.02569	-8.52784	-33.24387	1,406,227,290
POTX.O	Global X Cannabis ETF	10.02045	-7.7187	-65.14773	92,190,385
KLNE.K	Direxion Dl Glbl Clean Ey Bull 2X Shrs	10.00209	0.27644	-	8,415,636
PICK.K	iShares MSCI Global Mtls & Mng Prdcrs ETF	9.97219	22.95749	31.46057	1,777,255,214
DFAR.K	Dimensional US Real Estate ETF	9.95674	-	-	52,512,460
UCYB.O	ProShares Ultra Nasdaq Cybersecurity	9.92719	-1.88952	47.92075	3,792,281
ECLN.K	First Trust EIP Carbon Impact ETF	9.88548	8.955	19.1447	20,207,969
IGE	iShares North American Natural Res ETF	9.8741	30.8679	49.16299	954,332,652
UCO	ProShares Ultra Bloomberg Crude Oil	9.8493	80.95608	173.53251	1,373,765,663
EWRE.K	Invesco S&P500 Equal Wt Real Estt ETF	9.83269	-1.57951	28.01074	168,260,883
GNR	SPDR S&P Global Natural Resources ETF	9.82406	17.90817	30.05126	3,474,883,609
MJ	ETFMG Alternative Harvest ETF	9.81128	-7.06801	-54.18668	720,006,065
XLB	Materials Select Sector SPDR ETF	9.80828	-1.30142	14.08233	7,817,761,598
RTM	Invesco S&P500 Equal Weight Matrls ETF	9.80462	3.68742	20.48966	606,132,446
SILX.K	ETFMG Prime 2x Daily Jnr Slvr Mnrs ETF	9.80009	25.26172	-	3,241,653
JZRO.K	Janus Henderson Net Zero Trnstn Rscs ETF	9.76122	13.7341	-	58,149,911
FPRO.K	Fidelity Real Estate Investment ETF	9.74665	-4.11787	25.25136	22,877,709
BITW	Bitwise 10 Crypto Index ETF	9.73578	-3.42272	-9.47741	
JJE	iPath B Bloomberg Engy Ttl Ret ETN	9.72777	48.44132	87.06014	6,535,396
BCIM.K	abrdn Blmb Indstl Mtls Stgy K1 Fr ETF	9.7208	23.76573	-	39,833,952
IYE	iShares US Energy ETF	9.67842	38.25119	58.96667	3,626,925,218
RWR	SPDR Dow Jones REIT ETF	9.65746	-1.87802	27.08566	2,134,778,795
TUR.O	iShares MSCI Turkey ETF	9.65726	12.3558	-8.98729	271,504,430
SCHH.K	Schwab US REIT ETF	9.64027	-3.48494	23.46328	7,218,385,114
BAL	iPath B Bloomberg Cotton Ttl Ret ETN	9.61215	21.99339	76.52377	38,713,455
JJM	iPath B Bloomberg Indl Mtls Ttl Ret ETN	9.58164	23.64089	49.4897	30,552,692

미국 증시 상장 ETF 목록

종목 코드	종목명	1개월 수익률(%)	3개월 수익률(%)	1년 수익률(%)	AUM 순자산 총액(단위 : 달러)
REIT.O	ALPS Active REIT ETF	9.54723	-0.98374	24.85702	19,739,684
QQQA.O	ProShares Nasdaq-100 Drsy Wght Momt ETF	9.53267	-8.44103	-	26,148,546
EVX	VanEck Environmental Svcs ETF	9.51835	-0.20899	14.38105	77,928,475
JHMA.K	JHancock Multifactor Materials ETF	9.51068	2.86267	15.0753	18,851,455
IVRA.K	Invesco Real Assets ESG ETF	9.46999	6.3563	27.27448	3,038,367
FMAT.K	Fidelity MSCI Materials ETF	9.46383	0.1451	14.31289	552,166,953
USRT.K	iShares Core US REIT ETF	9.46002	-1.95806	26.31917	2,549,835,223
GDLC	Grayscale Digital Large Cap ETC	9.45368	-5.27819	-10.00495	483,639,851
UXI	ProShares Ultra Industrials	9.44178	-15.04457	-4.17667	22,268,523
FNGU.K	MicroSectors FANG+ 3X Leveraged ETN	9.4047	-38.31275	-20.94542	1,202,487,799
OLOXF	DB Crude Oil Long ETN	9.4021	30.4472	60.82799	2,909,280
VAW	Vanguard Materials ETF	9.39921	0.03388	14.24125	4,183,624,546
HAUS.K	Home Appreciation US REIT ETF	9.39838	-	-	1,622,925
GXG	Global X MSCI Colombia ETF	9.39174	22.82378	22.80995	41,637,022
FIEE.K	UBS AG FI Enhanced Europe 50 ETN	9.3907	-8.80452	13.58793	15,423,432
FRI	First Trust S&P REIT ETF	9.38185	-2.16383	25.85161	236,824,355
SPRE.K	SP Funds S&P Global REIT Sharia ETF	9.37859	-4.78385	28.96081	32,408,153
EVEN.K	Direxion Daily S&P500 Eq Wt Bl 2X ETF	9.3712	-	-	5,037,130
BBRE.K	JPMorgan BetaBuilders MSCI US REIT ETF	9.36785	-2.19087	25.93471	1,351,629,145
DBO	Invesco DB Oil	9.36307	30.36175	60.63862	520,767,976
JRE	Janus Henderson US Real Estate ETF	9.33715	-2.8367	-	11,901,158
VRAI.K	Virtus Real Asset Income ETF	9.26025	8.96672	20.06593	147,678,167
FTRI.O	First Trust Indxx Glbl Natrl Res Inc ETF	9.23111	23.04285	34.44838	119,188,933
UYG	ProShares Ultra Financials	9.21448	-5.85442	23.01416	802,799,369
DBE	Invesco DB Energy	9.16684	36.85075	73.05094	226,576,910
COPX.K	Global X Copper Miners ETF	9.16569	25.71042	30.87888	2,061,423,270
XLE	Energy Select Sector SPDR ETF	9.14419	40.19649	60.14546	37,033,260,903
SRVR.K	Pacer Benchmark Data & Infras RE SCTR ETF	9.14031	-7.50118	10.5556	1,433,516,109
DDM	ProShares Ultra Dow30	9.13399	-8.36275	10.48586	435,142,227
IWML.K	ETRACS 2x Leveraged US Size Fctr TR ETN	9.10231	-13.49071	-14.25985	22,450,200

자료 코스콤CHECK ※ 2022년 4월 1일 기준, 1개월 수익률 높은 순 정렬

종목 코드	종목명	1개월 수익률(%)	3개월 수익률(%)	1년 수익률(%)	AUM 순자산 총액(단위 : 달러)
NURE.K	Nuveen Short-Term REIT ETF	9.07713	-1.58279	32.13074	139,553,257
NETZ.K	Engine No. 1 Transform Climate ETF	9.00796	-	-	91,599,807
SGDM.K	Sprott Gold Miners ETF	8.98551	24.04692	22.89042	306,213,407
IYR	iShares US Real Estate ETF	8.97261	-4.81035	20.26888	5,480,999,170
URA	Global X Uranium ETF	8.94275	14.24189	42.99047	1,967,294,742
VNQ	Vanguard Real Estate ETF	8.83972	-4.17485	21.45046	48,060,032,132
FREL.K	Fidelity MSCI Real Estate ETF	8.81159	-4.17987	21.20756	2,051,746,997
EWD	iShares MSCI Sweden ETF	8.79499	-14.58222	-6.92737	627,746,402
TPYP.K	Tortoise North American Pipeline	8.74449	22.02979	37.86392	554,911,056
VNSE.K	Natixis Vaughan Nelson Select ETF	8.69977	-2.21604	23.61814	6,586,063
ENFR.K	Alerian Energy Infrastructure ETF	8.69841	23.12995	40.70752	98,253,498
IEIH.K	iShares Evolved US Innvtv Hlthcare ETF	8.67697	-1.60382	10.04047	34,749,590
KBWY.O	Invesco KBW Premium Yield Eq REIT ETF	8.6722	2.01457	18.93899	333,045,644
XHS	SPDR S&P Health Care Services ETF	8.66608	-2.71242	-3.39553	118,605,704
URNM.K	North Shore Global Uranium Mining ETF	8.66474	14.2778	50.9861	1,002,613,200
MLPX.K	Global X MLP & Energy Infrastructure ETF	8.63021	24.19848	43.09287	966,009,249
EURL.K	Direxion Daily FTSE Europe Bull 3X ETF	8.58051	-25.5713	-7.93041	33,701,434
FNGO.K	MicroSectors FANG+ 2X Leveraged ETN	8.57495	-23.95346	-7.25465	180,870,188
JXI	iShares Global Utilities ETF	8.54826	2.625	12.74991	182,341,539
EMLP.K	First Trust North Amer Engy Infras ETF	8.54368	13.03183	25.87898	2,496,041,862
AVRE.K	Avantis Real Estate ETF	8.53573	-3.87581	-	57,670,272
BBAX.K	JPMorgan BetaBuilders Dev APAC ex-Jpn ETF	8.52067	4.80073	3.76442	4,604,641,747
RITA.K	ETFB Green SRI REITs ETF	8.51722	-4.03902	-	14,444,638
DBMF.K	iMGP DBi Managed Futures Strategy ETF	8.45348	12.97413	15.5102	109,140,987
GLIF.K	AGFiQ Global Infrastructure ETF	8.40012	4.38667	19.05132	4,407,795
FILL.K	iShares MSCI Global Energy Producers ETF	8.34406	27.59675	49.62495	113,943,899
FAS	Direxion Daily Financial Bull 3X ETF	8.33527	-10.82762	24.66543	2,913,896,335
HDRO.K	Defiance Next Gen H2 ETF	8.31401	-11.91935	-37.83045	63,491,663
ROM	ProShares Ultra Technology	8.31295	-21.81334	26.7318	813,650,456
RDIV.K	Invesco S&P Ultra Dividend Revenue ETF	8.29562	5.62356	13.63454	784,334,924

미국 증시 상장 ETF 목록

종목 코드	종목명	1개월 수익률(%)	3개월 수익률(%)	1년 수익률(%)	AUM 순자산 총액(단위 : 달러)
FIHD.K	UBS AG FI Enhanced Global High Yield ETN	8.25225	0.85861	18.88061	32,155,656
LABU.K	Direxion Daily S&P Biotech Bull 3X ETF	8.24896	-51.41216	-78.48014	986,570,116
GUNR.K	FlexShares Mstar Glbl Upstrm Nat Res ETF	8.23335	21.08021	35.39376	8,379,572,324
IXC	iShares Global Energy ETF	8.23307	32.34947	52.06487	2,306,771,802
EINC.K	VanEck Energy Income ETF	8.23257	23.10846	39.30084	30,366,855
PPTY.K	Vident U.S. Diversified Real Estate ETF	8.22169	-2.07984	23.63577	160,235,204
AMTR.K	ETRACS Alerian Midstream Energy TR ETN	8.20406	25.37462	40.51214	58,735,200
DVOL.O	First Trust Dorsey Wright Momt & Lw Volatil ETF	8.19243	-8.45591	16.64662	113,214,453
IGF.O	iShares Global Infrastructure ETF	8.17356	7.73215	16.17703	3,461,464,265
DGIN.K	VanEck Digital India ETF	8.15912	-	-	1,862,627
TPHD.K	Timothy Plan High Dividend Stock ETF	8.15519	2.60149	16.43393	152,651,252
ROOF.K	IQ US Real Estate Small Cap ETF	8.14661	0.40584	12.71158	43,957,669
MXI	iShares Global Materials ETF	8.14452	5.02262	13.14554	738,148,850
FNTC.K	Direxion Daily Fintech Bull 2X ETF	8.14131	-	-	5,655,391
TPHE.K	Timothy Plan High Dividend Stock Enh ETF	8.13568	2.60679	-	56,380,766
UBCB.K	UBC Algorithmic Fundamentals ETF	8.12487	-5.86015	-	1,177,823
AMNA.K	ETRACS Alerian Midstream Energy ETN	8.10971	23.22158	32.19266	80,033,400
EPP	iShares MSCI Pacific ex Japan ETF	8.05851	3.96411	3.40074	2,490,753,529
MVRL.K	ETRACS Monthly Pay 1.5X Lvgd Mtg REIT ETN	8.05799	-9.89685	-17.05821	39,160,000
IFRA.K	iShares US Infrastructure ETF	8.05558	3.40622	15.20095	908,709,516
PBD	Invesco Global Clean Energy ETF	8.04143	-7.04345	-22.21347	292,719,981
REET.K	iShares Global REIT ETF	8.02057	-2.20342	18.70489	3,511,183,244
JGLD.K	Amplify Pure Junior Gold Miners ETF	8.0117	13.17465	7.01625	1,286,360
UMI	USCF Midstream Energy Income ETF	7.98719	23.75801	43.7211	159,339,755
IHE	iShares US Pharmaceuticals ETF	7.95446	-1.39163	12.60842	411,420,829
HYDR.O	Global X Hydrogen ETF	7.89773	-7.63619	-	34,558,426
UWM	ProShares Ultra Russell2000	7.88164	-14.63977	-17.31481	208,689,015
GREI.K	Goldman Sachs Ft RI Estt & Infrs Eq ETF	7.86278	-4.03612	-	22,070,138
BULZ.K	MicroSectors Slct FANG Inn 3X Lvgd ETNs	7.85715	-47.04762	-	435,978,980
RDOG.K	ALPS REIT Dividend Dogs ETF	7.81934	-2.09758	19.26462	28,348,282

자료 코스콤CHECK ※ 2022년 4월1일 기준, 1개월 수익률 높은 순 정렬

종목 코드	종목명	1개월 수익률(%)	3개월 수익률(%)	1년 수익률(%)	AUM 순자산 총액(단위 : 달러)
TOLZ.K	ProShares DJ Brookfield Global Infras	7.77414	5.42173	18.97089	157,938,845
PJP	Invesco Dynamic Pharmaceuticals ETF	7.76603	-0.08068	3.09106	351,298,080
FIW	First Trust Water ETF	7.73662	-9.45939	9.01448	1,396,506,373
FTXH.O	First Trust Nasdaq Pharmaceuticals ETF	7.73132	-0.25506	5.3786	17,528,240
GII	SPDR S&P Global Infrastructure ETF	7.70726	7.5479	15.99354	502,698,196
PAVE.K	Global X US Infrastructure Dev ETF	7.69231	-1.70316	12.87734	5,097,974,310
RESI.K	Kelly Residential & Aprtmnt Rl Estt ETF	7.67939	-	-	1,468,512
BYTE.K	Roundhill IO Digital Infrastructure ETF	7.66862	-7.6818	-	2,435,412
SPRX.O	Spear Alpha ETF	7.64942	-5.79093	-	5,617,755
RWO	SPDR Dow Jones Global Real Estate ETF	7.64421	-2.31136	18.29894	1,523,440,099
NLR	VanEck Uranium + Nuclear Engy ETF	7.55847	4.71767	11.90684	48,383,765
SPLV.K	Invesco S&P500 Low Volatility ETF	7.54611	-0.65056	18.2898	9,638,764,850
DFRA.K	Donoghue Forlines Yld Enhd Rl Ast ETF	7.52032	10.84829	-	79,604,772
CNRG.K	SPDR Kensho Clean Power ETF	7.5158	0.44896	-19.37184	291,770,022
BEDZ.K	AdvisorShares Hotel ETF	7.48626	-0.05299	-	7,657,298
GRES.K	IQ Global Resources ETF	7.46781	16.57979	28.32123	33,878,480
GBDV.K	Global Beta Smart Income ETF	7.45959	6.39721	17.73178	5,289,872
RNRG.O	Global X Renewable Energy Producers ETF	7.45875	4.02556	2.90953	151,437,980
MVV	ProShares Ultra MidCap400	7.43887	-10.07117	2.32263	144,449,053
PSCM.O	Invesco S&P SmallCap Materials ETF	7.42975	2.89475	9.24398	22,726,852
GLIN.K	VanEck India Growth Ldrs ETF	7.42903	-4.84136	17.19247	67,818,204
KROP.O	Global X AgTech & Food Innovation ETF	7.42547	0.66023	-	7,530,935
QTAP.K	Innovator Growth-100 Acltd Ps ETF April	7.41691	1.98688	17.9004	13,043,391
SDCI.K	USCF SummerHaven Dyn CmdtyStgy NoK-1 ETF	7.40067	28.10975	56.44929	10,631,846
SFYF.K	SoFi Social 50 ETF	7.37102	-12.02921	10.20512	21,505,400
GDMN.K	WisdomTree Efcnt Gld Pls Gld Ms Stgy ETF	7.35286	20.83614	-	8,283,124
EUFN.O	iShares MSCI Europe Financials ETF	7.32352	-4.65599	3.09946	1,458,128,356
IBBQ.O	Invesco Nasdaq Biotechnology ETF	7.3102	-9.6621	-	26,726,780
EPU	iShares MSCI Peru ETF	7.29151	26.24028	11.99335	257,953,712
SPHD.K	Invesco S&P500 High Div Low Vol ETF	7.28343	6.4807	14.90194	3,439,635,474

미국 증시 상장 ETF 목록

종목 코드	종목명	1개월 수익률(%)	3개월 수익률(%)	1년 수익률(%)	AUM 순자산 총액(단위 : 달러)
VCLN.K	Virtus Duff & Phelps Clean Energy ETF	7.27379	-1.34107	-	3,609,128
USL	United States 12 Month Oil	7.26595	34.51152	71.92426	144,025,129
QTJL.K	Innovator Growth Accelerated Pls ETF Jul	7.26349	-4.07774	-	18,881,978
AGNG.O	Global X Aging Population ETF	7.25926	0.45092	4.91692	57,049,354
FDVV.K	Fidelity High Dividend ETF	7.22919	4.60623	20.18974	1,245,287,589
RAAX.K	VanEck Inflation Allocation ETF	7.21063	13.95724	25.96235	80,507,389
CCRV.K	iShares Commodity Curve Carry Strat ETF	7.19425	24.1232	52.12188	38,907,660
PPH.O	VanEck Pharmaceutical ETF	7.18287	4.57817	18.76923	383,196,714
SPYD.K	SPDR Portfolio S&P500 High Div ETF	7.18264	6.68534	17.9134	6,529,714,913
QLV	FlexShares US Quality Low Vol ETF	7.15633	-2.40423	18.35166	171,294,703
GDXJ.K	VanEck Junior Gold Miners ETF	7.12695	14.85196	4.81416	5,126,460,459
OILK.K	ProShares K-1 Free Crude Oil Strategy	7.12126	38.16534	75.64464	89,272,362
XLV	Health Care Select Sector SPDR ETF	7.11352	-1.72123	20.25373	37,366,528,051
RUFF.K	Alpha Dog ETF	7.09004	2.07297	-	83,086,852
RLY	SPDR SSgA Multi-Asset Real Return ETF	7.07971	15.29125	29.70106	316,689,134
BNE	Blue Horizon BNE ETF	7.03117	-3.97473	-4.15653	8,261,631
GOEX.K	Global X Gold Explorers ETF	7.00965	13.3515	12.96093	49,322,311
PPI	AXS Astoria Inflation Sensitive ETF	6.99588	14.26288	-	62,207,118
USD	ProShares Ultra Semiconductors	6.9956	-27.39452	19.97481	334,536,208
IYH	iShares US Healthcare ETF	6.98082	-2.68117	16.86222	2,987,149,972
FFR	First Trust FTSE EN Dev Mkts Rel Est ETF	6.9628	-2.72157	14.46151	36,362,690
JMIN.K	JPMorgan US Minimum Volatility ETF	6.951	0.75814	17.2958	21,334,358
UPV	ProShares Ultra FTSE Europe	6.94542	-16.21154	-1.79117	4,458,869
KMLM.K	KFA Mount Lucas Strategy ETF	6.92935	18.8373	22.43409	45,652,991
LGLV.K	SPDR SSGA US Large Cap Low Volatil ETF	6.91885	-3.67038	16.29747	649,198,560
JDIV.K	JPMorgan US Dividend ETF	6.89402	3.42792	15.18887	57,971,476
XPH	SPDR S&P Pharmaceuticals ETF	6.89034	0.06806	-7.4731	232,191,866
DVY.O	iShares Select Dividend ETF	6.88423	5.69562	15.5044	22,186,024,907
THCX.K	The Cannabis ETF	6.87541	-12.85913	-62.36118	62,845,488
PID.O	Invesco International Div Achiev ETF	6.86415	7.90956	21.49238	790,037,218

자료 코스콤CHECK ※ 2022년 4월1일 기준, 1개월 수익률 높은 순 정렬

종목 코드	종목명	1개월 수익률(%)	3개월 수익률(%)	1년 수익률(%)	AUM 순자산 총액(단위 : 달러)
CGGR.K	Capital Group Growth ETF	6.82649	-	-	127,855,488
SPMV.K	Invesco S&P500 Minimum Variance ETF	6.81761	-2.34919	16.3881	25,490,513
BBCA.K	JPMorgan BetaBuilders Canada ETF	6.77293	4.75976	19.4606	7,040,188,825
VHT	Vanguard Health Care ETF	6.76797	-3.0319	14.04497	17,246,904,848
FDMO.K	Fidelity Momentum Factor ETF	6.74861	-4.54221	13.16627	122,589,877
FHLC.K	Fidelity MSCI Health Care ETF	6.74772	-3.02318	13.98992	2,981,400,977
HUSV.K	First Trust Hrzn MgdVolatil Domestic ETF	6.73318	-2.0549	17.93139	133,153,591
NIFE.K	Direxion Fallen Knives ETF	6.73222	-4.65275	-22.12907	4,086,795
RIET.K	Hoya Capital High Dividend Yield ETF	6.73146	-1.63077	-	24,035,243
EQL	ALPS Equal Sector Weight ETF	6.73033	0.34671	17.77382	240,588,810
ALFA.K	AlphaClone Alternative Alpha ETF	6.71755	-9.27069	-8.1221	30,070,806
USMV.K	iShares MSCI USA Min Vol Factor ETF	6.6911	-3.08881	13.5689	28,298,242,699
DDIV.O	First Trust Dorsey Wright Momt & Div ETF	6.68208	-0.01701	16.85114	74,168,955
KWT	iShares MSCI Kuwait ETF	6.6801	17.86659	45.3005	21,528,922
QTJA.K	Innovator Growth Accelerated Pls ETF Jan	6.67859	-7.7117	-	8,223,811
SKYY.O	First Trust Cloud Computing ETF	6.6779	-12.11993	-6.06973	5,409,308,943
FORH.K	Formidable ETF	6.67206	7.06169	-	26,379,712
EFO	ProShares Ultra MSCI EAFE	6.67085	-12.37962	-4.4517	10,331,684
TMFC.K	Motley Fool 100 ETF	6.66444	-7.09035	13.39627	532,524,011
PGAL.K	Global X MSCI Portugal ETF	6.66023	0.54595	2.44037	9,396,256
GRID.O	First Trust NASDAQ Cln Edge StGidlfs ETF	6.65307	-7.77494	9.62811	733,377,681
CBSE.K	Changebridge Capital Sustainable Eq ETF	6.63288	-5.89738	-11.69915	8,741,730
ACTV.K	LeaderShares Activist Leaders ETF	6.61959	-0.4669	7.62038	86,060,862
TPOR.K	Direxion Dly Transp Bull 3X Shrs ETF	6.61731	-20.77029	2.38483	47,692,996
XTL	SPDR S&P Telecom ETF	6.61249	-7.71035	-0.02706	70,209,828
BBH.O	VanEck Biotech ETF	6.60801	-12.28469	-6.09314	493,292,624
EWC	iShares MSCI Canada ETF	6.60469	4.74877	18.68998	5,054,780,559
IPAY.K	ETFMG Prime Mobile Payments ETF	6.58691	-9.11343	-22.65545	889,008,979
MTUM.K	iShares MSCI USA Momentum Factor ETF	6.58528	-7.13412	3.85929	12,386,693,270
GQRE.K	FlexShares Glbl Quality Real Estate ETF	6.57527	-3.75545	18.8781	448,665,707

미국 증시 상장 ETF 목록

종목 코드	종목명	1개월 수익률(%)	3개월 수익률(%)	1년 수익률(%)	AUM 순자산 총액(단위 : 달러)
XMLV.K	Invesco S&P MidCap Low Volatility ETF	6.56954	-2.97781	7.88295	1,250,375,739
SCHG.K	Schwab US Large-Cap Growth ETF	6.56887	-8.277	14.28795	16,553,955,388
BBP	Virtus LifeSci Biotech Products ETF	6.56423	-8.22431	-15.72445	17,947,437
SDEI.K	Sound Equity Income ETF	6.55392	4.02647	13.45465	16,747,296
FDG	American Century Foc Dynmc Gr ETF	6.55205	-10.26815	-3.37915	170,739,816
USCI.K	United States Commodity Index	6.53955	26.97612	53.96019	350,185,894
KLCD.K	KFA Large Cap Quality Dividend ETF	6.53139	-2.38234	15.78171	50,407,107
INFL.K	Horizon Kinetics Inflation Bnfcrs ETF	6.52685	8.14933	23.50955	1,334,982,995
MAGA.K	Point Bridge GOP Stock Tracker ETF	6.50968	4.24081	18.77634	15,366,744
XSHD.K	Invesco S&P SmallCap Hi Div Low Vol ETF	6.50412	0.15649	1.64407	20,967,062
SGGFF	iPath Bloomberg Sugar SubTR ETN	6.50321	5.65798	34.35582	11,119,763
CNBS.K	Amplify Seymour Cannabis ETF	6.49308	-11.03363	-57.12012	74,441,858
ASET.O	FlexShares Real Assets Allocation ETF	6.49041	3.62659	13.7032	53,840,610
QYLD.O	Global X NASDAQ 100 Covered Call ETF	6.49001	-2.36871	5.13055	7,101,522,222
VBB.O	Valkyrie Balance Sheet Opportunities ETF	6.48395	-12.6544	-	1,053,271
ICLN.O	iShares Global Clean Energy ETF	6.48344	2.5374	-9.53713	5,748,601,310
HEWJ.K	iShares Currency Hedged MSCI Japan ETF	6.46691	-1.43463	1.46322	513,398,927
VSDA.O	VictoryShares Dividend Accelerator ETF	6.4569	-1.83989	13.56805	316,939,577
CHAD.K	Direxion Dly CSI 300 Chn A Shr Br 1X ETF	6.44078	12.64558	4.85564	143,343,172
ENOR.K	iShares MSCI Norway ETF	6.43848	6.25567	14.69284	43,496,819
PBJ	Invesco Dynamic Food & Beverage ETF	6.43019	4.42385	18.21737	184,179,976
PGRO.K	Putnam Focused Large Cap Growth ETF	6.4169	-9.17956	-	9,505,715
XDJL.K	Innovator US Equity Acclrtd ETF Jul	6.39663	-0.65982	-	5,543,525
RPV	Invesco S&P500 Pure Value ETF	6.39431	6.49973	16.97684	3,883,425,889
XLG	Invesco S&P500 Top 50 ETF	6.38894	-4.39616	18.52036	2,409,853,809
PSYK.K	PSYK ETF	6.3665	-	-	438,029
XRLV.K	Invesco S&P500 ex-Rate Snsv LowVol ETF	6.35919	-1.84616	16.7742	56,995,196
ONEY.K	SPDR Russell 1000 Yield Focus ETF	6.34433	2.42709	15.308	780,051,748
PWB	Invesco Dynamic Large Cap Growth ETF	6.33341	-10.47617	4.55949	702,157,693
JETS.K	US Global Jets ETF	6.32481	2.93768	-19.14031	3,469,440,058

자료 코스콤CHECK ※ 2022년 4월1일 기준, 1개월 수익률 높은 순 정렬

종목 코드	종목명	1개월 수익률(%)	3개월 수익률(%)	1년 수익률(%)	AUM 순자산 총액(단위 : 달러)
DWAT.O	Arrow DWA Tactical Macro ETF	6.32235	7.47075	15.24379	3,583,408
NUDV.K	Nuveen ESG Dividend ETF	6.30392	-2.15161	-	6,507,083
SAMT.K	Strategas Macro Thematic Opp ETF	6.28956	-	-	11,287,367
IBB.O	iShares Biotechnology ETF	6.28856	-12.63614	-11.9588	8,804,887,692
XTJA.K	Innovator US Equity Acclrtd Pls ETF Jan	6.28585	-3.56333	-	5,957,375
HJEN.K	Direxion Hydrogen ETF	6.28033	-3.05114	-21.25025	38,723,350
BLDG.K	Cambria Global Real Estate ETF	6.27982	1.23003	16.25214	23,841,883
VOE	Vanguard Mid-Cap Value ETF	6.27945	0.47248	12.52232	17,022,313,822
VOOG.K	Vanguard S&P500 Growth ETF	6.2734	-8.45313	16.42236	7,804,574,000
SPYG.K	SPDR Portfolio S&P500 Growth ETF	6.27298	-8.4378	16.50365	14,330,858,181
IVW	iShares S&P500 Growth ETF	6.26699	-8.46035	16.34286	36,821,901,418
XDJA.K	Innovator US Equity Accelerated ETF Jan	6.26557	-4.01093	-	4,743,784
CORN.K	Teucrium Corn ETF	6.25623	25.4934	55.93245	221,387,840
PLRG.K	Principal US Large-Cap Adptv Mlt-Fac ETF	6.25085	-4.97318	-	102,838,339
JPUS.K	JPMorgan Diversified Return US Eq ETF	6.24837	-0.48743	16.13974	599,302,227
IWY	iShares Russell Top 200 Growth ETF	6.24573	-8.09025	17.12335	4,833,400,205
CLOU.O	Global X Cloud Computing ETF	6.24404	-15.95023	-14.2593	941,370,751
AMND.K	ETRACS Alerian Midstrm Engy Hi Div ETN	6.22864	20.43535	25.68032	40,633,200
IXJ	iShares Global Healthcare ETF	6.226	-2.2532	16.00885	3,523,077,217
NZRO.O	Strategy Shares Halt Climate Change ETF	6.21989	-	-	1,212,599
DBC	Invesco DB Commodity Tracking	6.20932	26.38549	54.78172	4,121,924,347
ECOZ.K	TrueShares ESG Active Opportunities ETF	6.206	-7.37997	6.52149	8,625,548
QYLG.O	Global X Nasdaq 100 Covered Call & Gr ETF	6.20596	-5.78989	8.48119	60,153,768
SIXL.K	ETC 6 Meridian Low Beta Eq Strat ETF	6.20267	-1.80603	7.12203	149,820,757
PBE	Invesco Dynamic Biotech & Genome ETF	6.17263	-10.88177	-14.8168	236,097,401
AWYX.K	ETFMG 2x Daily Travel Tech ETF	6.16838	-8.01946	-	546,296
OVL	Overlay Shares Large Cap Equity ETF	6.16803	-5.33124	15.54395	285,385,663
XLY	Consumer Discret Sel Sect SPDR ETF	6.15784	-9.21821	10.02424	19,849,776,721
QQQM.O	Invesco NASDAQ 100 ETF	6.15308	-8.79266	12.12201	4,476,213,069
XTJL.K	Innovator US Equity Acclrtd Pls ETF Jul	6.15298	-0.1457	-	14,536,306

미국 증시 상장 ETF 목록

종목 코드	종목명	1개월 수익률(%)	3개월 수익률(%)	1년 수익률(%)	AUM 순자산 총액(단위 : 달러)
QQQ.O	Invesco QQQ Trust	6.14461	-8.81248	12.04121	199,142,109,503
FTHI.O	First Trust BuyWrite Income ETF	6.14399	6.48963	13.55377	47,757,722
MGK	Vanguard Mega Cap Growth ETF	6.13245	-9.50568	12.5806	13,176,738,424
NULG.K	Nuveen ESG Large-Cap Growth ETF	6.13168	-11.31566	8.56294	905,900,871
ATMP.K	Barclays ETN+ Select MLP	6.12275	22.84479	43.82187	218,526,784
FCTR.K	First Trust Lunt US Factor Rotation ETF	6.12255	-7.25098	-1.56471	529,512,553
RWGV.K	Direxion Russell 1000 Gr Ovr Val ETF	6.1202	-13.07732	13.12183	11,568,951
PEY.O	Invesco High Yield Eq Div Achiev ETF	6.11423	5.73248	12.69703	1,156,327,471
DALT.K	Anfield Capital Diversified Alts ETF	6.1142	-2.19395	3.07589	73,063,485
HLAL.O	Wahed FTSE USA Shariah ETF	6.11335	-3.30509	18.54861	174,887,312
FLCA.K	Franklin FTSE Canada ETF	6.11225	4.72738	20.45088	43,337,762
FEVR.K	Inspire Faithward Large Cp Mmntm ESG ETF	6.11053	-6.05894	8.97101	45,869,133
TBF	ProShares Short 20+ Year Treasury	6.10672	10.16848	-1.18718	765,649,951
CRUZ.K	Defiance Hotel, Airline, and Cruise ETF	6.10345	2.24206	-	42,194,337
IUSG.O	iShares Core S&P US Growth ETF	6.09952	-8.43571	15.4765	12,884,072,348
BECO.K	BlackRock Future Climate and Sus Eco ETF	6.09811	-8.08598	-	4,709,674
EFNL.K	iShares MSCI Finland ETF	6.09569	-13.79994	-7.12709	29,029,593
TCHP.K	T. Rowe Price Blue Chip Growth ETF	6.09448	-11.27865	2.63666	282,159,216
BOAT.K	SonicShares Global Shipping ETF	6.0847	19.80554	-	29,654,424
NOBL.K	ProShares S&P500 Dividend Aristocrats	6.08413	-2.25242	12.53086	10,427,022,361
SFY	SoFi Select 500 ETF	6.07952	-5.92975	13.43801	405,205,708
FVD	First Trust Value Line Dividend ETF	6.07226	-0.56342	13.65038	12,877,630,802
CDC.O	VictoryShares US EQ Inc Enh Vol Wtd ETF	6.06125	4.37897	18.7378	1,570,751,937
QQXT.O	First Trust NASDAQ-100 ex-Tech Sect ETF	6.05386	-5.94567	2.83735	128,590,810
IUSA.K	Amberwave Invest USA JSG ETF	6.05003	-	-	1,367,414
PDBC.O	Invesco Optm Yd Dvrs Cdty Stra No K1 ETF	6.0479	26.22951	55.23475	7,902,357,236
CDL.O	VictoryShares US LgCp Hi Div Vol Wtd ETF	6.04761	4.38026	18.74266	285,166,200
VPN.O	Global X Data Cntr REITs & Dgtl Infrs ETF	6.0471	-9.7019	6.47966	87,635,158
XDQQ.K	Innovator Gr 100 Acltd ETF Quarterly	6.04597	-9.31751	7.56638	12,522,189
SAA	ProShares Ultra SmallCap600	6.04523	-10.72326	-4.27146	39,413,386

자료 코스콤CHECK ※ 2022년 4월 1일 기준, 1개월 수익률 높은 순 정렬

종목 코드	종목명	1개월 수익률(%)	3개월 수익률(%)	1년 수익률(%)	AUM 순자산 총액(단위 : 달러)
ICAP.K	InfraCap Equity Income ETF	6.04332	5.12472	-	18,673,618
DWMC.O	AdvisorShares Dorsey Wright Micro-Cp ETF	6.04187	-6.35817	5.28014	9,553,920
SMIN.K	iShares MSCI India Small-Cap ETF	6.02677	-4.70931	18.28314	374,420,941
FDL	First Trust Morningstar Div Leaders ETF	6.02143	7.0357	19.38382	2,122,140,897
DSJA.K	Innovator Double Stacker ETF January	6.01523	-4.71134	6.33979	5,027,073
LBAY.K	Leatherback Long/Short Alt Yld ETF	6.01225	13.04783	24.02849	36,013,476
GBLO.K	Global Beta Low Beta ETF	6.0101	3.63242	22.0875	3,312,843
GVAL.K	Cambria Global Value ETF	6.00742	-6.27197	-0.53948	110,386,615
EQAL.K	Invesco Russell 1000 Equal Weight ETF	5.9942	-0.34752	9.449	790,896,357
WINN.K	Harbor Long-Term Growers ETF	5.97892	-	-	18,149,022
HIBL.K	Direxion Daily S&P500 Hi Bt Bl 3X ETF	5.97692	-17.8745	3.02929	92,636,869
PHO.O	Invesco Water Resources ETF	5.97146	-11.60625	7.98061	1,838,736,661
AVDG.K	AVDR US LargeCap ESG ETF	5.97066	-3.30012	14.2508	2,453,855
DPU	DB Commodity Long ETN	5.96921	27.2898	57.84123	316,872
BWVTF	iPath CBOE S&P500 BuyWrite ETN	5.96784	1.11431	15.02097	1,990,621
ZIVZF	VelocityShares Daily Inverse VIX MT ETN	5.96703	-5.32954	-2.63943	12,106,135
PAMC.K	Pacer Lunt MidCap Multi-Factor Alt ETF	5.96328	-1.72395	0.33868	38,974,254
SPMO.K	Invesco S&P500 Momentum ETF	5.95908	-4.98636	14.67691	82,025,074
IQM	Franklin Intelligent Machines ETF	5.95374	-14.631	5.15044	11,567,183
APXH.K	APEX HealthCare ETF	5.9417	-7.53425	-	6,145,664
ABEQ.K	Absolute Core Strategy ETF	5.93191	6.11814	14.71398	64,883,856
LTL	ProShares Ultra Telecommunications	5.92126	-12.41951	4.54326	2,398,458
SDY	SPDR S&P Dividend ETF	5.91501	0.89045	12.03429	21,643,648,036
XDSQ.K	Innovator US Eq Acltd ETF Quarterly	5.91016	-4.55602	7.61358	11,015,797
FPA.O	First Trust AsiaPac ex-Jpn AlphaDEX ETF	5.90411	0.6851	-3.21126	15,716,983
AADR.O	AdvisorShares Dorsey Wright ADR ETF	5.89851	-5.86555	-3.73484	62,668,279
HJPX.K	iShares Currency Hedged JPX-Nikk 400 ETF	5.89838	-1.43777	0.37586	3,488,117
RFDA.K	RiverFront Dynamic US Dividend Advtg ETF	5.88375	2.56085	20.13933	114,671,086
CZA	Invesco Zacks Mid-Cap ETF	5.8693	-0.67659	13.35674	278,617,525
KNG	FT Cboe Vest S&P500 Dv Ast Tgt Inc ETF	5.86866	-2.36639	11.75597	481,701,185

미국 증시 상장 ETF 목록

종목 코드	종목명	1개월 수익률(%)	3개월 수익률(%)	1년 수익률(%)	AUM 순자산 총액(단위 : 달러)
NDVG.K	Nuveen Dividend Growth ETF	5.86681	-3.28671	-	6,667,967
EZA	iShares MSCI South Africa ETF	5.86574	20.59807	13.66738	453,939,574
IMCV.O	iShares Morningstar Mid-Cap Value ETF	5.8629	2.02395	13.57376	532,028,248
SGDJ.K	Sprott Junior Gold Miners ETF	5.85389	7.51843	6.57508	133,482,725
SPUS.K	SP Funds S&P500 Sharia Industry Ex ETF	5.85258	-6.82152	19.60074	149,960,528
UCC	ProShares Ultra Consumer Services	5.85189	-19.05939	-10.66599	20,187,828
JHMH.K	JHancock Multifactor Health Care ETF	5.84793	-3.41304	13.47849	44,046,950
LRND.K	IQ US Large Cap R&D Leaders ETF	5.84024	-	-	5,033,311
BATT.K	Amplify Lithium & Battery Tech ETF	5.83909	-3.07695	15.27119	232,253,593
SPXN.K	ProShares S&P500 ex-Financials	5.83554	-4.62762	14.26681	9,098,948
SUSL.O	iShares ESG MSCI USA Leaders ETF	5.83511	-5.51328	14.80269	3,868,283,408
USSG.K	Xtrackers MSCI USA ESG Leaders Eq ETF	5.83082	-5.51458	-	3,309,932,319
ILCG.K	iShares Morningstar Growth ETF	5.82461	-9.14252	11.57142	2,016,967,250
SPVM.K	Invesco S&P500 Value with Momentum ETF	5.82191	5.24757	17.96307	60,030,681
SRET.O	Global X SuperDividend REIT ETF	5.82044	-1.63693	2.26239	395,062,191
DWAS.O	Invesco DWA SmallCap Momentum ETF	5.8175	-4.65029	-0.32113	429,966,596
PABU.O	iShares Paris-Aligned Clmt MSCI USA ETF	5.81395	-	-	639,838,848
VONG.O	Vanguard Russell 1000 Growth ETF	5.81247	-8.76655	13.45341	7,834,812,801
IWF	iShares Russell 1000 Growth ETF	5.80723	-8.78465	13.32846	70,962,569,389
SPXT.K	ProShares S&P500 ex-Technology	5.80411	-2.53195	13.12264	10,115,693
DAT	ProShares Big Data Refiners ETF	5.79787	-15.15095	-	3,301,044
CIBR.O	First Trust NASDAQ Cybersecurity ETF	5.79567	0.85533	26.03711	6,462,942,229
XOUT.K	GraniteShares XOUT US Large Cap ETF	5.79222	-8.17637	11.3613	126,741,402
USMC.O	Principal US Mega-Cap ETF	5.79136	-3.20885	17.27184	1,638,579,145
LOPP.K	Gabelli Love Our Planet & People ETF	5.78321	-7.34746	-	13,955,420
FLLV.K	Franklin Liberty US Low Volatility ETF	5.77222	-3.59453	13.7296	135,885,708
EVSTC.O	Eaton Vance Stock NextShares	5.77211	-4.14402	13.10085	1,403,171
FPX	First Trust US Equity Opportunities ETF	5.76728	-10.34651	-9.44081	1,454,017,050
MID	American Century Mid Cap Growth Imp ETF	5.76659	-11.60772	-0.50055	26,717,851
OMFL.K	Invesco Russell 1000 Dynamic Mltfct ETF	5.76348	-5.30576	8.24441	1,860,689,450

자료 코스콤CHECK ※ 2022년 4월1일 기준, 1개월 수익률 높은 순 정렬

종목 코드	종목명	1개월 수익률(%)	3개월 수익률(%)	1년 수익률(%)	AUM 순자산 총액(단위 : 달러)
SILJ.K	ETFMG Prime Junior Silver Miners ETF	5.76332	15.88542	-3.14209	966,816,655
OEF	iShares S&P100 ETF	5.76124	-4.4095	16.12174	8,801,091,242
RAYD.K	Rayliant Quantitative Dev Mkt Eq ETF	5.76007	-4.19772	-	96,458,757
UAE.O	iShares MSCI UAE ETF	5.75918	16.17446	48.26732	46,138,107
OOTO.K	Direxion Daily Travel & Vctn Bll 2X ETF	5.7568	-6.73429	-	51,729,932
CTEX.K	ProShares S&P Kensho Cleantech ETF	5.75229	-6.99648	-	3,532,230
IUS.O	Invesco RAFI Strategic US ETF	5.75079	0.71752	16.96642	224,733,511
ESMV.O	iShares ESG MSCI USA Min Vol Factor ETF	5.74547	-5.32566	-	4,914,964
FFND.K	Future Fund Active ETF	5.74489	-10.58049	-	13,032,701
IWS	iShares Russell Mid-Cap Value ETF	5.73918	-1.33814	10.48549	14,989,687,115
ZECP.K	Zacks Earnings Consistent ETF	5.73906	-4.86627	-	12,265,955
MMTM.K	SPDR S&P 1500 Momentum Tilt ETF	5.7348	-3.94822	16.45525	92,067,470
TSJA.K	Innovator Triple Stacker ETF January	5.72626	-4.57854	4.80275	13,506,841
UCIB.K	UBS ETRACS BgCstMtCdy(CMCI)TtlRetETNSerB	5.7252	23.76503	52.10875	72,466,800
VUG	Vanguard Growth ETF	5.71751	-9.98377	10.94032	83,714,198,935
VFMO.K	Vanguard US Momentum Factor ETF	5.7132	-4.36002	1.81086	201,152,350
TBX	ProShares Short 7-10 Year Treasury	5.69766	7.00174	3.36007	169,597,417
IVV	iShares Core S&P500 ETF	5.69552	-4.28072	14.64729	334,099,459,810
DIV	Global X SuperDividend US ETF	5.69334	3.42043	15.76926	718,453,091
SNPE.K	Xtrackers S&P500 ESG ETF	5.6933	-3.64023	-	922,561,346
SPLG.K	SPDR Portfolio S&P500 ETF	5.68863	-4.2761	14.65584	14,662,551,494
VOO	Vanguard S&P500 ETF	5.68502	-4.28856	14.62689	292,361,007,460
JQUA.K	JPMorgan US Quality Factor ETF	5.6838	-5.22053	14.23244	440,773,357
EFIV.K	SPDR S&P500 ESG ETF	5.68338	-3.65362	18.03011	515,267,275
SPY	SPDR S&P500 ETF Trust	5.67836	-4.29723	14.5835	421,980,911,510
FDLO.K	Fidelity Low Volatility Factor ETF	5.67836	-3.48307	15.00983	487,901,262
BKLC.K	BNY Mellon US Large Cap Core Equity ETF	5.67598	-4.98369	13.92688	550,383,439
XVV	iShares ESG Screened S&P500 ETF	5.67396	-5.89719	13.62259	229,026,624
NETL.K	Fundamental Income Net Lease Rl Estt ETF	5.66336	-5.50146	11.29436	138,683,950
QDEF.K	FlexShares Quality Dividend Defensv ETF	5.65382	-3.70248	12.45268	445,774,381

미국 증시 상장 ETF 목록

종목 코드	종목명	1개월 수익률(%)	3개월 수익률(%)	1년 수익률(%)	AUM 순자산 총액(단위 : 달러)
QUS	SPDR MSCI USA StrategicFactors ETF	5.65032	-4.18188	13.08787	956,906,970
ESGY.K	American Century Sustainable Growth ETF	5.64534	-9.3456	-	7,101,430
XYLG.K	Global X S&P500 Covered Call & Gr ETF	5.64433	-1.70664	13.9357	44,348,077
FEUS.K	FlexShares ESG & Clmt US Lrg Cap Cr Idx	5.64191	-5.15354	-	5,196,764
NACP.K	Impact Shares NAACP Minority Empwrmt ETF	5.64053	-5.34942	12.7491	41,866,166
WEAT.K	Teucrium Wheat ETF	5.63601	31.39461	63.19697	485,909,058
FMAG.K	Fidelity Magellan ETF	5.62831	-11.04175	10.54601	50,041,216
PVAL.K	Putnam Focused Large Cap Value ETF	5.62503	1.23677	-	22,525,248
JPME.K	JPMorgan Divers Ret US Mid Cp Eq ETF	5.62172	-1.25733	13.95378	244,522,094
SGG	iPath B Bloomberg Sugar Ttl Ret ETN	5.61624	4.94264	29.06583	29,367,951
SPYX.K	SPDR S&P500 Fossil Fuel Rsrv Free ETF	5.61136	-5.2215	13.34587	1,401,799,958
LFEQ.K	VanEck Lg/Flat Trend ETF	5.60701	-4.46105	13.95227	43,247,448
MGC	Vanguard Mega Cap ETF	5.60462	-4.82764	13.91026	4,325,081,250
GFOF.K	Grayscale Future of Finance ETF	5.60291	-	-	15,300,397
DBB	Invesco DB Base Metals	5.60254	18.19392	40.39477	683,107,062
AESR.K	Anfield US Equity Sector Rotation ETF	5.59937	-4.28878	12.37168	130,204,171
LCTU.K	BlackRock US Carbon Transition Rdnss ETF	5.59325	-5.5882	-	1,448,791,588
DJIA.K	Global X Dow 30 Covered Call ETF	5.58775	-	-	7,361,952
XDAP.K	Innovator US Equity Acltd ETF April	5.58538	2.08319	15.59114	7,384,789
VSMV.O	VictoryShares US Mult-Fctr Mnmm Vltl ETF	5.57261	-0.67954	16.80943	160,270,115
PBP	Invesco S&P500 BuyWrite ETF	5.5616	1.08517	14.24656	146,737,991
XYLD.K	Global X S&P500 Covered Call ETF	5.55893	1.06124	14.015	1,375,060,728
HTUS.K	Hull Tactical US ETF	5.55556	-4.37761	18.54475	25,685,957
SPXE.K	ProShares S&P500 ex-Energy	5.55431	-5.51934	13.0604	28,677,067
QUAL.K	iShares MSCI USA Quality Factor ETF	5.55181	-7.05716	10.86299	23,038,533,431
SMOG.K	VanEck Low Carbon Energy ETF	5.54314	-8.30985	-7.22815	275,749,900
VOTE.K	Engine No. 1 Transform 500 ETF	5.54054	-4.92533	-	334,181,717
BBUS.K	JPMorgan BetaBuilders US Equity ETF	5.53907	-4.78972	12.94807	1,107,576,869
FRDM.K	Freedom 100 Emerging Markets ETF	5.53751	3.04573	4.28851	200,910,895
HEFA.K	iShares Currency Hedged MSCI EAFE ETF	5.53709	-2.49747	6.47365	3,456,108,631

자료 코스콤CHECK ※ 2022년 4월 1일 기준, 1개월 수익률 높은 순 정렬

종목 코드	종목명	1개월 수익률(%)	3개월 수익률(%)	1년 수익률(%)	AUM 순자산 총액(단위 : 달러)
TPLE.K	Timothy Plan US Large/Mid Cp Cr Enh ETF	5.53497	-5.47076	-	70,551,879
IQSU.K	IQ Candriam ESG US Equity ETF	5.5326	-5.76291	15.79067	480,945,201
TEMP.K	JPMorgan Climate Change Solutions ETF	5.53087	-11.66941	-	23,253,012
BUDX.K	Cannabis Growth ETF	5.52995	-15.43575	-55.60047	3,568,590
SPTM.K	SPDR Port S&P1500 Comps Stk Mkt ETF	5.5299	-4.26876	13.64593	6,110,819,407
NULV.K	Nuveen ESG Large-Cap Value ETF	5.52578	-1.91136	9.36552	1,417,477,262
VV	Vanguard Large-Cap ETF	5.52545	-4.99167	12.82995	27,633,828,360
IWL	iShares Russell Top 200 ETF	5.52445	-4.64367	14.5039	1,045,664,883
SBIO.K	ALPS Medical Breakthroughs ETF	5.52392	-16.72759	-30.04454	136,382,571
SCHX.K	Schwab US Large-Cap ETF	5.51951	-4.82299	12.58375	34,152,617,275
IEHS.K	iShares Evolved US Healthcare Stp ETF	5.51682	-2.937	15.07483	41,919,805
EQRR.O	ProShares Equities for Rising Rates ETF	5.51554	6.59353	18.65302	93,562,825
LVOL.K	American Century Low Volatility ETF	5.5121	-4.85165	13.73609	8,438,156
BCD	abrdn Blmb AllCmdLDSK1Fr ETF	5.50984	23.89093	52.39268	241,956,339
KVLE.K	KFA Value Line Dynamic Core Eq ETF	5.50954	-1.49524	12.41282	30,723,405
IFED.K	ETRACS IFED Inv with the Fd TR ETN	5.50722	8.88348	-	59,926,200
MBCC.K	Monarch Blue Chips Core ETF	5.50713	-10.4573	4.67767	31,286,335
QMOM.K	Alpha Architect US Quantitative Momt ETF	5.5066	-1.28017	-6.68285	91,617,425
PBUS.K	Invesco PureBeta MSCI USA ETF	5.50532	-4.85426	13.09256	2,534,918,055
ONEQ.O	Fidelity Nasdaq Composite ETF	5.50273	-8.56064	7.07701	4,536,009,931
ESG	FlexShares STOXX US ESG Select ETF	5.49901	-5.31874	12.68179	200,117,458
DHS	WisdomTree US High Dividend ETF	5.49407	7.82703	19.36153	1,033,666,882
JCTR.K	JPMorgan Carbon Transition US Eq ETF	5.49261	-5.09546	14.5038	24,427,576
EDEN.K	iShares MSCI Denmark ETF	5.49022	-7.86795	6.50659	164,142,462
FFTG.K	FormulaFolios Tactical Growth ETF	5.4902	-5.03851	2.54179	42,912,679
HOTL.K	Kelly Hotel & Lodging Sector ETF	5.48985	-	-	1,528,779
HDV	iShares Core High Dividend ETF	5.48847	7.33208	16.77675	8,978,644,955
BTEC.O	Principal Healthcare Innovators ETF	5.48754	-13.28141	-28.83455	73,925,708
DWAW.O	AdvisorShares DW FSM All Cap World ETF	5.48496	-9.74626	-7.05217	105,521,888
EMBH.K	iShares Interest Rate Hdg Em Mkts Bd ETF	5.47939	-3.43302	-3.33641	6,773,377

미국 증시 상장 ETF 목록

종목 코드	종목명	1개월 수익률(%)	3개월 수익률(%)	1년 수익률(%)	AUM 순자산 총액(단위 : 달러)
PY.O	Principal Value ETF	5.47529	-0.42929	11.51089	246,752,931
LVHD.O	Legg Mason Low Volatility High Div ETF	5.47513	0.35206	17.45381	735,338,496
CANE.K	Teucrium Sugar ETF	5.47503	3.71446	36.70495	25,357,340
CHIE.K	Global X MSCI China Energy ETF	5.47337	21.67235	57.74382	6,560,376
XLSR.K	SPDR SSGA US Sector Rotation ETF	5.47297	-3.20466	12.80352	216,318,985
CFCV.K	Clearbridge Focus Value ESG ETF	5.47273	-4.01626	7.75612	3,898,578
GSPY.K	Gotham Enhanced 500 ETF	5.47068	-3.4786	14.22112	268,480,532
AUSF.K	Global X Adaptive US Factor ETF	5.4672	0.30518	13.15195	180,461,725
ACVF.K	American Conservative Values ETF	5.46629	-4.54708	14.04429	34,764,594
TPLC.K	Timothy Plan US Large/Mid Cap Core ETF	5.46546	-5.45398	10.55914	166,004,277
ILCB.K	iShares Morningstar U.S. Equity ETF	5.46299	-4.90669	12.47386	887,968,326
VEGN.K	US Vegan Climate ETF	5.45721	-7.65511	9.90665	73,890,751
DWPP.O	First Trust Dorsey Wrght People's Pt ETF	5.4572	-5.1569	12.16301	11,748,785
VFMV.K	Vanguard US Minimum Volatility ETF	5.45656	-1.87809	12.11406	55,698,850
GSUS.K	Goldman Sachs MarketBeta US Equity ETF	5.45511	-4.99727	13.06845	606,903,319
MFUS.K	PIMCO RAFI Dyn Multi-Factor US Eq ETF	5.45501	0.24231	14.19911	91,437,693
SPXV.K	ProShares S&P500 ex-Health Care	5.45441	-4.6867	13.55263	4,274,069
FNGS.K	MicroSectors FANG+ ETN	5.44972	-10.56416	0.72087	69,543,694
MORT.K	VanEck Mortgage REIT Income ETF	5.44887	-4.01449	-2.79756	236,414,750
TAN	Invesco Solar ETF	5.44199	-1.0499	-16.50443	2,700,043,556
FTLB.O	First Trust Hedged BuyWrite Income ETF	5.43967	6.38219	11.84253	14,821,952
RSPY.K	Revere Sector Opportunity ETF	5.43616	-3.54665	-	8,130,745
SCHK.K	Schwab 1000 ETF	5.43599	-4.91286	12.04481	2,335,651,998
QQMG.O	Invesco ESG NASDAQ 100 ETF	5.43444	-9.40155	-	10,847,390
EFAS.O	Global X MSCI SuperDividend EAFE ETF	5.43439	1.01246	5.736	11,758,900
YLDE.O	ClearBridge Dividend Strategy ESG ETF	5.4299	-1.98996	13.92078	21,252,984
SIMS.K	SPDR S&P Kensho Intelligent Strctr ETF	5.42749	-9.5664	-9.92065	43,899,124
ESGU.O	iShares ESG Aware MSCI USA ETF	5.4249	-5.50393	11.8508	25,168,668,493
ONEV.K	SPDR Russell 1000 Low Vol Foc ETF	5.42154	-3.12185	11.65935	589,403,709
TSPA.K	T. Rowe Price US Equity Research ETF	5.4191	-4.28319	-	23,931,353

자료 코스콤CHECK ※ 2022년 4월 1일 기준, 1개월 수익률 높은 순 정렬

종목 코드	종목명	1개월 수익률(%)	3개월 수익률(%)	1년 수익률(%)	AUM 순자산 총액(단위 : 달러)
MAKX.K	ProShares S&P Kensho Smart Factories ETF	5.4089	-11.08474	-	2,753,408
CLRG.O	IQ Chaikin US Large Cap ETF	5.40574	-3.08772	13.12436	332,331,372
IYY	iShares Dow Jones US ETF	5.40326	-4.93676	11.80252	1,714,967,578
VONE.O	Vanguard Russell 1000 ETF	5.4024	-4.77312	12.22408	2,908,220,000
IWB	iShares Russell 1000 ETF	5.40111	-4.79124	12.13534	30,541,771,888
UFO.O	Procure Space ETF	5.40054	-3.45569	-8.58413	94,015,820
TRYP.K	SonicShares Airlines, Htls, Crs Lns ETF	5.39817	1.04681	-	12,861,107
RWL	Invesco S&P500 Revenue ETF	5.39721	1.37492	17.05886	1,320,032,477
EWO	iShares MSCI Austria ETF	5.39147	-14.2618	0.7565	62,310,236
EWK	iShares MSCI Belgium ETF	5.38477	-4.03843	3.50874	22,989,322
CVAR.K	Cultivar ETF	5.37888	5.96131	-	26,167,354
RYLD.K	Global X Russell 2000 Covered Call ETF	5.37723	1.07417	10.46171	1,255,225,823
AVLV.K	Avantis US Large Cap Value ETF	5.37705	-0.08939	-	198,472,014
VSLU.K	Applied Finance Valuation LgCp ETF	5.37593	-4.51818	-	12,171,469
GCIG.K	Genuine Investors ETF	5.37062	-10.38128	-	10,443,788
GK	AdvisorShares Gerber Kawasaki ETF	5.36941	-13.69899	-	21,947,558
CAPD.K	iPath Shiller CAPE	5.36565	-1.6032	14.99424	467,809,400
DSI	iShares MSCI KLD 400 Social ETF	5.36395	-6.27828	13.49026	4,067,626,664
SCHB.K	Schwab US Broad Market ETF	5.36167	-4.96845	10.92611	22,932,220,120
ITOT.K	iShares Core S&P Total US Stock Mkt ETF	5.35503	-4.97566	10.75421	44,937,450,628
DWUS.O	AdvisorShares DW FSM US Core ETF	5.35271	-5.8345	9.89345	96,971,732
VTI	Vanguard Total Stock Market ETF	5.34397	-5.04255	10.73825	292,124,416,152
SCHD.K	Schwab US Dividend Equity ETF	5.34191	-1.26722	11.32504	34,698,872,503
VTHR.O	Vanguard Russell 3000 ETF	5.33499	-4.89574	10.87612	1,242,823,500
PIN	Invesco India ETF	5.33439	-1.12108	15.01461	110,058,598
AILV.K	Alpha Intelligent-Large Cap Value ETF	5.33437	-0.84254	-	794,750
IWV	iShares Russell 3000 ETF	5.32867	-4.89998	10.82152	12,069,811,169
NULC.K	Nuveen ESG Large-Cap ETF	5.32725	-6.48507	8.7181	28,945,369
YUMY.K	VanEck Future of Food ETF	5.32599	-7.12551	-	2,293,664
SLVP.K	iShares MSCI Global Silver & Mtls Mnrs ETF	5.32124	12.92863	-2.96127	267,417,263

미국 증시 상장 ETF 목록

종목 코드	종목명	1개월 수익률(%)	3개월 수익률(%)	1년 수익률(%)	AUM 순자산 총액(단위 : 달러)
ARKX.K	ARK Space Exploration & Innovation ETF	5.31853	-4.5045	-13.44861	422,672,341
QVML.K	Invesco S&P500 QVM Multi-factor ETF	5.31649	-4.38074	-	810,311,426
WWOW.K	Direxion World Without Waste ETF	5.30743	-9.35032	-3.33086	5,267,992
DEF	Invesco Defensive Equity ETF	5.30077	-3.21609	16.19663	279,355,764
GDOC.K	Goldman Sachs Future Health Care Eq ETF	5.2968	-8.61295	-	25,944,428
FLQL.K	Franklin LibertyQ US Equity ETF	5.29614	-4.21521	13.23187	968,388,875
KSCD.K	KFA Small Cap Quality Dividend ETF	5.29217	-3.50286	1.33378	37,244,054
REGL.K	ProShares S&P MidCap 400 Dividend Arst	5.29152	-0.12091	6.97316	1,109,547,856
AFLG.K	First Trust Active Factor Large Cap ETF	5.28992	-4.57164	12.33673	5,348,445
SMMV.K	iShares MSCI USA Sm-Cp Min Vol Fctr ETF	5.2888	-3.24009	2.03514	800,919,774
TOK	iShares MSCI Kokusai ETF	5.28193	-4.69532	10.70692	189,393,755
VTV	Vanguard Value ETF	5.28143	1.4089	14.85191	103,066,792,445
CATH.O	Global X S&P500 Catholic Values ETF	5.27704	-5.14519	13.25109	650,713,864
BIBL.K	Inspire 100 ETF	5.27192	-7.78362	9.38212	317,585,630
KBWD.O	Invesco KBW High Dividend Yld Fincl ETF	5.27062	-0.97715	6.91805	479,905,169
DFUS.K	Dimensional US Equity ETF	5.26591	-4.71729	12.51543	6,123,970,180
LRGE.O	ClearBridge Large Cap Growth ESG ETF	5.26213	-11.36551	6.43202	223,312,572
FLV	American Century Foc Lrg Cp Val ETF	5.25801	2.11056	11.51197	223,802,929
BAPR.K	Innovator S&P500 Buffer ETF Apr New	5.25743	1.64289	12.48294	116,014,898
DJD	Invesco Dow Jones Industrial Avg Div ETF	5.25044	2.44408	10.0001	198,401,139
LGBT.O	LGBTQ100 ESG ETF	5.24606	-4.83688	-	2,712,673
TMDV.K	ProShares Russell US Dividend Grwr ETF	5.23452	-3.30375	8.75509	15,609,010
PTH.O	Invesco DWA Healthcare Momentum ETF	5.22584	-11.92826	-14.06811	318,091,014
IMTM.K	iShares MSCI Intl Momentum Factor ETF	5.22209	-6.18884	-0.93428	809,640,993
NORW.K	Global X MSCI Norway ETF	5.22049	5.83823	14.41974	120,251,747
WBIT.K	WBI BullBear Trend Switch US 3000 TR ETF	5.22028	2.66595	11.45024	28,992,851
TMFG.K	Motley Fool Global Opportunities ETF	5.21712	-8.73553	-2.70508	550,000,913
DIVO.K	Amplify CWP Enhanced Dividend Income ETF	5.20573	-0.53571	14.08859	1,246,243,304
DFAU.K	Dimensional US Core Equity Market ETF	5.19923	-4.01707	12.18131	2,005,354,505
ESGV.K	Vanguard ESG US Stock ETF	5.19078	-7.20786	10.05473	6,428,797,500

자료 코스콤CHECK ※ 2022년 4월 1일 기준, 1개월 수익률 높은 순 정렬

종목 코드	종목명	1개월 수익률(%)	3개월 수익률(%)	1년 수익률(%)	AUM 순자산 총액(단위 : 달러)
ROKT.K	SPDR Kensho Final Frontiers ETF	5.18757	4.46492	2.98658	21,642,371
PUTW.K	WisdomTree CBOE S&P500 PutWriteStrat ETF	5.18436	1.81417	16.21825	98,571,937
GGRW.K	Gabelli Growth Innovators ETF	5.18189	-13.24213	-	3,558,339
DWCR.O	Arrow DWA Tactical International ETF	5.18053	-9.55724	1.91912	15,076,617
INDA.K	iShares MSCI India ETF	5.17899	-1.11302	14.43529	5,515,041,688
CGDV.K	Capital Group Dividend Value ETF	5.17617	-	-	97,177,002
JOET.O	Virtus Terranova US Quality Momentum ETF	5.17356	-8.72965	12.0759	114,423,290
XHE	SPDR S&P Health Care Equipment ETF	5.17236	-2.42774	-4.42913	558,522,784
XLK	Technology Select Sector SPDR ETF	5.16294	-8.65028	17.8826	47,496,322,299
HKND.K	Humankind US Stock ETF	5.16042	-0.54019	14.22525	117,872,382
VLU	SPDR S&P1500 Value Tilt ETF	5.15986	0.24096	12.99507	284,152,327
FSST.K	Fidelity Sustainable U.S. Equity ETF	5.15511	-5.9482	-	5,779,253
FYC.O	First Trust Small Cap Gr AlphaDEX ETF	5.14773	-7.40343	-1.9056	251,987,570
WBIY.K	WBI Power Factor High Dividend ETF	5.14182	4.43311	12.2362	68,267,814
FLZA.K	Franklin FTSE South Africa ETF	5.13723	20	14.42086	5,975,627
TDVG.K	T. Rowe Price Dividend Growth ETF	5.13499	-4.39026	13.84191	131,716,084
JHML.K	JHancock Multifactor Large Cap ETF	5.13319	-4.41989	11.76154	851,869,892
INDY.O	iShares India 50 ETF	5.12555	-0.55743	12.12334	674,610,447
AVDR.K	AVDR US LargeCap Leading ETF	5.12361	-8.76866	6.43374	33,736,462
FLM	First Trust Global Eng and Const ETF	5.1233	0.20044	0.27449	10,997,931
ILCV.K	iShares Morningstar Value ETF	5.11519	-0.76605	13.32851	838,353,269
QARP.K	Xtrackers Russell 1000 US QARP ETF	5.1096	-3.91417	-	14,711,076
HART.K	IQ Healthy Hearts ETF	5.10368	-1.78305	14.77906	7,141,870
VOOV.K	Vanguard S&P500 Value ETF	5.10139	0.31774	12.1337	3,108,598,500
JUSA.K	JPMorgan ActiveBuilders US Lg Cp Eq ETF	5.09774	-4.14022	-	28,170,851
IUSV.O	iShares Core S&P US Value ETF	5.09651	0.29558	11.96783	12,185,371,450
IVE	iShares S&P500 Value ETF	5.09426	0.29543	12.07496	26,018,807,202
HCOM.K	Hartford Schroders Commodity Strategy ETF	5.09311	26.91945	-	66,504,087
KOKU.K	Xtrackers MSCI Kokusai Equity ETF	5.09261	-4.74813	-	370,476,727
PYPE.K	UBS ETRACS NYSE PicknsCorMidstream ETN	5.09051	20.68224	36.2514	21,689,000

〈돈 버는 해외 ETF〉를 만든 스페셜리스트

Specialist...

미래에셋증권
최승렬　상품솔루션팀 선임매니저
조강운　상품솔루션팀 선임매니저
박정희　상품솔루션팀 매니저

하나금융투자
이재만　글로벌투자분석팀장
김경환　중국·신흥국 전략팀장

NH투자증권
NH투자증권리서치센터

미래에셋자산운용
이승원　ETF마케팅본부장

삼성자산운용

임태혁 ETF운용본부장

이경준 ETF마케팅팀장

김도형 ETF컨설팅팀장

김하경 ETF컨설팅팀 VP

한국경제신문

박해영 한경글로벌뉴스네트워크 편집장

나수지 디지털라이브부 기자

구은서 증권부 기자

한국경제매거진

이미경 〈월간 MONEY〉 취재편집부 기자

강은영 한경무크팀 기자

한경MOOK

최고 전문가들이 추천하는
돈 되는 해외 ETF

펴낸날	초판 1쇄 발행일 2022년 4월 29일
	2쇄 발행일 2022년 6월 9일
발행인	김정호
편집인	유근석
펴낸곳	한국경제신문
편집 총괄	박해영
기획·제작 총괄	이선정
글	미래에셋증권·하나금융투자·NH투자증권·미래에셋자산운용·삼성자산운용·
	구은서·나수지·이미경
편집	이진이·강은영·윤제나
디자인	윤석표·임지행
판매 유통	정갑철·선상헌
인쇄	제이엠프린팅
등록	제2006-000008호
주소	서울시 중구 청파로 463 한국경제신문
구입 문의	02-360-4859
홈페이지	www.hankyung.com

값 20,000원
ISBN | 979-11-85272-93-1(93320)

〈최고 전문가들이 추천하는 돈 되는 해외 ETF〉는 국내 주요 증권사와 자산운용사의 해외 ETF 전문가들이
미국, 중국 등 해외 증시 전망과 함께 개별 ETF의 특징과 장단점을 일목요연하게 정리한 가이드북입니다.

● 잘못 만들어진 책은 구입하신 곳에서 교환해드립니다.
● 이 책은 지작권법에 따라 보호받는 저작물이므로 무단 전재와 복제를 금합니다.

한경 MOOK

'세상을 보는 눈'
한경무크 베스트셀러 시리즈

부동산 절세법
연령대별로 정리한
부동산 세테크 노하우

인생 리뉴얼 ABC
4060 직장인을 위한
은퇴 준비 바이블

중대재해처벌법
알기 쉽게 정리한
중대재해처벌법 A to Z

CES 2022
한경 X KAIST 특별취재단이
소개하는 IT·가전 메가트렌드

궁금한 상속·증여
2022년 개정판
상속·증여 완벽 가이드!

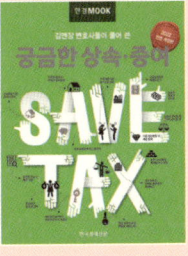

트래블 이노베이션
디지털 관광
비즈니스를 위한 필독서!

ESG 2.0 시대
확 달라진 ESG 경영 전략
완전 분석

월간 한경ESG
지속 가능 성장 돕는
ESG 경영·투자 매거진

한경 MOOK

슬기로운 주식생활
기초부터 다지는
내 아이 투자왕 만들기

인더스트리 2022
업종 분석부터 미래 전망까지
No.1 산업 트렌드 전망서

궁금한 AI와 법
Q&A로 설명한
AI 시대 법률 안내서

AI 스타트업 100
창업 배경부터 핵심 기술까지
국내 AI 스타트업 집중 분석

메타버스 2022
단숨에 읽는
메타버스 트렌드북

명품 스윙
에이미 조 이지 골프
초보부터 스윙이 무너진 골퍼까지!
에이미 조의 특별 레슨

똑똑한 주식투자
한 권으로 투자 기초부터
종목 발굴까지

해외 명품 주식 50선
8대 증권사 추천
해외 주식투자 가이드북

요즘 뜨는 막걸리
MZ세대가 열광하는
막걸리 이야기

요즘 환경 브랜드
빅데이터로 분석한
환경 브랜드 100